企业高技能人才职业培训系列教材

城轨自动售检票检修工（四级）

CHENGGUIZIDONG SHOUJIANPIAO JIANXIUGONG

编审委员会

主　　任　仇朝东
委　　员　顾卫东　葛恒双　葛　玮　孙兴旺　刘汉成
执行委员　孙兴旺　瞿伟洁　李　晔　夏　莹　叶华平　李　益　杜晓红

主　　编　陈春根
编　　者　（按姓氏笔画排序）
　　　　　张屹峻　陈春根　周向争
主　　审　王子强

中国劳动社会保障出版社

图书在版编目(CIP)数据

城轨自动售检票检修工：四级/人力资源和社会保障部教材办公室等组织编写. —北京：中国劳动社会保障出版社，2015

企业高技能人才职业培训系列教材

ISBN 978-7-5167-1744-8

Ⅰ.①城… Ⅱ.①人… Ⅲ.①城市铁路-旅客运输-售票-铁路自动化系统-检修-职业培训-教材 Ⅳ.①U293.2

中国版本图书馆CIP数据核字(2015)第047710号

中国劳动社会保障出版社出版发行

(北京市惠新东街1号 邮政编码：100029)

*

北京北苑印刷有限责任公司印刷装订 新华书店经销
787毫米×1092毫米 16开本 15.25印张 255千字
2015年3月第1版 2015年3月第1次印刷
定价：36.00元

读者服务部电话：(010) 64929211/64921644/84643933
发行部电话：(010) 64961894
出版社网址：http://www.class.com.cn

版权专有 侵权必究

如有印装差错，请与本社联系调换：(010) 80497374
我社将与版权执法机关配合，大力打击盗印、销售和使用盗版图书活动，敬请广大读者协助举报，经查实将给予举报者奖励。
举报电话：(010) 64954652

内容简介

本教材由人力资源和社会保障部教材办公室、中国就业培训技术指导中心上海分中心、上海市职业技能鉴定中心、上海申通地铁集团有限公司轨道交通培训中心依据城轨自动售检票检修工（四级）职业技能鉴定细目组织编写。教材从强化培养操作技能、掌握实用技术的角度出发，较好地体现了当前最新的实用知识与操作技术，对于提高从业人员基本素质、使从业人员掌握城轨自动售检票检修工（四级）的核心知识与技能有直接的帮助和指导作用。

本教材既注重理论知识的掌握，又突出操作技能的培养，实现了培训教育与职业技能鉴定考核的有效对接，形成一套完整的城轨自动售检票检修工培训体系。本教材内容共分为5章，分别为AFC供电及车票、检票机、自动售票机（加值验票机）、人工售票机（补票机）、车站计算机。

本教材可作为城轨自动售检票检修工（四级）职业技能培训与鉴定考核教材，也可供本职业从业人员培训使用，全国中、高等职业技术院校相关专业师生也可以参考使用。

前言

企业技能人才是我国人才队伍的重要组成部分,是推动经济社会发展的重要力量。加强企业技能人才队伍建设,是增强企业核心竞争力、推动产业转型升级和提升企业创新能力的内在要求,是加快经济发展方式转变、促进产业结构调整的有效手段,是劳动者实现素质就业、稳定就业、体面就业的重要途径,也是深入实施人才强国战略和科教兴国战略、建设人力资源强国的重要内容。

国务院办公厅在《关于加强企业技能人才队伍建设的意见》中指出,当前和今后一个时期,企业技能人才队伍建设的主要任务是:充分发挥企业主体作用,健全企业职工培训制度,完善企业技能人才培养、评价和激励的政策措施,建设技能精湛、素质优良、结构合理的企业技能人才队伍,在企业中初步形成初级、中级、高级技能劳动者队伍梯次发展和比例结构基本合理的格局,使技能人才规模、结构、素质更好地满足产业结构优化升级和企业发展需求。

高技能人才是企业技术工人队伍的核心骨干和优秀代表,在加快产业优化升级、推动技术创新和科技成果转化等方面具有不可替代的重要作用。为促进高技能人才培训、评价、使用、激励等各项工作的开展,上海市人力资源和社会保障局在推进企业高技能人才培训资源优化配置、完善高技能人才考核评价体系等方面做了积极的探索和尝试,积累了丰富而宝贵的经验。企业高技能人才培养的主要目标是三级(高级)、二级(技师)、一级(高级技师)等,考虑到企业高技能人才培养的实际情况,除一部分在岗培养并已达到高技能人才水平外,还有较大一批人员需要从基础技能水平培养起。为此,上海市将企业特有职业的五级(初级)、四级(中级)作为高技能人才培养的基础阶段一并列入企业高技能人才培养评价工作的总体框架内,以此进一步加大企业高技能人才培养工作力度,提高企业高技能人才培养效果,更好地实现高技能人才

培养的总体目标。

为配合上海市企业高技能人才培养评价工作的开展,人力资源和社会保障部教材办公室、中国就业培训技术指导中心上海分中心、上海市职业技能鉴定中心联合组织有关行业和企业的专家、技术人员,共同编写了企业高技能人才职业培训系列教材。本教材是系列教材中的一种,由上海申通地铁集团有限公司轨道交通培训中心负责具体编写工作。

企业高技能人才职业培训系列教材聘请上海市相关行业和企业的专家参与教材编审工作,以"能力本位"为指导思想,以先进性、实用性、适用性为编写原则,内容涵盖该职业的职业功能、工作内容、技能要求和专业知识要求,并结合企业生产和技能人才培养的实际需求,充分反映了当前从事职业活动所需要的核心知识与技能。教材可为全国其他省、市、自治区开展企业高技能人才培养工作,以及相关职业培训和鉴定考核提供借鉴或参考。

新教材的编写是一项探索性工作,由于时间紧迫,不足之处在所难免,欢迎各使用单位及个人对教材提出宝贵意见和建议,以便教材修订时补充更正。

企业高技能人才职业培训系列教材

编审委员会

第1章 AFC 供电及车票　　PAGE 1

1.1 供电 ·· 3
　　1.1.1 供电系统 ··· 3
　　1.1.2 安全防护措施 ··· 7
　　1.1.3 双电源切换操作 ·· 8
　　1.1.4 接地装置 ··· 9
　　1.1.5 开关电源 ·· 10
1.2 轨道交通专用票 ·· 12
　　1.2.1 轨道交通车票体系的发展 ·························· 12
　　1.2.2 车票参数 ·· 16
　　1.2.3 票卡类型 ·· 18
　　1.2.4 车票故障分析 ·· 21

第2章 检票机　　PAGE 25

2.1 检票机部件 ·· 28
　　2.1.1 设备总体构架 ·· 28
　　2.1.2 交易处置流程 ·· 39
　　2.1.3 人机接口管理 ·· 45
　　2.1.4 车票审核寄存器 ······································· 55
2.2 检票机部件拆装和检修 ······································· 57
　　2.2.1 检票机操作 ··· 58
　　2.2.2 检票机诊断 ··· 62
　　2.2.3 转向器 ·· 65
　　2.2.4 传输机构 ·· 68
　　2.2.5 三杆机构 ·· 71
　　2.2.6 设备运营状态信息 ···································· 77
2.3 检票机故障分析与排除 ······································· 78
　　2.3.1 设备故障处理方式 ···································· 78

2.3.2 设备故障排查 …………………………………………………… 80
2.3.3 查询设备状态 …………………………………………………… 85
2.3.4 测试传输机构 …………………………………………………… 89
2.3.5 测试回收装置 …………………………………………………… 90
2.3.6 测试升降机 ……………………………………………………… 91
2.3.7 测试声、光报警 ………………………………………………… 92
2.3.8 扇形门 …………………………………………………………… 93
2.3.9 回收装置 ………………………………………………………… 96

第3章 自动售票机（加值验票机） PAGE 103

3.1 调整自动售票机（加值验票机）部件 …………………………… 106
3.1.1 安全设计 ………………………………………………………… 109
3.1.2 用户权限设置 …………………………………………………… 110
3.1.3 数据传输安全 …………………………………………………… 111
3.1.4 安全性符合标准 ………………………………………………… 111
3.1.5 自动售票机启动与关闭操作 …………………………………… 111
3.1.6 车票储存箱操作 ………………………………………………… 114
3.1.7 硬币操作 ………………………………………………………… 115
3.1.8 纸币钱箱操作 …………………………………………………… 117
3.1.9 加值验票机概述 ………………………………………………… 119

3.2 自动售票机（加值验票机）部件拆装和检修 …………………… 122
3.2.1 自动售票机机壳 ………………………………………………… 123
3.2.2 车票发售模块 …………………………………………………… 123
3.2.3 车票读卡器 ……………………………………………………… 127
3.2.4 设备部件维护菜单和指令 ……………………………………… 128
3.2.5 测试硬币识别器 ………………………………………………… 130
3.2.6 MEI 纸币识别器 ………………………………………………… 132
3.2.7 G&D 纸币识别器 ………………………………………………… 134
3.2.8 纸币找零器 ……………………………………………………… 135

3.3 排除自动售票机（加值验票机）故障 …………………………… 139
3.3.1 AVM 通信故障 …………………………………………………… 139
3.3.2 故障现象 ………………………………………………………… 140
3.3.3 排除纸币找零器故障 …………………………………………… 141

3.3.4　排除纸币识别器故障 ……………………………………………… 141
　　3.3.5　排除工控机故障 …………………………………………………… 141
　　3.3.6　排除硬币接收器故障 ……………………………………………… 142
　　3.3.7　排除纸币接收器故障 ……………………………………………… 143
　　3.3.8　找零器 ………………………………………………………………… 143

第4章　人工售票机（补票机） PAGE 147

4.1　调整人工售票机（补票机）部件 ………………………………………… 150
　　4.1.1　人工售票机（补票机）登录 ……………………………………… 151
　　4.1.2　车票有效性分析 …………………………………………………… 153
　　4.1.3　BOM 无效车票原因分析 ………………………………………… 155
　　4.1.4　EFO 有效车票分析 ………………………………………………… 156
　　4.1.5　EFO 无效车票原因分析 …………………………………………… 157
　　4.1.6　主控单元 ……………………………………………………………… 158
　　4.1.7　操作员显示器 ………………………………………………………… 160
　　4.1.8　乘客显示器 …………………………………………………………… 161
　　4.1.9　键盘、鼠标 …………………………………………………………… 161
　　4.1.10　车票处理机构 ……………………………………………………… 162
　　4.1.11　打印机 ……………………………………………………………… 163
4.2　人工售票机（补票机）部件拆装和检修 ………………………………… 165
　　4.2.1　维护诊断 ……………………………………………………………… 165
　　4.2.2　寄存器数据描述 …………………………………………………… 166
　　4.2.3　乘客显示器更换操作 ……………………………………………… 168
　　4.2.4　车票处理机构测试 ………………………………………………… 170
　　4.2.5　时钟显示和设置 …………………………………………………… 172
4.3　排除人工售票机（补票机）故障 ………………………………………… 172
　　4.3.1　乘客显示器 …………………………………………………………… 173
　　4.3.2　液晶显示器 …………………………………………………………… 175

第5章　车站计算机 PAGE 181

5.1　车站计算机及外围设备 …………………………………………………… 183
　　5.1.1　SOC 桌面显示 ……………………………………………………… 183

  5.1.2 系统签到功能 …………………………………… 184
  5.1.3 系统签退功能 …………………………………… 186
  5.1.4 AFC 系统运营管理方式 ………………………… 187
  5.1.5 车站计算机设备控制与监视 …………………… 188
  5.1.6 车站计算机客流监视 …………………………… 190
  5.1.7 车站计算机运行模式 …………………………… 191
  5.1.8 车站计算机收益管理 …………………………… 194
  5.1.9 车站计算机设备维护管理 ……………………… 200
 5.2 排除车站计算机外围设备故障 ……………………………… 204
  5.2.1 计算机硬件系统 ………………………………… 204
  5.2.2 计算机软件系统 ………………………………… 205
  5.2.3 紧急按钮 ………………………………………… 206
  5.2.4 系统时钟同步 …………………………………… 207
  5.2.5 车站计算机软件更新 …………………………… 207
 5.3 自动售检票系统术语和缩写 ………………………………… 208
  5.3.1 术语 ……………………………………………… 208
  5.3.2 缩写 ……………………………………………… 209

理论知识考试模拟试卷及答案 ………………………………………… 212
操作技能考核模拟试卷 ………………………………………………… 222

第 1 章

AFC 供电及车票

学习目标

- ☑ 了解 AFC 供电系统技术要求。
- ☑ 熟悉 AFC 设备的安全防护措施。
- ☑ 掌握双电源切换操作的方法。
- ☑ 了解轨道交通车票体系的发展。
- ☑ 熟悉轨道交通专用票的物理特性和应用文件组织等技术要求。
- ☑ 掌握轨道交通专用票的车票参数和票卡类型。
- ☑ 能够对车票拒收原因进行分析。

知识要求

1.1 供电

确定供电系统的一般原则是供电可靠、操作方便、运行安全灵活、经济合理、具有发展的可能性。

供电可靠性是指供电系统不间断供电的可靠程度。

供电系统的接线应保证在正常运行和发生事故时，操作和检修方便、运行维护安全可靠。

接线方式在满足生产要求和保证供电质量的前提下应力求简单，以减少投资和运行费用，并应提高供电安全性。

1.1.1 供电系统

供电系统是由电源系统和输配电系统组成的产生电能并供应和输送给用电设备的系统。供电系统由变电、输电、配电和用电等环节组成。

1. 输入电压

电压（Voltage）也称为电势差或电位差，是衡量单位电荷在静电场中由于电势不同所产生的能量差的物理量。其大小等于单位正电荷因受电场力作用从 A 点移动到 B 点所做的功，电压的方向规定为从高电位指向低电位的方向。

输入电压也称额定电压（Rated Voltage），用符号 U 表示，国际单位制为伏特

（V）。额定电压通常指自动售检票（Auto Fare Collection，AFC）设备铭牌上所标的电压值。一般 AFC 设备都按照规定的电压来设计、制造和工作。AFC 供电系统输入电压为 220VAC（+10%～-15%）单相。

额定电压是 AFC 设备正常工作时的电压，也是 AFC 设备长时间工作时所适用的最佳电压，此时 AFC 设备中的元器件都工作在最佳状态。只有工作在最佳状态时，AFC 设备的性能才比较稳定，这样 AFC 设备的使用寿命才得以延长，发挥最佳的技术性能和经济效果（若输入电压高则 AFC 设备故障多，输入电压低则 AFC 设备工作不正常）。

2．工作频率

在 1 s 内交流电变化的周期数称为频率，用符号 f 表示，单位为赫，用符号 Hz 表示。频率与周期互为倒数关系，即 $f=1/T$ 或 $T=1/f$。我国工业用电的标准频率为 50 Hz，AFC 供电系统电源工作频率为（50±4）Hz。因此，把 50 Hz 的交流电又称为工频交流电。

为了批量生产和设备互换的需要，各国都制定了额定频率的标准系列。我国规定的工业用标准额定频率为 50 Hz（一般称为工频）。世界上大多数国家也是采用的这一频率，而部分国家（如美国、加拿大、日本等）采用的频率则为 60 Hz。

3．最大输入电流

导体中的自由电子在电场力的作用下做有规则的定向运动就形成了电流。

单位时间内通过导线某一截面的电量叫做电流强度，简称电流。通常用字母 I 表示，国际单位制是安培（A）。

为了保证 AFC 设备及电气线路的安全运行，所有 AFC 线路的导线和电缆的截面都必须满足发热条件，当电流通过导线或电缆时，阻抗的存在会造成电能的消耗，使导线或电缆发热，温度升高。通过导线或电缆的电流越大，导线或电缆的温度也越高。当温度上升到一定数值时，可能使导线或电缆的绝缘损坏，氧化加剧，从而引起漏电、断线等。所以在任何环境温度下，当导线和电缆连续通过最大负载电流时，其线路温度都不大于最高允许温度（通常为 70℃ 左右），这时的负载电流称为安全电流。

最大输入电流是指 AFC 设备电器元器件、导线和电缆可以承受的最大电流，AFC 设备输入电流最大为 2 A。超过这个电流，元器件就有被电流烧毁或击穿的可能性，以及导线和电缆漏电、断线的可能性。

4．电路保护

电路保护主要是保护 AFC 设备在受到过压、过流、浪涌和电磁干扰等情况下电器内元器件不受损坏。随着科学技术的发展，电子产品日益多样化、复杂化，所应用的电路保护元器件已非昔日简单的玻璃管保险丝，通常保护器件有压敏电阻、瞬态抑制二极管 TVS（Transient Voltage Suppressor）和气体放电管等。已经发展成为一个门类繁多的新兴电子元器件领域。

在各类电子产品中，设置过电流保护和过电压保护元器件的趋势日益增强，其原因主要有以下几个方面：

（1）随着电子产品发展的需求，集成电路 IC（Integrated Circuit）的功能（集成度）也越来越强，其"身价"自然越来越高，因而需要加强保护。

（2）为了降低功耗、减少发热、延长使用寿命，半导体元件和 IC 的工作电压越来越低，据美国半导体行业协会（Semiconductor Industry Association，SIA）统计，目前工作电压在 1.2 V 以下，因而其抗过电流/过电压的能力需要适应新的保护要求。

（3）移动式电子产品越来越多，如手持机、个人数码助理（Personal Digital Assistant，PDA）、笔记本电脑、摄录机、数码相机、光盘机等，这些电子产品都需要电池组件，在电池组件和电池充电器中都必须配备保护元器件。

（4）众多电子产品都需要防止雷击以及电源线与电话线的交扰，以保证正常通信和用户人身安全。所以，随着电子产品的发展，过电流/过电压保护元器件的需求呈上升趋势。

（5）据统计，在电子产品出现的故障中，有 75% 是由于过电流/过电压造成的。IBM 曾分析过计算机电源的故障原因，其中 88.5% 是由于过电流/过电压造成的。随着人们对电子产品质量的不断提高，制造企业为了提高市场竞争力，就必须大量采用电路保护元件。

1）过流保护（Over Current，OC）。指电流过大时自动断电，防止电路与电子元器件因超过额定电流而造成的损坏。

2）过压保护（Over Voltage，OV）。主要是防止过电压或静电放电对电子元器件的损坏，被广泛地应用于电话机、传真机及高速传输接口等各种电子系统产品，尤其是电子通信设备，对于如何避免因为电压异常或静电放电而对电子设备造成伤害损失尤为重要。

3）过温保护（Over Temperature，OT）。目前过温保护组件广泛运用于对温度有特殊要求的场合，此类保护组件按照动作原理可分为化学药品动作型和低温合金动作型，其中化学药品动作型产品的主要特点是可以做低温型产品（目前可做到 48℃），但结构较为复杂，成本较高；低温合金动作型主要是一根直径较大的低温熔丝起导通作用，必须保证在通过额定电流时产生的热量不会使熔丝熔化，此低温熔丝一般是通过调节锡（Sn）、铜（Cu）、银（Ag）、铋（Bi）、铟（In）等成分的比例来调节其熔点。

4）过温过流保护（TFR）。近年来，随着应用的提升，单纯的温度保护功能已不能满足电器、电动机、马达及3C产品安全保护的需求，因此，需研发出能因温度、电流及电压异常情况下同时监控并及时保护的组件，此类组件主要应用于锂离子电池及锂高分子电池中。

5）过流过压保护（OCOV）。随着现代电子产品的复杂化，对于保护组件运用的要求也日益提高，如保护的全面性、有限的预留空间等，这些要求的提出掀起了一场保护组件组合封装的热潮。例如，过流过温保护即为组合封装的一种，但过流过压保护组合封装产品目前大多数还处在研发阶段，尚无成熟的商业化产品面市。

AFC设备电源能同时提供可靠的过流保护，提供过载和短路保护的器件是断路器。

5．导电材料

导线材料的选择必须同时满足：导线的安全载流量（即导线允许载流量）、导线允许的电压降、导线的机械强度和导线与熔体的额定电流（或低压断路器的整定电流）相配合。

（1）导线的安全载流量。导线和电缆在通过电流时会发热，当通过正常最大负荷电流时达到的发热温度，不应超过其正常运行时的最高允许温度。如果负荷太大，导线将会过热，可能造成漏电、断线事故。导线在正常时的最高温度为：铜铝母线、聚氯乙烯绝缘铜导线和电缆不得超过70℃，交联聚乙烯绝缘铜导线和电缆不得过90℃。导线和电缆允许的最大电流除取决于截面积之外，还与其材料、结构、敷设的方式有关。还必须注意，导线和电缆的允许载流量与环境温度有关。因此当敷设方式和环境温度不同时，对导线和电缆的允许载流量要进行修正，使导线和电缆在工作时不超过最高允许的温度。

AFC设备电源导电材料标准截面为$1\ mm^2$，其安全电流为15 A。

（2）导线允许的电压降。当AFC供电线路很长时，线路上的电压降就比较大，如果供电线路允许电压降为额定电压的$\Delta U\%$，需要系数为K_x，按导线材料等因素推导出导线截面积S（mm^2）公式如下：

$$S = K_x \Sigma (PL) / C \cdot \Delta U$$

式中，$\Sigma(PL)$为负荷力矩的总和，单位是kW·m。C是计算系数，三相四线制供电线路时，铜线的计算系数$C_{Cu}=77$，铝线的计算系数为$C_{Al}=46.3$；单相220 V供电时，

铜线的计算系数 $C_{Cu}=12.8$，铝线的计算系数为 $C_{Al}=7.75$。公用电网用电一般规定允许电压降为额定电压的 ±5%。

1.1.2 安全防护措施

安全防护措施一般有两种分类方法：一种是按防触电保护方式分类，另一种是按防潮程度分类。

电器按防触电保护方式可分为：基本绝缘器具；基本绝缘结构，可加或可不加保护线（视情况需要而定）的器具；基本绝缘结构，规定加保护线的器具；双重绝缘或加强绝缘的器具；使用特低电压的器具共五类。根据国家标准及国际电工委员会（International Electrotechnical Commission，IEC）的有关规定，它们的国际通用名称分别是 Ⅰ类、Ⅱ类、Ⅲ类。

1. Ⅰ类电器

不仅有基本绝缘，还将易触及的金属部件与已安装在固定线路中的保护线相连，使用时应按规定接地或接零。

依靠基本绝缘使带电部分与易触及部分及外壳隔开。一旦此绝缘损坏，因易触及部分及外壳接地或接零，人体碰到不会发生触电危险。

此类电器具规定接地或接零使用，其安全程度较高，特别适用于具有金属外壳结构的产品，但要求器具的接地或接零保证可靠。

AFC 设备中工控机属于Ⅰ类电器。

2. Ⅱ类电器

不仅有基本绝缘，还采用双重绝缘或加强绝缘结构，但没有保护线或依赖安装条件的措施。

在基本绝缘失效的情况下，补充的双重加强绝缘可起到防触电保护作用。另一种是用相当于双重绝缘性能的加强绝缘作基本绝缘，使带电部分与易触及部分及外壳隔开。

此类器具绝缘性能高，适用于使用环境条件较差或与人体经常接触的器具。它的安全性完全取决于器具的绝缘质量。与外界环境接地或接零与否关系很小。一般带塑料外壳的产品应具有双重绝缘的结构。

AFC 设备中液晶显示器属于Ⅱ类电器。

3. Ⅲ类电器

Ⅲ类电器依靠隔离变压器获得安全特低电压供电来进行防触电保护。同时在电器内部电路的任何部位，均不会产生比安全特低电压高的电压。

国际电工委员会（IEC）规定的安全特低电压，是指为防止触电事故而采用的特定电源供电的电压系列。这个电压的上限值，在任何情况下，两个导体间或任一导体与地之间，均不得超过交流（50~500 Hz）有效值50 V。

我国规定安全特低电压额定值等级为36 V、24 V、12 V、6 V，当电器设备采用超过24 V的安全电压时，必须采取防止直接接触带电体的保护措施。目前AFC设备内部使用的照明灯、读卡器多属Ⅲ类电器。

4．漏电保护

漏电保护器又称剩余电流装置（Residual Current Device，RCD），它有多种分类方法，如按检测信号不同，可分为电压型和电流型；按放大机构不同，可分为电子式和电磁式；按极数不同，可分为单极、二极、三极和四极；按相数不同，可分为单相和三相；按漏电动作电流不同，可分为高灵敏度、中灵敏度和低灵敏度；按动作时间不同，可分为快速型、定时限型和反时限型。根据国家标准GB/Z 6829—2008《剩余电流动作保护电器的一般要求》和GB 16917.1—2014《家用或类似用途的带过电流保护的剩余电流动作断路器（RCBO）第1部分：一般规则》的规定，剩余电流动作保护器可以划分为以下三种：

（1）不带过载、短路保护，仅有漏电保护的剩余电流动作保护器，以前称为漏电开关。

（2）带过载保护、短路保护和漏电保护的剩余电流动作保护器，以前称为漏电断路器。

（3）没有过载、短路保护功能，也不直接分合电路，仅有漏电报警作用的保护器，以前称为漏电继电器。它除作为报警而不切断电源外，也可与一般断路器组合成前两类剩余电流动作断路器。

AFC设备一般选用漏电动作电流不大于30 mA、漏电动作时间在0.1 s以内的RCD。

1.1.3 双电源切换操作

双电源切换操作是指合上或分断隔离开关或断路器、闸刀，合上或分断直流操作回路，拆除和装设临时接地线及检查设备绝缘等。

电气设备分为运行、备用（冷备用及热备用）、检修三种状态。

将电气设备由一种状态转变为另一种状态的过程称为双电源切换，进行的操作称为双电源切换操作。

1. 双电源切换操作概念

在 AFC 系统供电电网中，对自动售检票专用配电柜供电的设备的停电和送电、运行方式的改变和调整、设备检修和投入运行等是通过双电源切换操作过程进行的。通过操作隔离开关、断路器以及挂、拆接地线将电气设备从一种状态转换为另一种状态或使系统改变运行方式，这种操作就称为双电源切换操作。

2. 双电源切换操作主要内容

（1）在车站降压站或环控电控室自动售检票专用配电柜上先断"常用电源"，看切换箱"备用电源"是否正常切换供电；正常切换到"备用电源"供电时，SC 的 UPS 是否有瞬间报警声，是否检测到瞬时失电的过程。

（2）"备用电源"正常供电后再送"常用电源"，看切换箱"常用电源"是否正常切换供电，"备用电源"是否在"常用电源"供电后自动切换，是否具有"常用电源"优先权，SC 的 UPS 是否有报警声，是否检测到瞬时失电的过程。

（3）"常用电源"供电正常后再断"备用电源"，看切换箱"备用电源"是否可以断开，断开后"常用电源"是否正常供电。

（4）正常供电时再送"备用电源"，看是否影响"常用电源"。

1.1.4 接地装置

在 AFC 系统供电电网中，电气装置和设施的可导电外壳，除特殊要求外，均采取保护接地或保护接零，以防其漏电时对乘客造成伤害及对设备构成危害。接地或接零处有明显标志的专用接地或接零端子。

接地装置有两个作用：其一是可以降低人在可触及导电部分时的接触电压，基本上降低到远小于特低电压限值，以减少电击的危险；其二是可以使电力系统或电气设备稳定地工作。

1. 接地及其分类

接地应用很广泛，接地是一种防止间接接触所导致触电的安全技术措施，不论是交流电或直流电，高压电或低压电，也不论是在一般环境或特殊环境下，采用接地措施都能确保 AFC 电气设备正常运行和乘客的人身安全。

根据配电系统接地方式的不同，国际上把低压配电系统分为 IT、TT 和 TN 三种形式。其中 TN 系统又分为 TN-C、TN-S 和 TN-C-S 三种。我国配电系统在新的标准中也采用了这种分类形式。

2. 接地装置与接地体

接地装置：接地体（接地极）和接地线装置的总称。

接地体（接地极）：埋在地下直接与土壤接触的一个或多个金属导体称为接地体或接地极。

地下金属构件、金属管道等可以作为自然接地体。

3. 接地电流和接地电阻

接地电流：由电器设备的绝缘损坏引起电流，经接地装置流入大地的电流称为接地电流。

接地电阻：它是散流电阻、接地体电阻和接地线电阻的总和。

接地线：电气装置的接地部分与接地体（接地极）相连接的金属导体称为接地线。

散流电阻：接地体与土壤之间的接触电阻和土壤电阻之和。

1.1.5 开关电源

开关电源是利用现代电子技术控制开关管开通和关断的时间比率，从而维持稳定输出电压的一种电源。开关电源一般由脉冲宽度调制（Pulse Width Modulation，PWM）控制集成电路（IC）和大功率晶体管构成。随着电子技术的发展和创新，开关电源技术也在不断地向着轻、小、薄、低噪声、高可靠、抗干扰的方向发展。目前，开关电源以小型化、轻量化和高效率的特点被广泛应用于 AFC 系统几乎所有的电子设备中，开关电源是当今电子信息产业飞速发展不可缺少的一种电源方式。

现代开关电源有两种：一种是直流开关电源；另一种是交流开关电源。

直流开关电源的功能是将电能质量较差的市电电源或蓄电池电源，转换成满足 AFC 设备要求的质量较高的直流电压。直流开关电源的核心是 DC/DC 转换器。

1. 开关电源原理

开关电源的工作过程相当容易理解，PWM 开关电源让功率晶体管工作在导通和关断两种状态，在这两种状态中，加在功率晶体管上的伏－安乘积是很小的（在导通时，电压低，电流大；关断时，电压高，电流小），功率器件上的伏－安乘积就是功率半导体器件上所产生的损耗。

PWM 开关电源更为有效的工作过程是通过"斩波"来实现的，即把输入的直流电压斩成幅值等于输入电压幅值的脉冲电压。

开关电源方波脉冲的占空比由开关电源的控制器来调节。一旦输入电压被斩成交流方波，其幅值可通过变压器来升高或降低。通过增加变压器的二次绕组数可增加输出的电压值。最后这些交流波形经过整流滤波后得到直流输出电压。

控制器的主要目的是保持输出电压稳定，其工作过程与线性形式的控制器类似。也就是说控制器的功能块、电压参考和误差放大器，可以设计成与线性调节器类似，它们的不同之处在于，误差放大器的输出（误差电压）在驱动功率管之前要经过一个电压/脉冲宽度转换单元。

开关电源有两种主要的工作方式：正激式变换和升压式变换。尽管它们各部分的布置差别很小，但是工作过程相差很大，在特定的应用场合下各有优点。

2．开关电源组成

开关电源主要由主电路、开关电源控制电路、检测电路、辅助电源四大部分组成（见图1—1）。

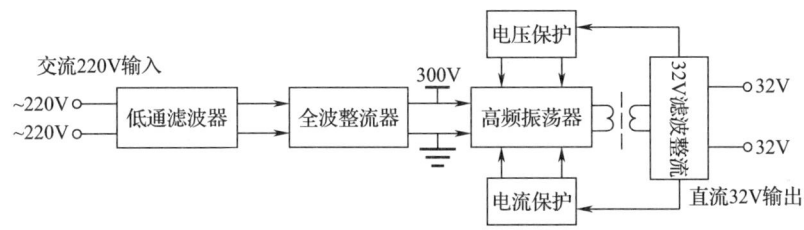

图1—1　开关电源框图

（1）主电路

1）浪涌电流限幅：限制接通电源瞬间输入侧的浪涌电流。

2）输入滤波器：其作用是过滤电网存在的杂波及阻碍本机产生的高频杂波反馈回电网。

3）整流与滤波：将电网交流电源直接整流为较平滑的直流电。

4）逆变：将整流后的直流电变为高频交流电，这是高频开关电源的核心部分。

5）输出整流与滤波：根据负载需要，提供稳定可靠的直流电源。

（2）控制电路。一方面，从输出端取样，与设定值进行比较，然后控制逆变器改变脉宽或脉频，使输出稳定；另一方面，根据测试电路提供的数据，经保护电路鉴别，提供控制电路对电源进行保护。

（3）检测电路。提供保护电路中正在运行的各种参数和各种仪表数据。

（4）辅助电源。实现电源的软件（远程）启动，为保护电路和控制电路（PWM等芯片）工作供电。

3. 开关电源保护

开关电源在使用中必须具有过流、过热、短路等保护功能，故在使用时应首选保护功能齐备的开关电源模块，并且其保护电路的技术参数应与用电设备的工作特性相匹配，以避免损坏用电设备或开关电源。

电源电路存在一些不稳定因素，用来防止此类不稳定因素影响电路效果的回路称为保护电路。例如，有过流保护、过压保护、过热保护、过载保护等。

过流保护（Over Current Protection，OCP）主要包括短路保护和过载保护两种类型。当出现负载短路、过载或者控制电路失效等意外情况，电流超过预定最大值时，会引起流过稳压器中开关晶体管的电流过大，功耗增大，发热，若没有过流保护装置，大功率开关晶体管就有可能损坏。

过压保护（Over Voltage Protection，OVP），当被保护线路的电源电压高于一定数值时，保护器切断该线路；当电源电压恢复到正常范围时，保护器自动接通。

1.2 轨道交通专用票

1.2.1 轨道交通车票体系的发展

在轨道交通线网自动售检票系统的5层架构中，车票位于第五层。供乘客持有、使用的轨道交通专用票、公共交通卡、手机卡、浦发卡支付及其他随机发行的纪念卡等统称为车票。车票是乘客乘车的凭证，车票记载了乘客从购票开始，完成一次完整行程所需要和产生的费用、时间、乘车区间等信息。由于车票上记载了相关乘车信息，因而也将其称为车票媒介。

1. 车票发展阶段

以上海轨道交通为例，轨道交通的车票体系演变大致可划分为三个阶段。

第一阶段：轨道交通运营初期。采用人工售检票方式为主、纸质车票、单一票价。

第二阶段：自动售检票系统初创阶段。采用计程、限时票价制，车票媒介包括磁卡车票和IC（Integrated Circuit，集成电路）卡车票。

第三阶段：自动售检票系统的网络化运营阶段。采用计程、限时票价制，可实行收费区内直接换乘和多元收益方的精细清分，车票媒介采用卡型塑质非接触式IC卡。自动售检票系统能实现"一卡通、一票通行"和无障碍换乘，并兼容公共交通卡、手机卡、浦发卡支付等,与其他公共交通系统能实现"一卡通"交易数据清算与账务结算。

"一票通"车票是用于城市轨道交通系统乘行,并能实现不出站换乘不同线路的乘车凭证。

"一卡通"车票是用于城市公交、轨道交通、出租汽车、轮渡等乘行的具有储值功能的消费载体,俗称"交通卡"。

2．车票类型

(1)纸质车票。常见的纸质车票有普通纸票(见图1—2)和条形码纸票(见图1—3)。

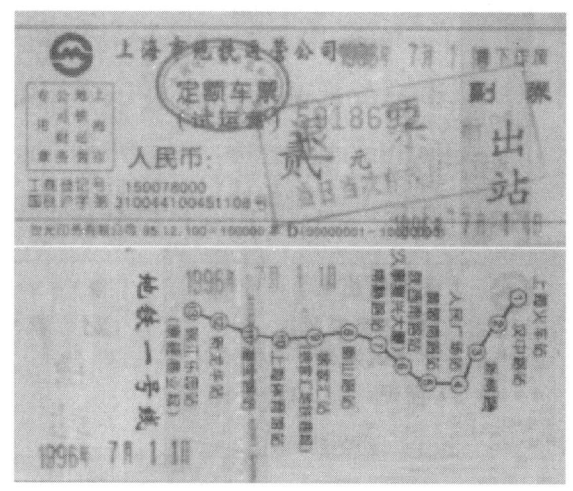

图1—2　纸质车票

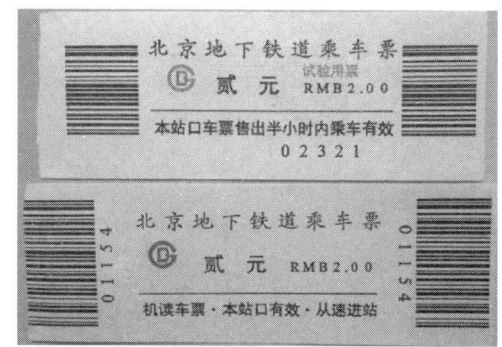

图1—3　条形码车票

普通纸票是将车票的所有信息,如车票的编号、售票站点信息、车票价格等,都直接印刷在车票上,便于乘客及票务人员进行验证和确认。乘客进出站时,由票务人员视读确认基本信息和特殊信息,完成信息识别。

条形码纸票是将车票的相关信息通过条形码编码储存,由条形码扫描仪完成信息识别,标识的信息只供读取而不能改写。

(2) 磁卡车票。磁卡车票是一种利用磁记录特性对有关车票信息进行记录交换的卡片,磁卡车票有塑质磁卡车票和纸质磁卡车票两种(图1—4),二者多是在卡基材料上设置磁记录区域,通过磁留存储存有关车票信息。为了简化设备结构,磁卡车票上有定位孔槽等标识,方便磁卡读写设备获取相关信息,磁卡车票信息是可修改的。

 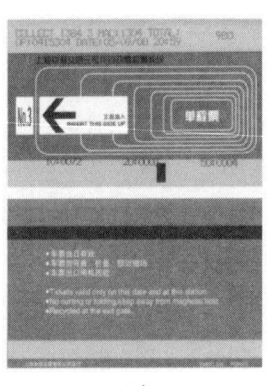

a)   b)

图1—4 磁卡车票

a) 塑质磁卡单程票 b) 纸质磁卡单程票

塑质磁卡车票的卡基材料多为PET (Polythylene Terephthalate, PET),因为PET强度高、刚性好,有良好的耐热性。纸基材料耐水性差。

磁卡车票的结构主要有卡基材料和贴或涂在其上的磁条组成。通常磁条上有2~3条存储信息的磁道,国际标准化组织(International Organization for Standardization, ISO)明确规定了磁卡车票的物理特性、磁条的尺寸、位置、读写性能以及各磁道的数据格式等。

(3) IC卡车票。非接触式IC卡(smart card 或 integrated circuit card)是将车票的所有信息储存在车票的集成电路中,用非接触式IC卡读写设备获取相关信息。非接触式IC卡又分为逻辑加密卡和微处理器CPU (Central Processing Unit) 卡两种类型。非接触式IC卡车票的特点是信息储存量大,并且信息可修改。目前,轨道交通使用的非接触式 IC 卡单程车票有卡型和筹码型（TOKEN）两种类型。

1）卡型 IC 车票。上海城市轨道交通使用单程车票，通过嵌装集成电路及天线，使用电感耦合方式与读写器进行操作的卡型塑质非接触式 IC 卡，卡型 IC 车票采用环保柔韧的 PET 材料，设计轻薄，可经受长时间反复弯曲、扭曲，工作频率也能确保维持稳定。卡型 IC 车票的基本参数和技术要求满足 ISO/IEC 14443 国际标准，完全适应在地铁这样复杂的公共环境下使用。

卡型 IC 车票的尺寸通常为长 85.9 mm × 宽 54 mm × 厚 0.5 mm，其内部结构如图 1—5 所示。包含三层结构，上、下两层是装饰层，上层为厚度 0.1 mm 的 PET 材料；中间层为 0.24 mm 的 PET 材料，早期中间层线圈制作采用绕线的生产工艺，在中间层内部打有长方形小孔，芯片就镶嵌在小孔内，线圈也埋在此层，并且与芯片连接构成一个射频天线回路；下层为 0.1 mm 的 PET 材料，起到补偿厚度的作用。

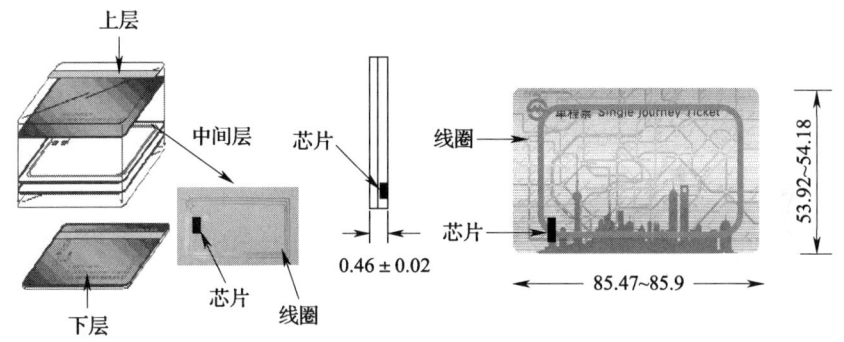

图 1—5　卡型 IC 车票的结构

随着科学技术的不断发展，新的 IC 卡制造工艺逐渐被人们使用，逐步替代了旧的技术。在制造工艺上，由于蚀刻天线制作成本逐渐降低，技术也逐渐成熟，蚀刻天线的工艺越来越受到人们的青睐，逐步取代了绕线工艺。蚀刻天线的主要材料为铝、铜等，从性价比来说，铝较为理想。

中间层的制作过程如下：

①将铝块层层打磨，打磨成厚度为 30 μm 的铝箔。

②将铝箔与 PET 材质用特殊的胶水黏合在一起。

③将粘合好的铝箔 PET 材料涂上特制油墨，并刻画好天线形状。

④将涂上油墨的铝箔 PET 材料放入盐酸中腐蚀。

⑤PET 上的铝箔在盐酸中腐蚀溶化，刻好的天线位置上的铝箔保留下来，形成天线。

⑥将切割好的芯片通过倒装连接到天线预留的放置芯片的位置。

⑦在芯片与天线之间加上特制的 ACP（Anisotropic Conductive Pastes，各向异性导电胶）后层压，完成中间层的制作。

目前上海、北京、重庆、昆明、成都等地的轨道交通均使用卡型 IC 车票。

2）筹码型 IC 车票。部分城市轨道交通使用的单程票是筹码型非接触式 IC 卡，简称筹码（Token），如图 1—6 所示。筹码型 IC 卡的基本参数、技术条件等满足 ISO/IEC 14443 国际标准的要求。

图 1—6　筹码型 IC 车票

筹码型 IC 车票是在直径为 30 mm、厚度为 2.0 mm 的 PVC（Poly Vinyl Chloride，聚氯乙烯）材料圆盘内嵌装集成电路及天线，通过电感耦合方式与读写器进行操作的非接触式 IC 卡。

广州地铁是世界上首家使用筹码型 IC 卡单程票（TOKEN）的地铁企业，另外还有天津、南京、深圳、武汉等地的轨道交通也在使用。

1.2.2　车票参数

1．车票

（1）工作频率。13.56 MHz ± 7 kHz。

（2）通信比特率。106 kbps。

（3）数据存储容量。不小于 512 Bit。分 3 个区、16 个 Block，每个 Block 应包括 4 个 Byte，每个 Byte 应包括 8 个 Bit。

（4）编码方式。读写器向轨道交通专用票卡使用修正的密勒（Miler）编码，轨道交通专用票卡向读写器使用曼彻斯特（Manchester）编码。

（5）调制和编码方式。符合 ISO/IEC 14443—2 的规定。

（6）传输协议。符合 ISO/IEC 14443—4 的规定。

2．非接触式 IC 卡

IC 卡（Integrated Circuit Card）又名智能卡（Smart Card），是一种将车票专用的集

成电路芯片镶嵌于符合 ISO/IEC 7816 标准的塑料基片中,封装成外形与车票形状类似的卡片形式。随着封装技术的日新月异,也可以封装成手表卡、匙扣卡、钱币卡、饰物卡等特殊形状。

非接触式 IC 卡又称射频卡,由 IC 芯片、感应天线组成,封装在一个标准的 PET 或 PVC 塑料卡片内,芯片及天线无任何外露部分。卡片在一定距离范围(通常为 5~10 mm)靠近读写器表面,通过无线电波的传递来完成数据的读写操作。

非接触式 IC 卡与读卡器之间通过无线电波完成读写操作。二者之间的通信频率为 13.56 MHz。非接触式 IC 卡本身是无源卡,当读写器对卡进行读写操作时,读写器发出的信号由两部分叠加组成:一部分是电源信号,该信号由 IC 卡接收后,与本身的 L/C 电感电容组成的振荡电路,产生一个瞬间能量,提供给芯片工作;另一部分则是指令和数据信号,指挥芯片完成数据的读取、修改、储存等步骤,并返回最新芯片数据信号给读写器,完成一次读写操作。读写器一般由单片机、专用智能模块和射频天线组成,并配备与计算机的通信接口、打印口、I/O 口等,以便应用于不同的领域。

非接触式 IC 卡车票具有交易快速、简单、可重复使用且不易损耗、存储数据量大等优点,还具有加密和认证等功能,安全性高,其电子信息技术的天然优势有助于后台计算机联网和有效处理大量数据。

3. 车票序列号

车票序列号可分为车票编号、物理卡号和逻辑卡号。其具体定义如下:

车票编号是车票生产厂商在制作车票媒介时印制在车票表面上的系列编号,可标明生产厂商代码、生产批次等信息。

物理卡号是车票产品的序列号,是唯一的,制造厂家在产品出厂前已将此序列号直接写在车票芯片内固化,不可再更改。物理卡号可与卡面编号一致,也可不同。

逻辑卡号是为了确保自动售检票系统能够跟踪流通中车票的使用情况和针对某张或者某类车票进行功能设置而赋予的系列编号,在车票初始化时由清分中心的编码分拣机对车票进行逻辑卡号的编号时写入。逻辑卡号可以通过编码分拣机对车票的再次格式化而更改。

在车票制作和使用过程中,中央计算机系统通过对储存在中央数据库内车票的票面编码、物理卡号和逻辑卡号之间建立相应的关联,对车票的使用情况进行有效的防伪和跟踪。

4. 安全密钥

安全密钥是指用来对单程票加密或解密用的信息，防止伪造的车票在地铁运营中流通，安全密钥占1个数据块（Block8）。

5. IC 单程票的标示

轨道交通专用车票的标示采用两位英文字母加六位数字的方式。前两位英文字母代表车票种类，头两位数字代表车票生产年份，中间两位数字代表生产批号，末两位数字代表生产厂商。例如，PD 05 03 01：PD 代表单程票；05 代表生产年份为 2005 年；03 代表当年第三批，从 01 编到 99，循环使用；01 代表生产厂商。

IC 单程票的标示占两个数据块（Block0、Block1）。

1.2.3 票卡类型

轨道交通是高投入、高效益的服务型产品，其高效益主要体现在对社会经济的间接推动和对社会活动的维持上，但又可以采取适当的票价策略获得部分经济效益，因而又是一项准公共产品。由于不同地区所采取的扶持政策不同，因此，各地票卡种类也存在很大差异。

根据轨道交通的特点，按车票使用性质，票卡类型可分为单程票、储值票和许可票三大类。

1. 单程票

单程票是指乘客以一定的金额购得一次旅程服务承诺，只可以进行一次进站和一次出站行为的车票，如图1—7所示。通过自动售检票系统参数设置，可定义使用单程票的有效期限和乘车区间。对单程票赋值的设备有售票设备和编码分拣机，因此，单程票一般可分为以下几种：

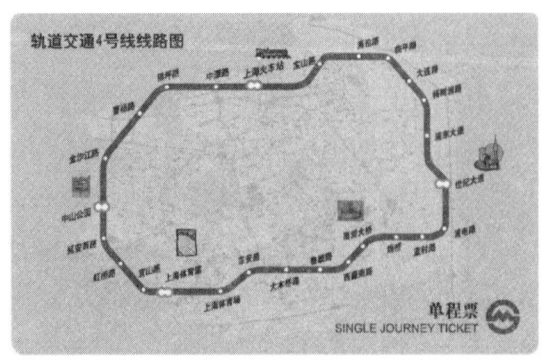

图1—7 单程票

(1) 普通单程票。它是单程票中使用最多、最广泛的一种车票，乘客在人工售票机（Booking Office Machine，BOM）或自动售票机（Automatic Ticket Vending Machine，TVM）设备上购票时完成对车票的赋值。单程票限当日当站限时限距使用，采用"照进插出"的方式，出站由检票机回收。

(2) 应急票。应急票（预赋值车票）是一种特殊的单程票，由线路中央计算机系统的编码分拣机统一赋值。当车站售票设备发售能力不能满足客流需要时，由车站设专窗人工出售，并张贴明显的专窗售票指示提示乘客在此购买。

应急票可以有两种表现方式，一种是预先对一定数量的车票进行赋值，由车站工作人员人工发售，其使用方式与普通单程票相同，只是由于其进行了预先赋值，对资金、车票的管理措施有更多要求；另一种是将车票进行应急专用编码，在进站时发放给乘客，当乘客在到达站出站时，要根据乘坐情况进行补票，该方式可解决大客流进站时售票能力不足的问题。

(3) 出站票。出站票由人工补票机在 EFOM（Excess Fare Office Machine）模式下发售，用于乘客在付费区内补票出站。出站票仅限于发售车站，当日出站时使用。目前上海地铁出站票有 0 元和网络最高票价 15 元两种。

(4) 纪念票。纪念票是指为纪念重大事件、重要人物等发行的具有纪念意义的车票。除纪念、宣传和收藏外，也可作为乘车凭证。在规定的期限内可在轨道交通网络中使用，纪念票采用"照进照出"的方式，不计程，出站不回收。纪念票设计制作精美，发行量小，纪念票一般不可以二次编码。纪念票有游客纪念票和个性纪念票两种，如图 1—8 所示。

a)

b)

图 1—8 纪念票
a) 游客纪念票 b) 个性纪念票

游客纪念票由申通资产负责设计、制作、销售,纪念票操作流程包括定稿、制作、赋值、领用。

个性纪念票由申通资产代理设计、委托制作,由客户全面回购。

2. 储值票

储值票是指可反复充值以保证车票内预存有一定资金,在金额足够的情况下可多次使用,每次使用时根据费率表扣除乘车费用的车票,主要包括公共交通卡、手机卡、浦发卡支付等,如图1—9所示。储值票可以分为以下几种。

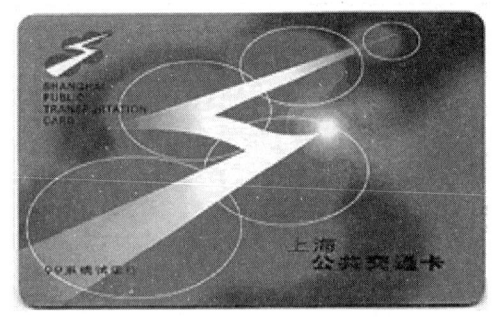 

a)　　　　　　　　　　　　　　　　b)

图1—9　储值票

a) 公共交通卡　b) 纪念票

(1) 普通储值票。它是储值票中使用最多最广泛的一种车票。可反复充值使用,每次使用根据费率表扣费。

(2) 优惠票。根据需要给予一定折扣优惠的车票,如老人票、儿童票等。

(3) 纪念票。为某种题材专门制作的纪念性车票,可供收藏用。

3. 许可票

许可票是一种特殊票种,供轨道交通运营方内部人员或为轨道交通提供服务的人员使用。主要包括公务票和测试票。

(1) 公务票。公务票包括工作证、通勤证等仅限于轨道交通员工使用或提供现场服务的单位相关工作人员使用的车票,可根据实际需求进行使用方式限定,属于特殊类型车票,如图1—10所示。

(2) 测试票(Test Ticket, TST)。它是一种对自动售检票系统设备进行维护诊断的特殊车票。只能在设备处于维护模式时,由维修人员测试设备工作状态时使用,如图1—11所示。

图 1—10　员工票

图 1—11　测试票

1.2.4　车票故障分析

检票机的基本交易类型包括进站检票和出站验票两种。两种交易的处理流程类似，都包括两大步骤，即车票检查和业务处理。检查合格的有效车票才能进入业务处理，业务处理按业务规则进行。完成对车票的业务处理后，乘客被允许通过检票机通道，进入或离开收费区。

对于有效车票，检票机按照业务规则对车票进行相应的交易处理。交易处理的结果将被记录。交易成功后检票机将释放阻挡装置，允许乘客通过检票通道。对于出站检票机，可根据设定的参数对指定类型的车票进行回收。

对于无效车票，检票机给出提示信息，指导乘客前往车站服务中心对车票进行相应的票务处理。

1. 读错误

检票机在读写处理车票时发生车票读错误时，乘客显示屏会显示车票拒绝码

"15"。表示读写器识别不了这张车票,一般情况下,车票已损坏,不能继续使用。

2. 写/校验错误

检票机在读写处理车票时,发生车票写/校验错误,此时乘客显示屏会显示车票拒绝码"14",表示读写器在写车票信息时将错误信息写入。一般情况下,车票不能继续使用,需送票务中心编码机进行格式化处理。

检票机交易处理的流程如图 1—12 所示。

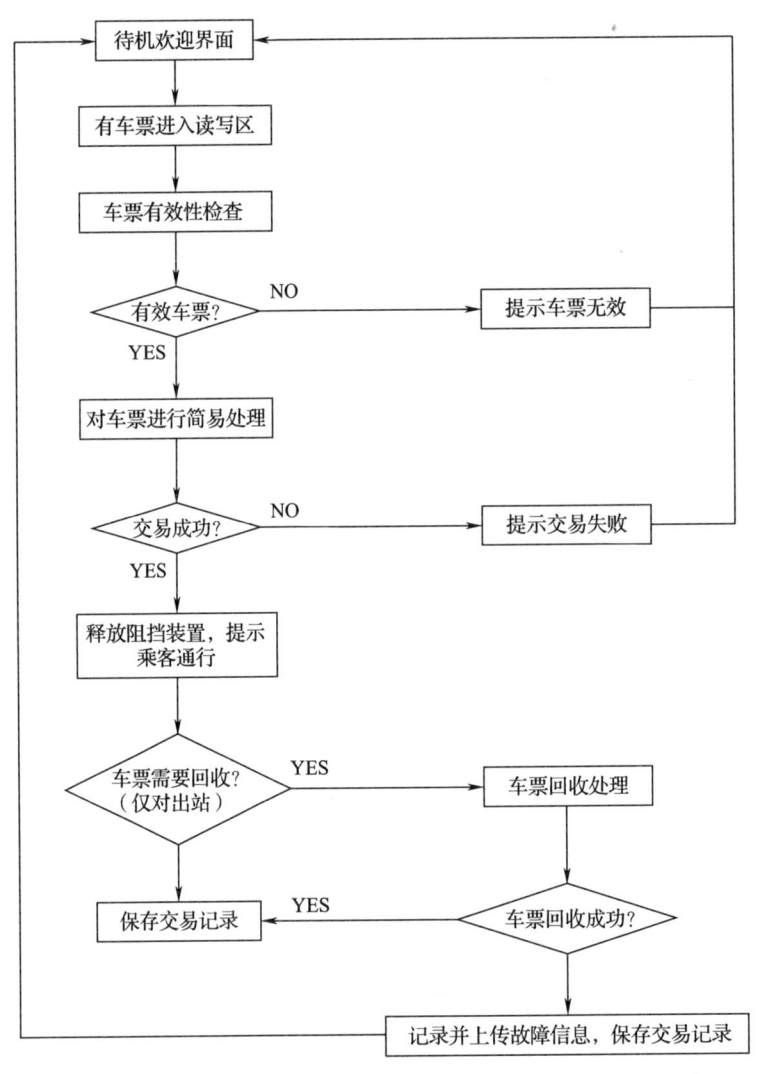

图 1—12 检票机交易处理流程图

思 考 题

1. 阐述 AFC 系统的作用。
2. 哪些车票属于轨道交通专用票?

第 2 章

检 票 机

学习目标

- ☑ 了解检票机硬件总体构架和关键模块。
- ☑ 熟悉检票机对车票处理的交易流程、人机接口和使用场合。
- ☑ 掌握检票机内部统计寄存器的使用。
- ☑ 了解检票机检修中的一般操作。
- ☑ 理解检票机设备的运营状态信息。
- ☑ 熟悉检票机关键模块的故障诊断。
- ☑ 了解排除检票机常见故障的方式。
- ☑ 熟悉用测试码测试检票机部件的方法。
- ☑ 掌握检票机关键部件的拆装和故障排查方法。

第 2 章
检票机

知识要求

  检票机是自动售检票系统中实现乘客自助进出站检票交易（在非付费区和付费区间通行）的设备。检票机安装于车站付费区与非付费区的交界处，进站检票机和出站检票机共同形成车站站厅层付费区与非付费区之间的分隔线，用于实现对乘客自助式进（出）站检票。对有效车票，检票机通道阻挡装置释放（转杆释放或扇门开启），允许乘客进（出）站。

  检票机能接受轨道交通专用车票、公共交通卡车票、手机钱包和银联卡，并满足乘客右手持票快速通过的需求。上海城市轨道交通自动售检票系统采用计程、计时票价制。计程为分区域按里程计。计时是当乘客持有有效车票进入收费区后，需在规定的时间内出收费区，超过规定时间，将按规定补缴票款。

  在上海城市轨道交通全路网中，出于安全考虑，对进入轨道交通自动售检票系统收费区的乘客，都要进行必要的例行安检。这促使上海轨道交通站台要考虑人流流向和安检的需求，在对自动售检票系统站台层设备布局设计时，除在客服中心旁安装一台宽通道双向检票机（残疾人通道）外，其他均为单向三杆检票机或设置成单向模式的双向三杆检票机。

  根据进、出站方向的不同，检票机包括进站检票机、出站检票机、双向检票机及剪式门双向宽通道检票机。双向检票机采用一个工控机控制方式，具有进站、出站及双向 3 种不同的工作状态，并做相应的显示，其工作状态的改变可由中央计算机系统、车站计算机系统远程遥控或现场就地进行控制。

  在紧急状态下，可由中央计算机系统、车站计算机系统或按动车站控制室中的紧急报警按钮，控制三杆式检票机水平臂自由落下，剪式门检票机阻挡门敞开，保证乘客迅速离开付费区；在检票机失电时，三杆式检票机水平臂自由落下，剪式门检票机阻挡门敞开。图2—1和图2—2分别为上海轨道交通自动售检票系统中典型的进站区和出站区检票机站台分布示意图。

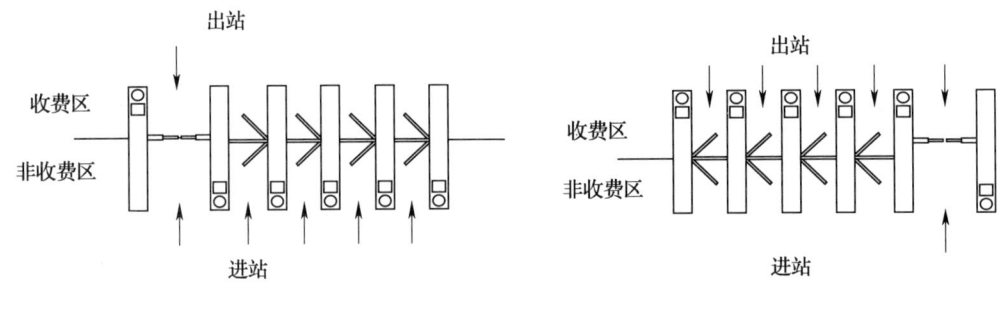

图2—1 进站区检票机分布示意图　　　　图2—2 出站区检票机分布示意图

2.1 检票机部件

检票机设备主要由主控单元（ECU）、乘客显示器、方向指示器、警示灯和蜂鸣器、读写器及天线、通道阻挡装置、票卡传送（回收）装置、维护键盘/移动维护终端接口、电源模块（含UPS或电池）等组成。

2.1.1 设备总体构架

1. 通道阻挡装置

在上海城市轨道交通自动售检票系统中，检票机的通道阻挡装置可分为两大类，分别是使用最广泛的三杆式阻挡装置（通道宽度为520 mm）和用于残疾人通道的剪式门宽通道阻挡装置（通道宽度为900 mm）。

在三杆式阻挡装置中，主要有早期的魁北克（CUBIC）三杆阻挡模块和后期大量选用的固力保（GUNNEBO）三杆阻挡模块。在剪式门宽通道阻挡装置中，主要是固力保宽通道剪式阻挡模块和少量使用的马格内梯克（Magnetic）宽通道剪式阻挡模块。

（1）三杆式阻挡装置。三杆式阻挡装置是上海轨道交通检票机中使用最广泛的阻挡装置。三杆阻挡装置由旋转三杆机构和控制板组成。旋转三杆机构由可转动圆盘、三根不锈钢管臂和若干电磁铁控制开关等组成。三根不锈钢管臂分别成120°角。旋转三杆机构在控制板的控制下，可以顺时针或逆时针转动。在完成一次成功交易后，主控单元发送命令控制三杆旋转一次，允许一个乘客通过。在紧急状态时，三杆中的水平臂可以自动落下或三杆臂自动转动，使乘客得以快速疏散。

三杆装置可以设置为常开或常闭模式。无论是常开或常闭模式，在每个乘客通过时，检票机主控单元（ECU）都需要发送命令给控制板（魁北克检票机中为传票器控制板 PIM）。发送命令的方式有两种，一种是命令设备内部外设板发送 I/O 脉冲信号，另一种是直接通过串行通信，命令三杆控制板。

在常开模式下，三杆控制板在接收到主控单元的命令后，保存原来的释放状态，允许乘客通过。在常闭模式下，三杆控制板在接收到主控单元的命令时，将吸合电磁铁，使三杆释放，这时三杆可以转动一次。所以采用常开模式，可以大大减少电磁铁的吸合次数，对延长三杆装置的使用寿命有明显好处。

1) 魁北克三杆阻挡模块。魁北克三杆阻挡模块的特点是结构坚固、可靠、控制简单。三杆阻挡模块在无电的情况下，水平臂不是下落状态，而是处于自由转动状态。

三杆阻挡模块由检票机设备内的传票器控制板（PIM）进行控制。通过控制三杆阻挡装置上的两个大功率推拉式电磁铁（刹车电磁铁），分别控制三杆臂的转动方向，实现三杆臂可以顺时针或逆时针转动120°。图2—3所示为魁北克三杆阻挡模块结构的安装图。

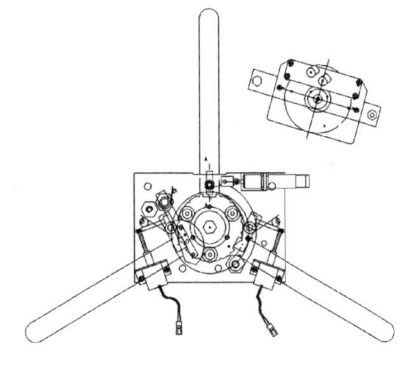

图2—3　魁北克三杆阻挡模块结构的安装

魁北克三杆阻挡模块主要由底座、三杆臂、转盘、刹车电磁铁、角度（位置）判断光电管、阻尼块和缓冲器等组成。图2—4所示为魁北克三杆臂的外形图，图2—5所示为魁北克三杆阻挡模块的内部结构图。

魁北克三杆阻挡模块的工作原理是在允许放行一人时，传票器控制板（PIM）释放三杆阻挡装置一侧的刹车电磁铁，三杆臂可被动旋转120°，当乘客推动三杆向前时，三杆阻挡装置中的转动限位块立即生效，限制乘客反向转动三杆。两个角度（位置）判断光电管会实时向传票器控制板提供三杆转动的情况，一个是120°三杆定位光电管和一个三杆已经转动超过30°指示光电管。三杆阻挡装置还带有一个阻尼器，可调整三杆转动时的阻力。当三杆臂转动达到120°时，三杆臂又会被锁定。三杆阻挡模块具有较高的抗冲击力，不会因大客流的冲击引起机械的损坏，当检票机处于暂停服务状态时，三杆阻挡模块被锁定。

 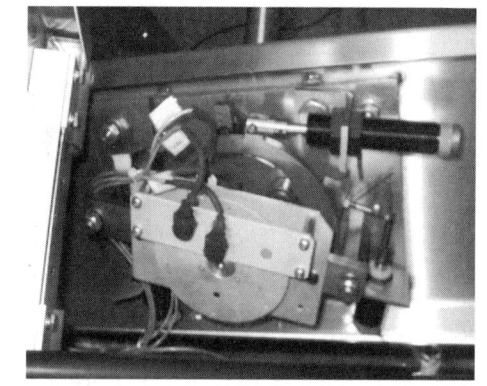

图 2—4　魁北克三杆臂的外形　　　　图 2—5　魁北克三杆阻挡模块的内部结构

在断电或紧急状况下时，传票器控制板会自动释放三杆阻挡装置两侧的刹车电磁铁，水平臂不会下落，但处于自由转动状态，形成开放的通道，便于人员自由疏散。在恢复来电或取消紧急状态时，传票器控制板又会自动吸合三杆阻挡装置两侧刹车电磁铁。三杆阻挡装置会自动恢复锁定状态，不需要人工干预。

2）固力保三杆阻挡模块。固力保三杆阻挡装置的特点是专为大客流场所而特别设计，结构坚固、可靠。具有体积小、转动时噪声小、能耗低、抗腐蚀、耐磨损的特点，可保证250万转次无故障，其模块化的设计又使维护工作相对简单。

三杆阻挡装置由机电控制部件控制三个转杆臂的转动。这三个转杆臂之间的角度均为120°，当三杆阻挡装置处于静止时，总有一个转杆臂位于水平位置。转杆臂的转动方向是靠模块中的两个电磁装置来控制，使得转杆臂可以顺时针或逆时针转动。

图 2—6 所示为固力保三杆阻挡模块结构的安装示意图。

固力保三杆阻挡模块主要由基座和部件、锁定（释放）系统、减振系统、不可逆转系统和自我中心系统等组成。图 2—7 所示为固力保三杆臂的外形图，图 2—8 所示为固力保三杆阻挡模块的内部结构图。

固力保三杆阻挡模块执行机构能使转杆臂双向转动，并可通过软件将机构设定为常闭模式、常开模式或紧急状态模式。当转杆臂从静止位置转过的角度超过60°时，转杆臂将不可再逆向反转，以防止用户刷卡通过后再倒回三杆臂。

三杆阻挡模块具有多次通行记忆功能，通过调整设置可实现 6~60 s 延时自动锁杆功能。三杆阻挡模块采用电动机驱动（电动机直接驱动方式），转速在 0~150 r/min 范

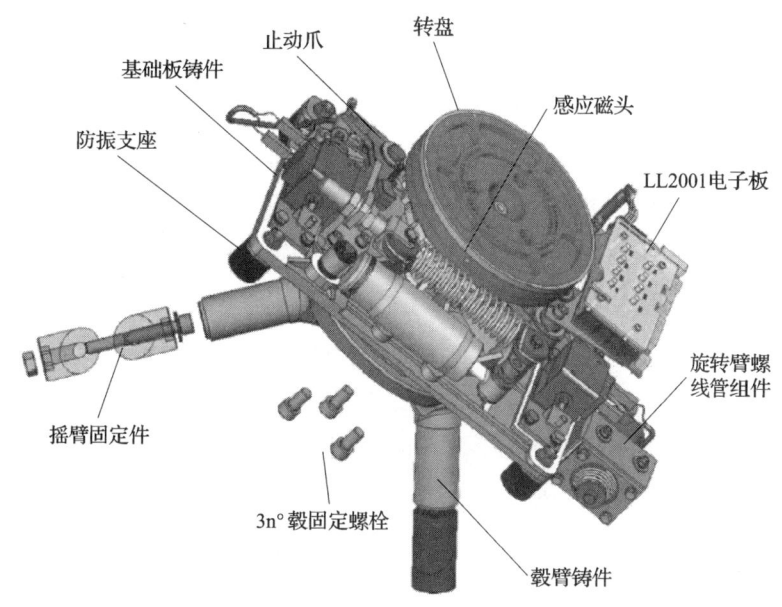

图 2—6　固力保三杆阻挡模块结构安装示意图

图 2—7　固力保三杆臂的外形

图 2—8　固力保三杆阻挡模块的内部结构

围内可调；扭矩在 0~7.7 N·m 范围内可调。三杆阻挡模块还具有模块故障自动检测功能。

  正常状态时，三杆阻挡模块可保证转杆臂锁定在其正常的位置。在断电或紧急（发生火警）状况下，水平臂会自动落杆，形成开放的通道，便于人员自由疏散。在恢复来电或取消紧急状态时，需要人工将三杆臂抬起。图 2—9 所示为固力保三杆臂的下落。

(2) 剪式门阻挡装置。剪式门阻挡装置是另一种得以广泛应用的检票机阻挡装置。剪式门阻挡装置由扇形门、机械控制结构和控制板等组成。扇形门由软性塑料和内置钢板组成。门的边缘部分采用软性塑料材料包裹，从而能最大限度地减少强行通过时对人体的伤害。其内部的钢板可保证扇形门有效地快速关闭和阻止强行推动扇形门。

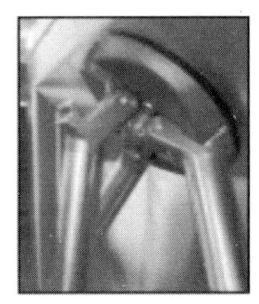

图2—9 固力保三杆臂的下落

对剪式门检票机还必须安装有灵敏的传感器，对乘客的通行行为进行监控，能区分大人、小孩、手持行李、手推行李，并能检测乘客在通道的移动情况，如检查到任何非法进入，可发出报警声及闪亮提示灯。

1) 固力保宽通道剪式阻挡模块。固力保宽通道剪式阻挡模块的特点是机械结构采用无噪声、无振动设计。机械臂顶端的电磁阀能够确保扇门关闭时，最大夹力为 $250 \times (1+30\%)$ N。宽通道扇门其机械部分保证每天超过 10 000 次以及总量超过 500 万次的使用寿命。

宽通道剪式阻挡装置的扇门采用高强度、轻质钢架结构及弹性恢复力优秀的聚氨酯泡沫材料复合而成，确保其具有足够的抗冲击力以及对冲击力的吸收力，使得对企图非法闯关的乘客施加的冲击力最小。固力保剪式阻挡模块还集成了通道人体通行逻辑检测功能。

断电或紧急（发生火警）状态下，宽通道剪式阻挡模块通过释放机械臂顶端的电磁阀，弹簧自动打开扇门。当在扇门关闭过程中，遇到超过 $250 \times (1+30\%)$ N 的力时，可强行打开扇门。

固力保宽通道剪式阻挡模块由扇门、电磁制动马达、限位开关、扇门驱动电路、回复弹簧和锥齿轮等组成。扇门开闭方式采用伸缩式剪式速通门。图2—10所示为固力保宽通道剪式门的结构图。图2—11所示为扇门打开后的效果图。

固力保宽通道剪式阻挡装置的工作原理是直流电动机通过变速箱减速来增加力矩，减速箱带动连杆运动，连杆带动机械臂运动，机械臂的顶端装有一个电磁阀，当剪式阻挡装置通电后，吸动扇门，使扇门跟着机械臂一起运动，实现扇门的打开与关闭。当模块突然断电时，宽通道剪式阻挡装置扇门会在弹簧收缩和重力作用下自动打开。当剪式阻挡装置再次通电后，剪式阻挡装置扇门会再次与机械臂自动吸合在一起，使通道重新处于关闭状态。

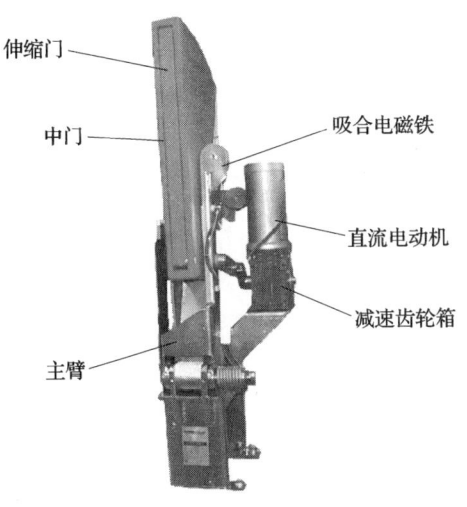
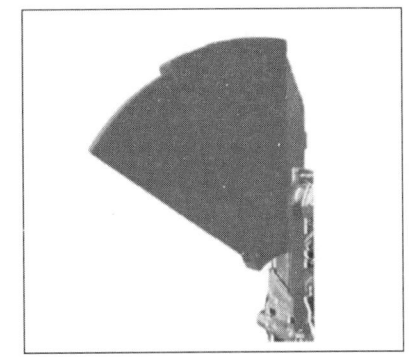

图 2—10 固力保宽通道剪式门的结构　　　图 2—11 扇门打开后的效果

宽通道剪式阻挡装置的扇门关闭时，若乘客以超过一定力强行阻止其关闭，剪式阻挡装置的扇门可以开启，同时宽通道门式检票机将发出报警。关闭宽通道剪式阻挡装置扇门的力最大为 250 N。在完全关闭剪式阻挡装置前，有一暂缓时间（参数控制）以降低宽通道剪式阻挡装置扇门可能对乘客造成的冲击伤害。强行开启、关闭宽通道剪式阻挡装置扇门时，必须施加 250 N 以上的力。

2）剪式阻挡模块通道传感器。通道传感器电原理是用光束传感器（Beam Sensor）来感知乘客。传感器接口通过外设板与 ECU 直接相连，传感器分为光线接收/光线发射传感器，光线发射传感器由 24 V 电源供电。图 2—12 所示为宽通道检票机通道传感器的电原理图。

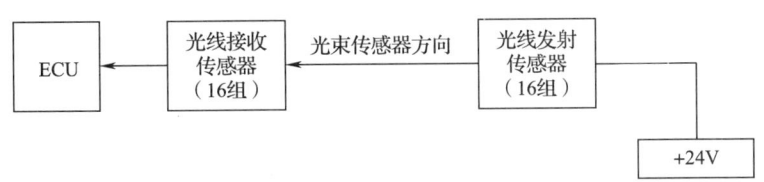

图 2—12　宽通道检票机通道传感器的电原理

双向宽通道剪式门检票机上安装有 16 对传感器，其中 4 对为安全传感器，能有效地对乘客通行进行监控，采用模糊学的人体识别技术，可严格区别成人、儿童、行李等，并能对监控过程进行实时记录。图 2—13 所示为双向宽通道门式检票机感知乘客的传感器的布局图。

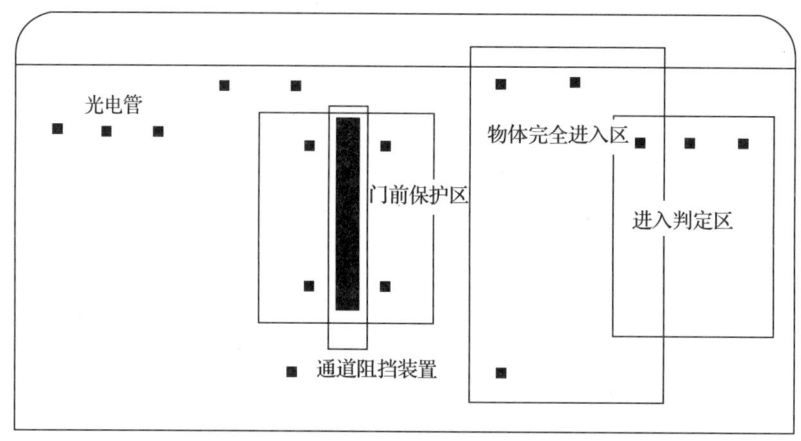

图 2—13 双向门式检票机感知乘客的传感器的布局

通过对双向宽通道剪式门检票机的多对光电管的组合判定，即能正确检测出两个及以上成人间隔通过剪式门检票机。另外，通过对剪式门检票机的上下两排光电管的联合判定，能区分乘客、手提物品及手推车。

双向宽通道剪式门检票机还可通过检测通道内乘客的间隙，并结合通行光电管的状态，运用逻辑算法和人工智能软件功能来达到检测两个成人重叠通过双向宽通道剪式门检票机的情况，不允许持一张有效车票而两个成人间隔及重叠通过剪式门检票机。

当双向宽通道剪式门检票机的人体感知模块感知一乘客进入，但此时剪式门检票机设备的感应卡模块判定该乘客持的是无效车票或无票时，将关闭剪式门检票机的扇门，不允许该乘客通过剪式门检票机。

双向宽通道剪式门检票机在判定人在通道的"门前保护区"时，无论该乘客持有的票卡是否有效，为了确保该乘客的安全，剪式门检票机设备将维持当前状态，剪式门检票机设备的扇门将不再关闭，以免挤伤乘客，但会用闪动指示灯和鸣响蜂鸣器，提示管理人员有人闯关，并将相关事件上报车站控制计算机。

2. 车票回收装置

检票机的车票回收装置主要安装在出站检票机或双向检票机的出门端，检票机的车票处理装置主要包括两大部分：车票读写设备和票卡传送（回收）装置。票卡传送（回收）装置是检票机的一个关键部件，负责完成车票的读写、传送及回收处理。票卡传送（回收）装置根据功能划分，一般由票卡传输装置、票卡分流装置、票卡升降装置、票箱和控制电路部分组成。

由于受早期引进的魁北克（CUBIC）自动售检票系统中检票机设备的影响，上海轨道交通检票机的票卡传送（回收）装置均采用带有两个独立的升降装置和非封闭票箱（或票筒）的设计方案。被回收的单程票能在回收票箱内整齐排放，取下装有回收的单程票的票箱即可直接在车站内的其他售票设备中循环使用，而不需分拣。图2—14所示为魁北克票卡回收装置传输/分流单元，图2—15所示为魁北克票卡回收装置升降单元。

图2—14　魁北克回收装置传输/分流单元

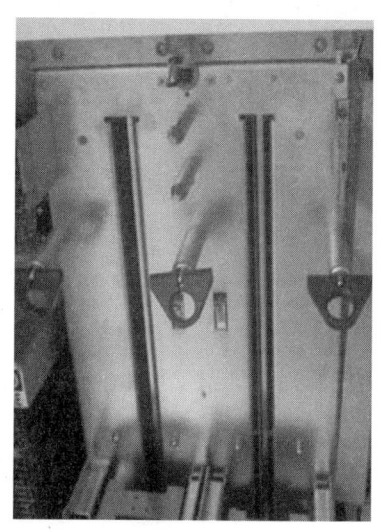

图2—15　魁北克回收装置升降单元

当出站检票机允许使用时，票卡传送（回收）装置入票口的快门被打开，当乘客在入票口插入一张车票时，车票会被传送装置送达机芯读卡器天线感应区，并完成车票读写，交易成功的车票会继续经传送装置回收到票箱中，无效车票或交易失败的车票会返回给乘客，由乘客到车站服务中心完成票务更新后再次使用。

为了维护方便，魁北克检票机的票卡传送（回收）装置把票卡传输、票卡分流、票卡升降装置结构设计成独立的模块，能快速自由地更换。对于无效车票或需返还的车票，魁北克车票回收装置采用在出票口返还该车票的方式。

（1）**票卡传输**。检票机票卡传送（回收）装置设置在出站检票机或双向检票机出门端的入口处，满足乘客右手持票通过。车票回收装置的入票口设置醒目的彩色标志提示插入需回收的车票。在投票口不允许同时插入两张及以上的车票，同时它具有适当的缝隙限制，可防止"交通一卡通"和其他杂物的投入。在任何非运营模式下，如暂停服务模式、紧急放行模式、关闭模式等，票卡传送（回收）装置的入票口不接受车票，以防止塞入车票或其他异物。图2—16为魁北克车票回收装置的入票口，图2—17为带LED指示的车票回收装置的入票口。

图2—16　魁北克回收装置入票口　　　图2—17　带LED指示的回收装置入票口

票卡传输单元主要用于对需回收的单程票的读取控制。票卡传输单元主要由入票口、入票口快门、定位光电管、矩形读写天线、传动带、传动直流电动机及驱动电路等组成。票卡传输单元传输速率一般为1 m/s。图2—18为魁北克车票回收装置票卡传输机构。

图2—18　魁北克车票回收装置票卡传输机构

当乘客投入票卡时，传动直流电动机自动将乘客投入的票卡送至机芯读写器天线区域，检票机将根据读取的票卡信息决定票卡的回收或返还。

票卡传输机构单元一般均采用传动皮带夹持车票，在传送（回收）装置中移动。但上海怡力检票机的票卡传输机构单元则采用滚轮传动方式来实现。

（2）票卡分流。票卡回收装置模块内设有两个票箱，可根据回收策略或系统参数设置，将需回收的车票送入票箱#1或票箱#2；在回收单程车票时，当票箱#1满后，可自动转换到票箱#2。当票箱渐满达到系统设置值时,出站检票机会自动向车站控制计算机报警;当票箱全满时,检票机将进入仅接收储值票模式,同时向车站控制计算机报警。在更换票箱时,检票机能记录票箱内车票数量以及更换时间等信息,并将此信息上传给车站控制计算机。

票卡分流单元主要用于完成车票在车票回收装置模块中将需回收的车票送入票卡升降装置中准备就绪的票箱#1 或票箱#2。当票卡分流单元中的回收机构转向器处于释放状态时,车票将被回收至票箱#1(左侧票箱);当回收机构转向器处于吸动状态时,车票将被回收至票箱#2(右侧票箱)。图 2—19 为魁北克车票回收装置票卡分流机构。

图 2—19　魁北克车票回收装置票卡分流机构

(3)票卡升降装置。票卡升降装置带有两个独立的升降平台,用于使回收的单程票能在回收票箱内整齐排放。票卡升降装置安装有上、下到位开关,能够检测票箱是否安装到位;安装有多对传感器,能检测回收到票箱内的单程票是否装满;安装在升降马达上的转动光栅能检测升降平台是否升降正常等。

在设计票卡升降装置的升降平台时,不同的企业提供了不同的设计思路和实现方法。魁北克自动检票的票卡升降装置采用的是丝杠带动升降平台的方式,该方式结构可靠,但在模块无电的情况下,升降平台却无法上下调整。上海普天检票机的票卡升降装置采用的是同步带提拉升降平台的方式,该方式结构简单,在无电的情况下升降平台可上下自由调整,维护人员可以方便地在检票机设备无电的情况下顺利取下票箱。图 2—20a 为上海华铭检票机的票卡升降装置,图 2—20b 为上海怡力检票机的票卡升降装置,图 2—20c 为上海普天检票机的票卡升降装置。

上海华虹计通检票机的票卡升降装置采用的是弹簧拉升升降平台的方式,该方式设计新颖,利用弹簧的拉升力实现平台的升降。但该方法的维护调整相对比较复杂。图 2—21 为上海华虹计通检票机的票卡升降装置。

a)　　　　　　　　　　b)　　　　　　　　　　c)

图 2—20　票卡升降装置

a）上海华铭　b）上海怡力　c）上海普天

（4）票箱。车票回收装置模块的票箱的尺寸及技术要求与自动售票机内用于发售车票的票箱相同，以保证票箱从出站检票机取出后可直接安装在自动售票机上进行车票发售。票箱容量≥2 个 ×750 张。

票箱的材料应为硬质轻便材料。当从距地面 1 m 高度自由落下时，碰撞部位无论是边角还是侧面，均不能影响票箱的正常使用。票箱内壁平滑无阻碍，不会磨损车票或造成卡票。图 2—22 为上海轨道交通自动售检票设备的票箱。

　　　　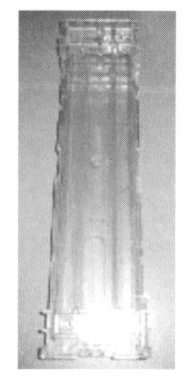

图 2—21　上海华虹计通的票卡升降装置　　　图 2—22　票箱

随着国内自主研发检票机的不断深入，车票回收装置的一体化模块设计方式已成为各家设备制造企业的共识。此种设计方式把票卡传输、票卡分流、票卡升降装置三部分单元和控制电路进行集成化设计成 1~2 个独立单元，使车票回收装置结构更紧凑、尺寸更小、更换更方便。

为了确保在车票传送过程中，任何一点的切线角度不会大于 15°，同时考虑设备上端防水的要求，对无效车票和需返回的车票，国内自主研发检票机的车票回收装置模块采用将车票退回入票口。当检票机退回车票时，乘客能根据检票机设备顶部的警示灯和乘客显示器显示提示取回车票等信息，很容易看到退回的车票。图 2—23 为典型的一体化车票回收装置模块结构。

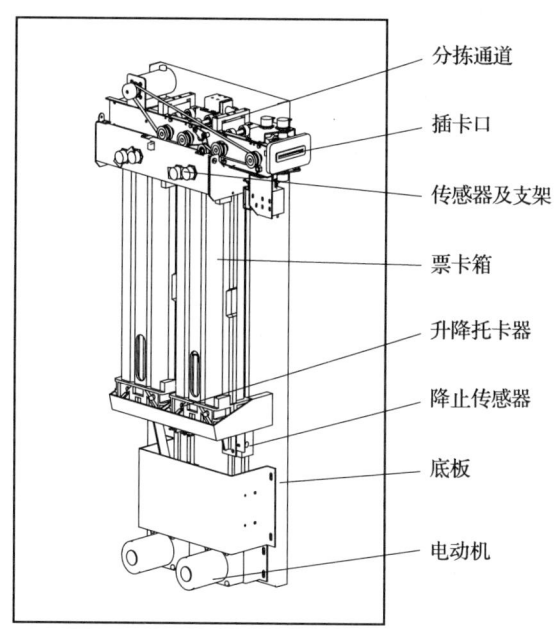

图 2—23　车票回收装置一体化模块结构

检票机在票卡退出时，车票回收装置模块采用电动机高速转为低速的方式，保证退票时票卡不会因风或退票力度过大等而飞落地面。

2.1.2　交易处置流程

在上海轨道交通自动售检票系统中，单程票的使用采用"照进插出"的感应读卡方式，即在乘客进站时，在进站检票机 IC 卡读写器上方感应读卡；由于单程票需回收后重复使用，因此在乘客出站时，必须将单程票插入出站检票机的回收票口。储值票则采用"照进照出"方式。具体使用方法如下：

进站时，将所有车票靠近检票机上方的读写器天线，即"照进"，进行进站检票操作。

单程票出站时，将车票插入出站检票机的回收票口，即"插出"。对于有效单程票出站检票机将自动回收；对于无效单程票和需返还给乘客的车票，出站检票机将通过检票机的插票入口（魁北克检票机不适用）将该张车票退还给乘客。

其他票出站时，如公共交通卡等不需回收的车票，采用与进站相同的使用方式，即"照出"方式。

1. 车票的有效性

检票机对进、出站车票进行处理时，必须对车票的有效性进行检查。对于不同种类的车票，中央计算机系统可分别设置相应的检查内容。图2—24所示为车票有效性的处理流程。

（1）进站检票顺序。密钥安全性检查；黑名单检查；票种合法性检查；状态检查，包括未初始化、已初始化、正常使用、已注销、已列入黑名单等状态；使用地点检查；余值检查；有效期检查；进（出）站次序检查；更新信息检查等。

1）首先由读卡器单元对乘客所持票卡中的密钥进行安全性比对，如果正确，将票卡内的相关内容按上海轨道交通地标（读卡器部分）要求送达检票机主控单元的应用层；反之，读卡器单元会送检票机主控单元的应用层拒绝信号，由检票机向乘客显示拒绝信息和拒绝码。

2）当检票机的应用层获得来自读卡器送来的票卡数据，先根据车站计算机下达的黑名单库（4007），对该票进行黑名单检查，如果该票不是黑名单卡，则会对该票的合法性进行比对；反之，检票机会根据4007参数的要求，可实现不拒绝、仅在进站时拒绝、在进站和出站时拒绝、仅在出站时拒绝，锁卡并上传交易、在进站和出站时拒绝，并向乘客显示相关的信息。

3）当检票机的应用层在对该票的合法性进行比对时，检票机的应用层会首先根据车站计算机下达的检票机参数（3005）中的票卡接受位，判定该票是否允许接受，再根据车站计算机下达的车票类型码（4002）中的票卡数据，判定该票是否被定义等。如果正确，会检查该票卡的状态信息。反之，检票机会向乘客显示拒绝信息和拒绝码。

4）检票机的应用层对该票的状态信息进行分析，包括未初始化、已初始化、正常使用和已注销等，只有正常使用的车票可以在进站检票机上使用，并进入下一步分析流程，其他状态都会由检票机向乘客显示拒绝信息和拒绝码。

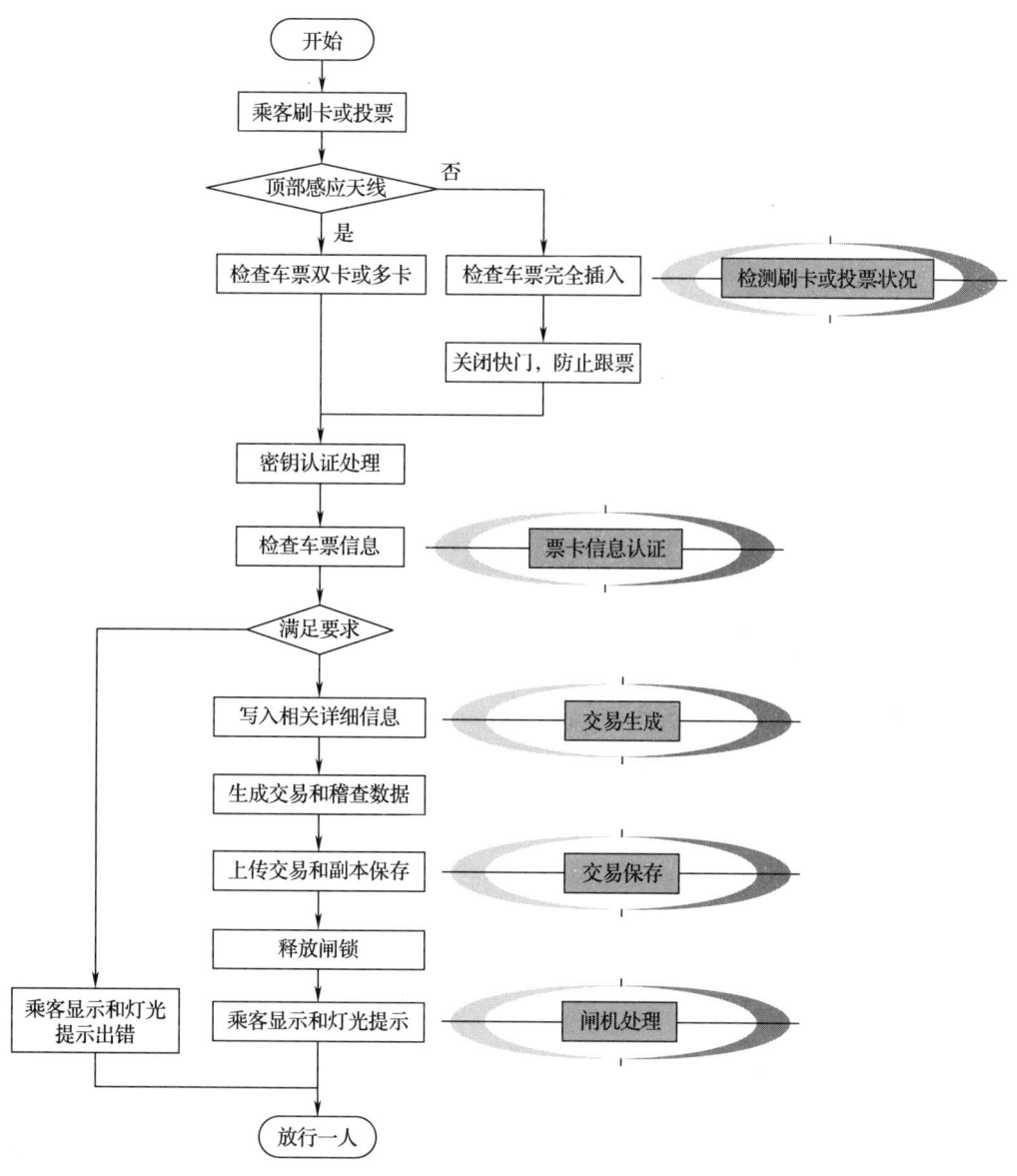

图 2—24 车票有效性处理流程图

5）只有在上一步被判定为正常的票，检票机的应用层才会对该票进行下一步分析。检票机的应用层首先结合车站计算机下达的运行模式，对该票的进（出）站次序进行检查，如果正确，会检查该票卡的下一步验证；反之，检票机向乘客显示拒绝信息和拒绝码。

6）根据车站计算机下达的车票类型码（4002）的票卡数据中的车票验证指示码，判定该票是否为发行车站的检查，然后再根据车票类型码（4002）的票卡数据中的有效期检验票卡的有效期,任何一个检测错误,都由检票机向乘客显示拒绝信息和拒绝码。

7)结合车站计算机下达的运行模式,再根据车票验证指示码中的票价优惠标志,对票卡的余值进行检测。

进站检票机主要检查流程如图 2—25 所示。

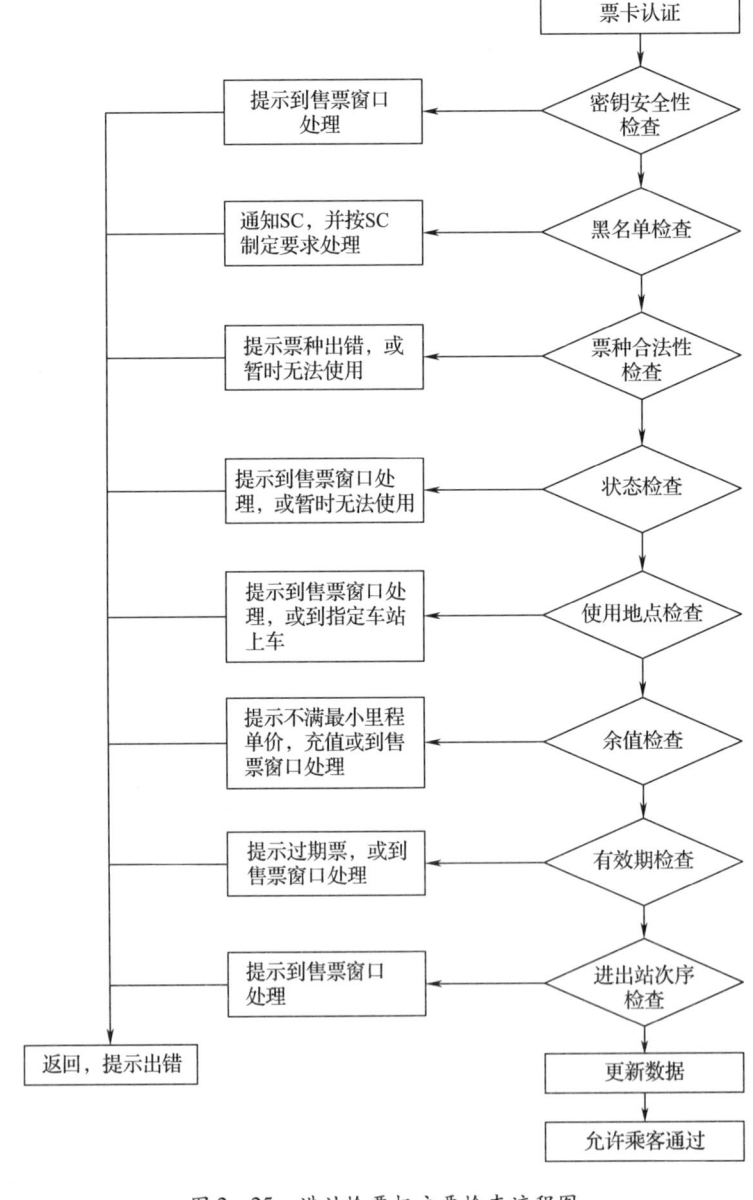

图 2—25 进站检票机主要检查流程图

（2）出站检票顺序。出站检票与进站检票所检查的内容和顺序相同，增加超程检查及超时检查。

1）首先是由读卡器单元对乘客票卡中的密钥进行安全性比对，如果正确，将票卡内的相关内容按上海轨道交通地标（读卡器部分）要求送达检票机主控单元的应用层；反之，读卡器单元会送检票机主控单元的应用层拒绝信号，检票机向乘客显示拒绝信息和拒绝码。

2）当检票机的应用层获得来自读卡器送来的票卡数据，会首先根据车站计算机下达的黑名单库（4007），对该票进行黑名单检查，如果不是黑名单卡，则会对该票的合法性进行比对；反之，检票机根据4007参数的要求，可实现不拒绝、仅在进站时拒绝、在进站和出站时拒绝、仅在出站时拒绝，锁卡并上送交易、在进站和出站时拒绝，并向乘客显示信息。

3）当检票机的应用层在对该票的合法性进行比对时，会首先根据车站计算机下达的检票机参数（3005）中的票卡接受位判定该票是否允许接受，再根据车站计算机下达的车票类型码（4002）中的票卡数据判定该票是否被定义等。如果正确，会检查该票卡的状态信息；反之，检票机向乘客显示拒绝信息和拒绝码。

4）检票机的应用层对该票的状态信息进行分析，包括未初始化、已初始化、正常使用和已注销等，只有该票为"正常使用"方可在出站检票机上使用，并进入下一步分析流程。其他状态都会由检票机向乘客显示拒绝信息和拒绝码。

5）只有正常票，检票机的应用层才会对该票进行下一步分析，首先是结合车站计算机下达的运行模式，对该票的进（出）站次序进行检查。如果正确，会检查该票卡的下一步验证；反之，检票机向乘客显示拒绝信息和拒绝码。

6）如果票卡有更新标志，还要进行相应的流程处理，如超时更新、超乘更新。

7）根据车票类型码（4002）的票卡数据中的有效期检验票卡的有效期和该乘客在付费区内是否超时，任何一个检测错误，都由检票机向乘客显示拒绝信息和拒绝码。

8）结合车站计算机下达的运行模式，再根据车票验证指示码中的票价优惠标志分别参与联乘优惠、累积乘坐优惠和最后乘次的奖励，最后还要对票卡的余值（是否超乘）进行检测。

图2—26所示为出站检票机的主要检查流程。

2．处理流程

（1）车票初始化。所有新购进的单程IC卡车票均通过清分中心的车票编码分拣机对其进行初始化，然后分发至各车站进行发售。所有新购进的"一卡通"车票均由上海东方交通卡股份有限公司对其进行初始化处理。

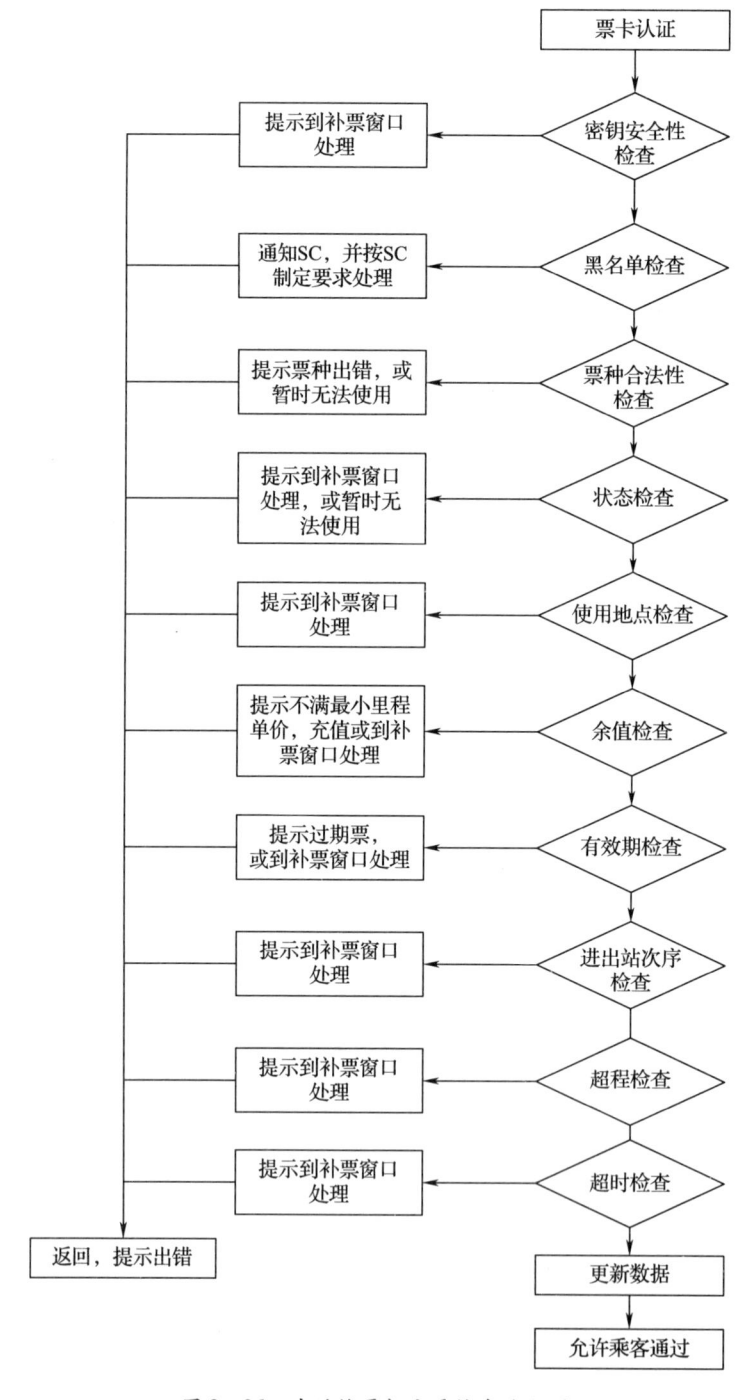

图 2—26 出站检票机主要检查流程图

(2) 车票的使用。所有车票(包括单程票和"一卡通"票)的交易数据由车站终端设备产生,通过车站计算机系统上传给中央计算机系统。清分中心会将"一卡通"票的交易数据发送给由上海东方交通卡股份有限公司管理的清算中心。中央计算机系统记录在上海轨道交通自动售检票系统中使用车票的所有交易数据,以便系统对车票的使用情况进行统计和查询,跟踪车票的使用情况,防止车票被滥用、复制及伪造等非法使用,减少由于欺诈行为而引起的票务损失。在乘客车票损坏时,根据车票的编号可查询车票的余值,完成相关的客户服务业务。

在乘客使用车票的过程中,可能会出现各种车票无效的情况,检票机将不接收该车票,并引导乘客去服务中心对车票进行处理,车站内票务人员将根据车票无效的类型对车票进行更新或替换处理。

(3) 车票的回收。出站检票机可根据预先的设置,对单程票 IC 卡车票进行自动回收,通过自动售票机、人工售票机或清分中心编码分拣机重新处理发售。

当在自动售检票系统中流通的车票使用一段时间后,会出现不同程度的磨损,可通过清分中心的编码分拣机进行分拣,根据车票的初始化日期分拣出超期服役或已损坏车票。单程票卡的处理流程如图 2—27 所示。

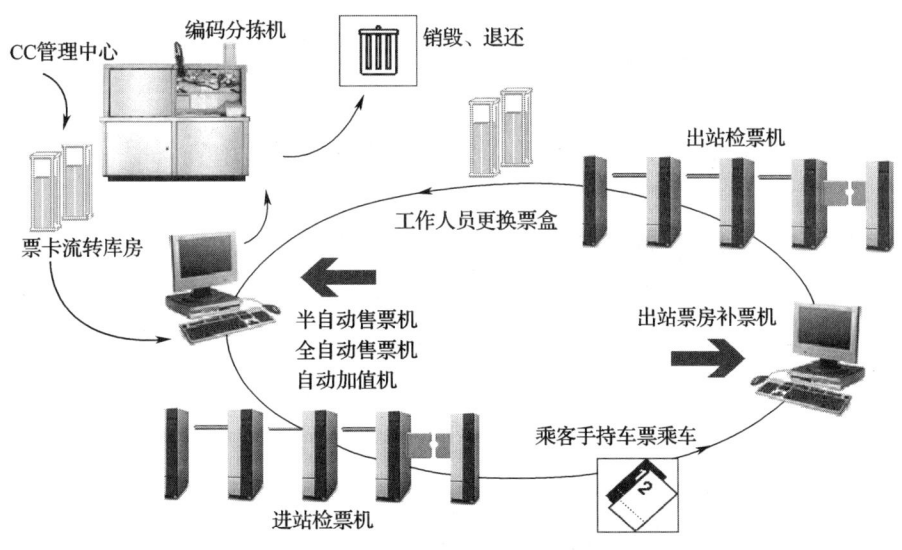

图 2—27 单程票卡的处理流程

2.1.3 人机接口管理

检票机提供多种人机接口管理,在辅导乘客正确使用检票机的同时,还提供接口方便维护人员进行日常维护与管理。

1. 人机接口类型

检票机人机接口分为两种类型，一种是设备运行状态、处理结果的输出接口，另一种是设备运行、维护控制的输入接口。

（1）设备运行状态、处理结果的输出接口主要包括以下几个方面：

1）乘客显示屏显示。用于显示检票机设备工作状态、车票信息和通行信息等内容。

2）通道指示和声光指示。用于指示通行状态和报警信息等。

3）辅导语音提示。用于提供对敬老卡等优惠票卡的语音指示功能。

4）设备内部板卡上的 LED 工作、故障和指示。用于方便维护人员快速定位故障点。

（2）设备运行、维护控制的输入接口主要包括以下几个方面：

1）提供 10/100 M 以太网网络接口，供上级控制计算机进行远程控制。包括控制命令下发、参数数据下载和设备数据上传等。

2）提供紧急按钮电平控制接口，受控车站计算机的紧急按钮盒和 FAS 联动控制。当车站计算机的紧急按钮被按下后，检票机会自动进入紧急状态。

3）配置 RS232 接口，用于连接移动维护终端（一台安装维护软件的便携式电脑），进行一些数据下发和收集等操作。

4）配置 USB 接口，支持本地的数据或应用程序的导入与导出。

5）通过安装在设备内的维护键盘，并借助乘客显示屏显示结果，用于帮助维护人员就地进行设备维护、故障诊断及参数设置等操作。

6）安装在客服中心旁的宽通道双向检票机上，会有一根控制线连接客服中心操作员桌面上的一个手动控制盒，用于操作员人工放行操作。

7）标准键盘接口用于对设备内部工控机的日常维护。

2. 人机接口部件

（1）乘客显示器。乘客显示器采用图形显示，可同时显示中文和英文两种语言，语言显示类型作为参数设置。由于乘客显示器采用全彩屏并支持图形，因此，可以根据需求编辑包括图像信息在内的乘客信息显示内容。

高亮度 TFT 液晶显示器将显示区域分为上、下两部分，上部用于显示直观的图形，一般包括地铁标志、禁止标志和箭头通行标志等；下部的文字与早期魁北克检票机 VFD 显示器显示方式相同。表 2—1 为乘客显示器可能显示的中文和英文内容及出现该显示可能出现的情况。

表 2—1　　　　　　　乘客显示器可能显示的中文和英文内容

描述	显示内容	可能出现的情况
关闭	关闭 Closed	设备处于关闭状态 1）系统下达关闭命令 2）在操作员面板上键入"66"
正在初始化	正在初始化 Initialize	设备处于初始化阶段，正在检测设备的所有模块的工作情况 1）设备刚上电 2）设备从一个非运营状态变为可运营状态时，设备自动进入
请使用车票	请使用车票 Use Ticket	设备处于正常营运状态，可接受单程票和储值票
请使用储值票	请使用储值票 Use CSC	设备处于正常营运状态，可接受储值票，但无法接受单程票 1）机芯卡票 2）票箱回收部件故障（卡票、票箱未装、票箱满等） 3）机芯读写器故障
请使用单程票	请使用单程票 Use SJT	设备处于正常营运状态，可接受单程票，但无法接受储值票 外置读写器故障
请进站	请进站（箭头） Enter Station	设备处于正常营运状态，并判定车票有效，允许乘客进站
请出站	请出站（箭头） Exit Station	设备处于正常营运状态，并判定车票有效，允许乘客出站
请再试一次	请再试一次 Try Again	设备处于正常营运状态，并在判定车票时，乘客已将车票移出天线感应区
稍后再使用	稍后再使用 Try Later	只有双向检票机会出现 设备处于正常营运状态，当乘客在一端检票时，在设备的另一端则显示该内容，以指示另一端的乘客在等待先前的乘客通过后再使用，避免两端的乘客在通道内争执
本日剩余　次	本日剩余　次 Remain ×× Rides	设备处于正常营运状态，并判定车票为乘次票且有效，在允许乘客进入的同时，显示票卡的余次

续表

描述	显示内容	可能出现的情况
本日乘次用完	本日乘次用完 Remain 0 Rides	设备处于正常营运状态，并判定车票为乘次票且已用完
车票过期	车票过期 Ticket Expired	设备处于正常营运状态，并判定车票已过有效期 1）储值票已过允许使用的有效期 2）单程票非当日售出的票
余额不足	余额不足 Deficit	设备处于正常营运状态，并判定车票为储值票或单程票且进站时，单程票的票额小于最小费率区的金额，储值票的余额小于等于0，出站时，单程票的票额小于费率区的金额，储值票的票额小于允许最后的透支额
车票类型错误	车票类型错误 Type Error	设备处于正常营运状态，并判定车票为暂不允许的车票
紧急模式	紧急模式 Emergency mode	设备处于紧急状态 1）设备接收到系统下达的紧急命令 2）在操作员面板上键入"33" 3）设备接收到紧急按钮下发的电压环信号
非高峰票停用	非高峰票停用 Off Peak Unallow	暂不会出现
高峰票停用	高峰票停用 Peak Unallow	暂不会出现
维护模式	诊断 Diagnostic mode	设备处于维护状态，在操作员面板上键入"99"
错码	错码 Error Code	设备处于维护状态，在操作员面板上键入设备不存在的测试码
余额×××.××元	余额（箭头） ×××.××元	设备处于正常营运状态，并判定车票为储值票且有效，在允许乘客进入的同时，显示票卡的余额

续表

描述	显示内容	可能出现的情况
余额－×××.××元	余额（箭头） －××.××元	设备处于正常营运状态，并判定车票为储值票且有效，在允许乘客进入的同时，显示票卡的余额
请到售票处	请到售票处 Go to BOM（拒绝码）	设备处于正常营运状态，在进站检票机上判定车票为无效，显示该内容，引导乘客去售票处
请到补票处	请到补票处 Go to EFO（拒绝码）	设备处于正常营运状态，在出站检票机上判定车票为无效，显示该内容，引导乘客去补票处
暂停服务	暂停服务 Out of Service（故障码）	设备处于非营运状态 1）操作员打开边门 2）设备主要模块故障，设备无法继续投入运营 3）系统下达暂停服务命令
请插入车票	请插入车票 Insert Ticket	设备处于正常营运状态，在出站检票机上，乘客将需回收的车票放在外置天线上，设备提示乘客投入该票
未初始化	未初始化 NOT INIT（04）	暂不会出现
设置错误	设置错误 SET ERROR（故障码）	暂不会出现
版本号	GX.XX	设备处于初始化阶段，正在检测设备的所有模块的工作情况并显示设备应用软件版本号 1）设备刚上电 2）设备从一个非营运状态变为可运营状态时，设备自动进入

正常工作模式下乘客显示器显示设备的状态及车票使用的相关信息；在维护模式下乘客显示器能显示设备的故障诊断信息。表2—2是上海普天检票机乘客显示器可能显示的内容。

表2—2　　上海普天检票机乘客显示器可能显示的内容

序号	屏幕显示	屏幕显示条件
1	请使用车票 Use Ticket（蓝底黑字黄图标）	正常通道提示可以使用检票机
2	请进站 Please Enter（蓝底黑字绿图标）	当有乘客持票进站刷卡时，乘客显示器显示
3	请出站 Please Exit（蓝底黑字绿图标）	当有乘客持票出站刷卡时，乘客显示器显示
4	去服务中心 12 Go To Bom（蓝底黑字红图标）	当乘客票出现问题时屏幕显示，屏幕右端显示故障代码供乘务人员阅读 车票无效；超时超乘；过期票等
5	暂停使用 Out Of Service（蓝底黑字红图标）	当设备暂停服务时显示画面
6	紧急 Emergency Mode（蓝底黑字红图标）	当紧急状态下进门端屏幕显示界面，乘客禁止进站

续表

序号	屏幕显示	屏幕显示条件
7	紧急 Emergency Mode （蓝底黑字绿图标）	当紧急状态下出门端屏幕显示界面，引导乘客疏散
8	稍后再使用 Use Later （蓝底黑字红图标）	双向检票机在对面通道有人先行通行时，本方显示器显示忍让标志
9	诊断 99 Diagnostic mode （蓝底黑字红图标）	检票机可以通过维修面板的测试程序和维修面板的键盘操作，可以本地检查乘客显示屏显示的信息是否正确
10	请使用车票 Use Ticket （蓝底黑字黄图标）	当敬老通道下背景带有地铁图标
11	请使用车票 Use Ticket （灰底黑字黄图标）	当测试模式下背景为黑白色，票卡一律放行，以示与正常检票模式相区别
12	无显示	当检票机处于下列状态，无显示： 关机状态

若检票机在检测到车票无效时,检票机在该车票上不写入任何信息,在乘客显示器显示"去服务中心!×× GO TO BOOKING OFFICE"及出错代码的信息,引导乘客到客服中心查询车票,同时关闭检票机的三杆装置或阻挡门装置,阻止乘客通过。乘客可持该车票到客服中心进行车票分析,根据不同情况对该车票进行处理。表2—3为出错代码含义及可能出现的情况。

表2—3　　　　　　　　　　　出错代码含义

拒绝码	描述	可能出现情况
00	正常交易	不可能出现
01	车票数据检查码错误	非法车票或读取车票数据异常
02	测试票在收费模式使用	测试票在正常模式下使用
03	出站检票机——入/出站检票机码错误(entry)	未进站的车票在出站检票机上使用
04	入站检票机——入/出站检票机码错误(exit)	已进站的车票在进站检票机上使用
05	SJT拒收——发行车站检查错误	不在本站出售的车票,在本站使用
06	票价不足	车票内的余额不足
07	车票过期	单程车票隔日使用; 单程车票未出售就在进站检票机上使用; 储值票和其他票超过使用期限
08	车票ID在黑名单内	使用的车票被列入黑名单
09	使用了不允许的车票类型	使用了暂不允许的车票
10	车票已无乘次	车票内的余次不足
11	超乘车票	车票内的余额不足
12	超时车票	已进站的车票在出站时发现超过允许在系统中逗留的时间
13	车票类型不合法	在该台检票机中无该使用的车票的数据或不完整
14	写/检验错误	取TAC码错误
15	读错误	读卡错误

(2)通道指示和声光指示。在检票机两端的前面板上分别安装方向指示器,用于指示该检票机通行/禁止通行两种信息,用绿色灯条表示"通行",用红色灯条表示"禁止通行"。在早期检票机中,采用两个独立区域分别表示(用绿色箭头表示"通行",用红色灯条表示"禁止通行")。后期检票机则采用一个区域,集成了绿色箭头和红色禁止圈杆。图2—28a为魁北克检票机方向指示器,图2—28b为新设备检票机方向指示器。

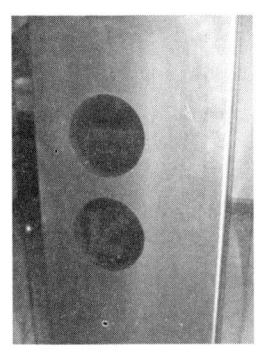 

　　　　a)　　　　　　　　　　b)

图 2—28　方向指示器

a）魁北克检票机　b）新设备的检票机

在检票机的顶部安装可显示红色、黄色、绿色的警示灯，在设备内部安装有用于提示功能的蜂鸣器。图 2—29 为魁北克检票机警示灯，图 2—30 为检票机三色警示灯。

 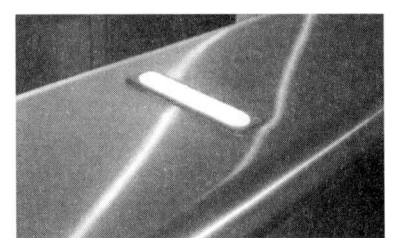

图 2—29　魁北克检票机警示灯　　　　图 2—30　检票机三色警示灯

（3）紧急按钮电平控制接口。紧急按钮电平控制接口，由受控站台中央控制机房的紧急按钮盒和 FAS 联动控制。当站台中央控制机房的紧急按钮被按下后，检票机会自动进入紧急状态。图 2—31 为车站中央控制机房紧急按钮。

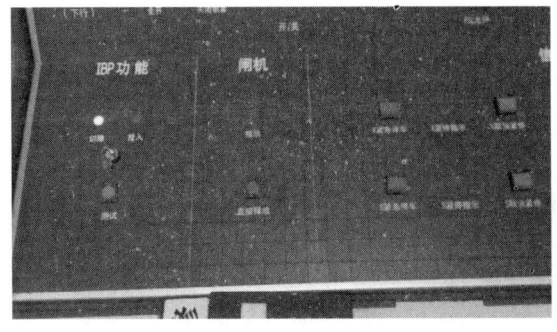

图 2—31　车站中央控制机房紧急按钮

(4) 维护键盘。为了进行日常维修检测，操作员可以就地打开检票机的维修门，这时检票机自动进入暂停服务模式。维护人员根据设备维护说明书提供的设备维护测试码，按动维护键盘，借助乘客显示屏观察检票机显示结果，实现对检票机进行维护、故障诊断、参数设置等操作。

目前，安装在检票机设备内的维护键盘有两种形式。一种是在早期引进的魁北克（CUBIC）自动售检票系统中，检票机的操作员键盘被设计成：在 PIM 板上集成了一个数字旋钮和一个确认键。维护操作员通过旋动数字旋钮至需选择的数字，然后按动确认键（一般测试码为两位）。图 2—32 为魁北克操作员键盘图。

图 2—32 魁北克操作员键盘

另一种是检票机中的维护键盘都被通用的小键盘代替，维护面板由 0~9 数字输入键及 10 个功能键组成。各功能键能通过软件定义其含义。图 2—33 为小键盘操作员键盘图。

(5) 手动控制盒。安装在客服中心旁的宽通道双向检票机上，会有一根控制线连接客服中心的操作员桌面上的一个手动控制盒，用于操作员人工放行。图 2—34 为操作员手动控制盒。

图 2—33 小键盘操作员键盘图

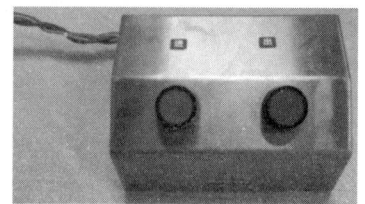

图 2—34 操作员手动控制盒

2.1.4 车票审核寄存器

在检票机运行期间,每台设备都能提供寄存器数据和 7 天详细交易数据。寄存器数据主要包括:收益寄存器数据和维护寄存器数据。设备会根据车站计算机下发的运行参数的要求,定时上传这些寄存器数据。车站计算机会依据设备上传的寄存器数据,结合上传数据间隔,快速统计出整个营运期间客流及票卡处理的变化。另外,收益寄存器数据中的进站数与出站数的和应该等于详细交易数据的总数。

在被自动测检票机自动进入测试模式后,按动检票机的维护面板上键盘"5""0",这时,被测检票机将进入车票审核寄存器的状态,在被测检票机的乘客显示器上显示"测试 50"和"进站数:0000000000"。检票机的导向器(指示牌)"禁止"标志亮(见表 2—4)。

表 2—4　　　　　　　　　　车票审核寄存器的状态

寄存器	乘客显示器显示内容	描述
00	进　站　数:0000000000	进站人数
01	出　站　数:0000000000	出站人数
02	储值成人进站:0000000000	用成人储值 CSC 进站人数
03	单程票进站数:0000000000	用单程票进站人数
04	乘次票进站数:0000000000	用乘次票进站人数
05	员工票 1 进站:0000000000	用员工票 1 进站人数
06	员工票 2 进站:0000000000	用员工票 2 进站人数
07	打折 1A 进站:0000000000	用打折类型 1A(D1 - CSC,儿童)票进站人数
08	打折 1B 进站:0000000000	用打折类型 1B(D2 - CSC,敬老)票进站人数
09	VP 票进站数:0000000000	用 VP(VP—纪念,旅行者)票进站人数
10	入口处拒绝数:0000000000	进站入口拒绝人数
11	储值成人出站:0000000000	用成人储值 CSC 出站人数
12	单程票出站数:0000000000	用单程票出站人数
13	乘次票出站数:0000000000	用乘次票出站人数
14	员工票 1 出站:0000000000	用员工票 1 出站人数
15	员工票 2 出站:0000000000	用员工票 2 出站人数
16	打折 1A 出站:0000000000	用打折类型 1A(D1 - CSC,儿童)票出站人数
17	打折 1B 出站:0000000000	用打折类型 1B(D2 - CSC,敬老)票出站人数
18	VP 票出站数:0000000000	用 VP(VP—纪念,旅行者)票出站人数

续表

寄存器	乘客显示器显示内容	描述
19	出口处拒绝数：0000000000	出站口拒绝人数
20	回　收　数：0000000000	车票回收数
21	储值成人扣款：0000000000	储值 CSC 成人卡扣款值
22	单程票扣款值：0000000000	单程票扣款值
23	员工票 1 扣款：0000000000	员工票 1 扣款值
24	员工票 2 扣款：0000000000	员工票 2 扣款值
25	打折 1A 扣款：0000000000	用打折类型 1A（D1—CSC，儿童）票扣款值
26	打折 1B 扣款：0000000000	用打折类型 1B（D2—CSC，敬老）票扣款值
27	VP 票扣款值：0000000000	用 VP（VP—纪念，旅行者）票扣款值
28	非高峰段出站：0000000000	非高峰时段出站人数
29	自由出站数　：0000000000	自由出站人数
30	同站出站数　：0000000000	同站出站人数
31	合法测试票数：0000000000	合法的测试票数
32	储值最后乘次：0000000000	票款不足额，储值 CSC 的最后乘次奖励
33	单程票剩余值：0000000000	单程票剩余的票值
34	一票通最后乘：0000000000	票款不足额，一票通的最后乘次奖励
35	交通优惠次数：0000000000	交通卡优惠次数
36	交通优惠金额：0000000000	交通卡优惠金额

1. 进站乘客总数

进站乘客总数指进站检票机或双向检票机的进门端，允许持有有效车票的乘客通过数量。

在进站检票机或双向检票机的进门端，当设备检测到一张乘客的车票，会对车票的有效性进行检查。当一切检测正常，在改写票卡为进站状态的同时，会自动生成一条详细交易数据，对收益寄存器数据中的进站乘客总数自动加 1，同时释放检票机的阻挡装置，在一定的时间间隔内允许该乘客通过。

2. 出站乘客总数

出站乘客总数指出站检票机或双向检票机的出门端，允许持有有效车票的乘客通过数量。

在出站检票机或双向检票机的出门端，当设备检测到一张乘客的车票，会对车票的有效性进行检查。当一切检测正常，在改写票卡为出站状态的同时（如果是需回收的车票，设备会自动进行回收），会自动生成一条详细交易数据，对收益寄存器数据中的出站乘客总数自动加 1，同时释放检票机的阻挡装置，在一定的时间间隔内允许该乘客通过。

3. 同站出站数

同站出站数指出站检票机或双向检票机的出门端，允许持有本站进站的有效车票的乘客通过数量。

在出站检票机或双向检票机的出门端，当设备检测到一张乘客的车票，会对车票的有效性进行检查。当一切检测正常且判定该张车票为本站进站，在改写票卡为出站状态的同时（如果是需回收的车票，设备会自动进行回收），会自动生成一条详细交易数据，对收益寄存器数据中的出站乘客总数和同站出站数自动加 1，同时释放检票机的阻挡装置，在一定的时间间隔内允许该乘客通过。

4. 出口处拒绝数

出口处拒绝数指出站检票机或双向检票机的出门端，检测到无效车票的数量。

在出站检票机或双向检票机的出门端，当设备检测到一张乘客的车票，会对车票的有效性进行检查。当一切检测该张车票无效时，对收益寄存器数据中的出口处拒绝数自动加 1，同时锁定检票机的阻挡装置，不允许该乘客通过。

2.2 检票机部件拆装和检修

检票机设备提供多种人机接口和方法，供维护人员对设备进行日常维护和控制操作。一种最传统也是直接的方式是：操作员可以通过就地打开检票机的维修门，根据检票机设备提供商提供的维护测试手册，依据维护测试手册上提供的设备维护测试码，操作维护键盘，同时借助乘客显示屏，观察检票机显示和模块（部件）的动作结果，完成对检票机的维护、故障诊断、参数设置等操作。

当检票机的操作系统平台为 Windows 和 Linux 时，还可以借助远程管理工具软件（VNC），通过自动售检票系统的局域网络，维护人员可以在异地客户端上，获得如同在检票机边（服务器本机）相同的控制方式和结果。随着上海轨道交通全路网设备的不断增加，这种方式已经成为轨道日常维护人员快速维护和故障诊断的手段。

2.2.1 检票机操作

1. 进入诊断模式

对于早期引进的魁北克（CUBIC）自动售检票系统的检票机，我们首先打开被测检票机维护门，拨动检票机的传票器（9501—7019）控制板上的拨动开关 S3 至"9"和按动确认键 S2 两下，这时，被测检票机自动进入测试（诊断）模式，被测检票机的客户显示器上显示"测试 99"，检票机的指示牌显示"禁止"标识，检票机的 CSC 读写器模块显示红色"×"禁止。接着维护人员再按动测试码进行相关的测试。

对于其他检票机，我们同样需要先打开被测检票机维护门，取出操作员维护小键盘，按动数码锁定（NUM LOCK）键，使键盘上数字有效灯常亮。这时，再根据该检票机提供厂商提供的维护测试手册，键入相应的键值。

（1）上海普天检票机。上海普天检票机设备的维护测试码完全兼容了原魁北克检票机的测试码。维护人员只需按动维护小键盘数字"9"两次，被测检票机的客户显示器上显示"测试 99"，检票机的指示牌显示"禁止"标识，检票机的读写器模块显示红色"X"禁止。图 2—35 为上海普天检票机设备进入测试模式时显示界面图。

（2）上海怡力检票机。对于上海怡力检票机，与上海普天检票机唯一不同的是，在维护人员每次键入两位测试码后，必须按动"Enter"键以示确认。即维护人员按动维护小键盘两次数字"9"+"Enter"后，设备才进入维护模式。图 2—36 为上海怡力检票机设备进入测试模式时显示界面图。

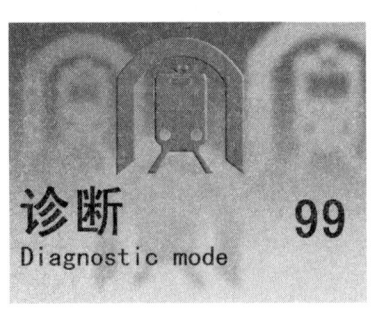

图 2—35 上海普天检票机设备进入测试模式时显示界面图

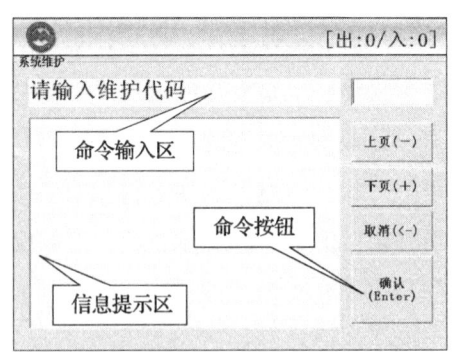

图 2—36 上海怡力检票机设备进入测试模式时显示界面图

图中维修主界面分为三个部分,命令输入区,用于维护人员输入命令。信息提示区,用于向维护人员显示相关的提示信息及命令的执行情况。命令按钮,表示维护人员可以使用的命令。

(3)上海华铭检票机。对于上海华铭检票机,维护人员可以通过按动维修键盘上的功能键,来切换检票机测试与工作状态。维修键盘各个按键的功能定义见表2—5。

表2—5　　　　　　　　　维修键盘各个按键的功能定义

序号	快捷键	操作意义	序号	快捷键	操作意义
1	F1	切换维修界面/正常运行界面	5	F5	进入外设模块
2	F2	进入控制模块	6	数字键0~9	激活/执行对应菜单项
3	F3	进入回收模块	7	ESC	退回到上一级菜单
4	F4	退出闸机控制程序			

图2—37为上海华铭检票机设备进入测试模式时显示界面图。

图2—37　上海华铭检票机设备进入测试模式时显示界面图

图中维修主界面分为三个部分,顶层为菜单区,底层为状态显示区,中心区域为数据和执行结果的显示区域。菜单区提供各种操作菜单,状态显示区显示当前检票机的运行状态,数据和执行结果显示区域显示各种操作的执行结果、消息和数据。

(4)上海华虹计通检票机。对于上海华虹计通检票机,维护人员同样需要通过按动维修键盘上的功能键,使检票机进入相应工作模式。维修键盘各个按键的功能定义见表2—6。

表2—6　　　　　　　　维修键盘各个按键的功能定义

序号	快捷键	操作意义
1	*	检票机由运营模式进入关闭状态，乘客显示屏显示"关闭"
2	-	检票机由关闭状态进入运营模式，乘客显示屏最终显示"请使用车票"
3	0	检票机由运营模式进入测试模式，乘客显示屏显示"测试模式"
4	Del	检票机由测试模式进入运营模式的暂停服务状态，取下维护键盘，关闭检票机门后检票机进入运营模式

2．进入收费模式

在测试模式下，对于早期引进的魁北克（CUBIC）自动售检票系统的检票机，我们只需拨动检票机的传票器（9501—7019）控制板上的拨动开关S3至"9"和按动确认键S2两下，这时，被测检票机自动进入上电测试状态，维护人员必须尽快关闭检票机维护门，如果设备检测正常且未设置其他模式，检票机将自动进入收费模式。

对于其他检票机，通过该厂商提供的维护测试手册中的测试码（或菜单）表格，维护人员按动相应的测试码或快捷键（菜单）后实现。这时，维护人员必须尽快关闭检票机维护门，如果设备检测正常且未设置其他模式，检票机将自动进入收费模式。

3．设置设备时间

当需要修改检票机工作时间时，有以下4种方法，维护人员可以依据当时的设备工作情况，灵活选择。

方法1　插上键盘，重启检票机设备，进入工控机（ECU）BIOS菜单（一般情况下，只需按动键盘DEL键），修改时间设置项。

方法2　退出检票机应用程序，在操作系统中修改时间，或用命令行进行修改。

方法3　当检票机与站台控制计算机通信正常的情况下，通过站台控制计算机的时间同步命令，来同步检票机时间（新设备一般采用NTP协议，老设备则采用3012消息报文）。

方法4　通过检票机自带的操作员面板进行修改。这时，检票机必须处于诊断模式下。

其中：方法1、2一般用于检票机设备在生产与设备安装初期使用。这时，检票机设备与站台控制计算机通信往往还不能正常通信。方法3为检票机在正常运行状态下，实时同步站台计算机系统。方法 4 一般为检票机设备与站台控制计算机通信不正常的情况下，或者系统时间异常，维护人员急需恢复设备工作时间时使用。

特别需要注意的是，当维护人员出于特殊需要，修改设备的时间与正常时间（系统）不一致时，最好先断开与站台控制计算机的通信。否则，检票机设备会快速同步到站台控制计算机指定的时间上。

下面以魁北克（CUBIC）检票机为例，通过检票机自带的操作员面板修改设备时间的方法。对于其他的检票机，根据该厂商提供的维护测试手册中的测试码（或菜单）表格，维护人员按动相应的测试码、快捷键或菜单后，修改设备的时间。

（1）设置年。对于早期引进的魁北克（CUBIC）检票机，当设备处于诊断模式下，拨动检票机的传票器（9501—7019）控制板上的拨动开关 S3 至"4"，按动确认键 S2 一下，再拨动开关 S3 至"2"，再按动确认键 S2 一下，这时，检票机将进入设置年的状态，乘客显示屏显示"诊断 42"，"20 ××/××/×× ××：××：××"。这时，再按动需修改的年份的后二位的第一位，按动确认键 S2 一下，按动需修改的年份的后二位的第二位，按动确认键 S2 一下即可。确认是否修改成功，可通过测试码"4""1"显示日期和时间来实现。

（2）设置月。对于早期引进的魁北克（CUBIC）检票机，当设备处于诊断模式下，拨动检票机的传票器（9501—7019）控制板上的拨动开关 S3 至"4"，按动确认键 S2 一下，再拨动开关 S3 至"3"，再按动确认键 S2 一下，这时，检票机将进入设置月的状态，乘客显示屏显示"诊断 43"，"20 ××/××/×× ××：××：××"。这时，再按动需修改的月份的第一位，按动确认键 S2 一下，按动需修改的月份的第二位，按动确认键 S2 一下即可。确认是否修改成功，可通过测试码"4""1"显示日期和时间来实现。

（3）设置日。对于早期引进的魁北克（CUBIC）检票机，当设备处于诊断模式下，拨动检票机的传票器（9501—7019）控制板上的拨动开关 S3 至"4"，按动确认键 S2 一下，再拨动开关 S3 至"4"，再按动确认键 S2 一下，这时，检票机将进入设置日的状态，乘客显示屏显示"诊断 44"，"20 ××/××/×× ××：××：××"。这时，再按动需修改的日的第一位，按动确认键 S2 一下，按动需修改的日的第二位，按动确认键 S2 一下即可。确认是否修改成功，可通过测试码"4""1"显示日期和时间来实现。

（4）设置小时。对于早期引进的魁北克（CUBIC）检票机，当设备处于诊断模式下，拨动检票机的传票器（9501—7019）控制板上的拨动开关 S3 至"4"，按动确认键 S2 一下，再拨动开关 S3 至"5"，再按动确认键 S2 一下，这时，检票机将进入设置小时的状态，乘客显示屏显示"诊断 45"，"20 ××/××/×× ××：××：××"。这时，再按动需修改的小时的第一位，按动确认键 S2 一下，按动需修改的小时的第二位，按动确认键 S2 一下即可。确认是否修改成功，可通过测试码"4""1"显示日期和时间来实现。

（5）设置分。对于早期引进的魁北克（CUBIC）检票机，当设备处于诊断模式下，拨动检票机的传票器（9501—7019）控制板上的拨动开关 S3 至"4"，按动确认键 S2 一下，再拨动开关 S3 至"6"，再按动确认键 S2 一下，这时，检票机将进入设置分的状态，乘客显示屏显示"诊断46"，"20 ××/××/×× ××：××：××"。这时，再按动需修改的分的第一位，按动确认键 S2 一下，按动需修改的分的第二位，按动确认键 S2 一下即可。确认是否修改成功，可通过测试码"4""1"显示日期和时间来实现。

2.2.2 检票机诊断

当检票机在上电自检运行或在设备正常运行中，检票机设备的应用软件会实时检测设备内部模块（部件）的工作状况，在检测到设备内部模块（部件）发生故障的情况下，在检票机设备的乘客显示屏上，会显示相关的故障代码，供维护人员就近掌握。同时检票机设备还会通过网络，向站台控制计算机上传设备的当前工作状态、故障码和发生的时间。

另外，在检票机设备内的模块（部件）发生故障的情况下，设备会自动降级运行直至暂停服务，导致乘客无法正常使用设备。当检票机发生故障时，维护人员必须在最短的时间里，找出设备故障的原因并进行排查，使检票机尽快重新恢复使用。

在日常维护工作中，维护人员通常是通过站台控制计算机来了解整个站厅的设备工作情况。维护人员有时还可以借助远程管理工具软件（VNC），通过自动售检票系统的局域网络，在异地客户端上了解其他车站内的设备工作情况。

当检票机发生故障时，车站控制计算机将会报警，并在该设备的位图上显示红色，提醒维护人员该检票机发生故障或状态发生变化。当维护人员移动鼠标点击该故障设备图标时，可以看到相应故障状态详细描述，使维护人员快速了解到该台检票机发生了何种故障或状态变化。

在站台现场，发生故障的检票机将处于降级运行直至暂停服务状态。处于暂停服务状态的检票机，正对乘客的指示牌红色禁止灯亮，乘客显示屏显示"暂停服务"，提示乘客更换其他通道通行。

1. 乘客指示灯

检票机具有对特殊车票（如员工票等）使用灯光提示的功能，通常检票机的顶部安装一个红色的警示灯，可以通过红色、闪烁及非闪烁等显示方式使用。

对于早期引进的魁北克（CUBIC）检票机，对警示灯的诊断方法是：当设备处于诊断模式下，按动测试码"16"进行测试，观察设备顶部的警示灯的变化。正常情况下，被测检票机的通行警示灯亮 2 s 后熄灭。

2. 传输机构

检票机中传输机构主要安装在出站检票机或双向检票机的出门端。传输机构主要用于回收乘客投入的单程票。根据功能划分，由票卡传输、票卡分流、票卡升降装置、票箱和车票回收装置控制单元组成。

对于魁北克（CUBIC）检票机，对传输机构的测试可从以下几方面着手。对于其他厂家的检票机，根据设备厂商提供的测试码（或菜单）表格，维护人员按动相应的测试码、快捷键（菜单）后，对检票机的做相应诊断。

（1）传输机构光电管。对于早期引进的魁北克（CUBIC）出站检票机或双向检票机，当设备处于诊断模式下，按动测试码"22"进行测试，观察设备乘客显示器上显示光电管的状态的变化。正常情况下，当用遮挡物遮挡传输机构相应光电管时，在被测检票机的乘客显示器上会有相应变化。

（2）传输马达正反传。对于早期引进的魁北克（CUBIC）出站检票机或双向检票机，当设备处于诊断模式下，按动测试码"25"进行测试，观察设备传输马达正反转情况。正常情况下，被测检票机启动正传机芯传输马达。

3. 读卡器

检票机设备中使用的 IC 卡读写器，必须定期进行测试和调整，使读写器的性能达到良好的水平。对检票机的读卡器的诊断，分功能性诊断和参数性能诊断两种。

（1）读卡器功能性诊断（读卡距离测试）

1）将两张单程票交替放在能正常运行的检票机读卡器天线上端（卡片依次放置在 0 cm、3 cm、5 cm、6 cm 处），观察乘客显示屏显示设备对该票卡处理结果。如果检票机能正常响应，则表示读卡器工作正常（如果返回拒绝码为 01，说明该票卡的密钥与读卡器的 SAM 卡内的密钥不同）。图 2—38 为读卡器功能性诊断图。

2）将两张交通卡交替放在能正常运行的检票机读卡器天线上端（卡片依次放置在 0 cm、3 cm、5 cm、6 cm 处），观察乘客显示屏显示设备对该票卡处理结果。如果检票机能正常响应，则表示读卡器工作正常（如果返回拒绝码为 01，说明该票卡的密钥与读卡器的 SAM 卡内的密钥不同）。

（2）读卡器参数性能诊断

1）读卡器天线最大场强测试。（图 2—39）

 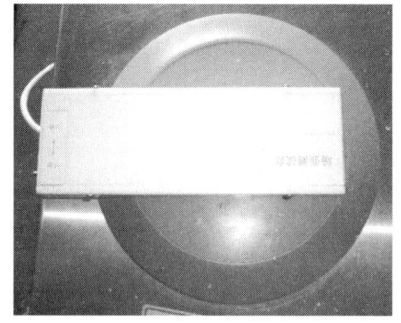

图 2—38 读卡器功能性诊断图　　图 2—39 读卡器天线最大场强测试图

连接场强测试盒（专用测试设备）到 3 位半数字电压表的输入端，开启 3 位半数字电压表电源，选择测试电压范围 0 到 10 V。场强测试盒放在被测读卡器天线的中心位置，将场强测试盒的开关位置扳到最大场强，少量移动场强测试盒使 3 位半数字电压表的读数最大，将半数字电压表的读数最大的值记录（电压的标准值应小于 3 V）。如果天线场强不能达到要求，可以适当调整天线的电容值。图 2—39 为读卡器天线最大场强测试图。

2）读卡器天线最小场强测试。连接场强测试盒（专用测试设备）到 3 位半数字电压表的输入端，开启 3 位半数字电压表电源，选择测试电压范围 0 到 10 V。场强测试盒放在距被测读卡器天线的中心位置 60 mm（将 60 mm 空芯管放在被测读卡器天线的中心位置）处，将场强测试盒的开关位置扳到最小场强，少量移动场强测试盒使 3 位半数字电压表的读数最大。将半数字电压表的读数最大的值记录（电压的标准值应大于 3 V）。如果天线场强不能达到要求，可以适当调整天线的电容值。

3）在营运环境下读卡器对票卡读写时间测试。打开检票机维护门，将初始化好的串口记录仪（专用测试设备）串接至检票机读卡器与工控机串口之间，关闭检票机维护门，让检票机处于正常工作状态。这时正常使用各种票卡，一般在营运环境下运营 30 min，或在抽样测试环境下每种类型票卡刷卡 20 次以上后，取出串口记录仪，将串口记录仪内的数据导出至后台计算机工作站上。根据记录的数据，逐条分析读卡器与应用软件交互过程的时间片，分析读卡器或应用软件在处理流程中使用的时间（一般用统计平均值来计算）。

（3）单独读卡器对票卡读写时间测试

1）批量测试。连接读卡器串口线至后台测试计算机工作站后，对单独读卡器通电，等待读卡器启动完成。打开测试软件，点击复位指令，等待读卡器返回。点击出站初始化指令，等待读卡器返回。放置卡片，点击读卡指令，等待读卡器正确返回后，记录读卡时间。点击进（出）站指令，等待读卡器正确返回后，记录交易时间。如果读卡时间加上交易时间大于票卡读写处理速度（单程票读写处理速度≤0.2秒/张，储值票读写处理速度≤0.3秒/张），说明读卡器不符合要求。

2）精确测试。如果需要更精确的测量读卡器对票卡读写处理速度，我们还可以借助100 M以上的存储式示波器来测量。将存储式示波器的通道1、2分别连接读卡器与后台测试计算机工作站的串口线发、收线上，将存储式示波器的地线与串口线的地线连接。设置示波器的触发为通道1，打开后台测试计算机工作站上的测试软件，点击复位指令，等待读卡器返回。点击出站初始化指令，等待读卡器返回。放置卡片，点击读卡指令，等待读卡器正确返回后，查看示波器时间轴，计算出读卡时间并记录交易时间。点击进（出）站指令，等待读卡器正确返回后，查看示波器时间轴，计算出读卡时间并记录交易时间。如果读卡时间加上交易时间大于票卡读写处理速度，说明读卡器不符合要求。

4. 三杆机构

三杆机构在允许放行时，三杆臂可被动旋转120°，当三杆臂旋转达到120°时，三杆机构又被锁定。在断电或紧急状况下时，三杆臂会自动落杆（魁北克三杆机构为自由转动），形成开放的通道，便于人员自由疏散。

对于早期引进的魁北克（CUBIC）检票机，当设备处于诊断模式下，按动测试码"29"进行测试，观察设备乘客显示器上显示三杆机构传感器的状态的变化。正常情况下，当人工慢慢转动三杆机构时，在被测检票机的乘客显示器上会有相应变化。我们还可以按动测试码"32"进行测试，观察三杆机构放行一人（三杆臂可被动旋转120°）的情况。

对于其他厂家的检票机，根据设备厂商提供的测试码（或菜单）表格，维护人员按动相应的测试码、快捷键（菜单）后，对检票机做相应诊断。

2.2.3 转向器

在出站检票机或双向检票机的车票回收装置中，检票机应用软件会根据业务的需要，对在车票传输机构中票卡的位置进行改变。对于无效车票或无须回收的车票（如纪念票、一日票等），车票传输机构会借助传输机构的转向器，返还车票至退票口（或出票口)。对需回收的车票,车票传输机构会将车票送至回收机构,借助回收机构的转向器,回收车票至不同的回收票箱中。

车票回收装置中的传输机构转向器和回收机构转向器,是使用率非常高的部件,它的工作正确与否,将直接影响到整个车票传输机构的工作情况。在日常维护工作中,维护人员需要经常调整转向器的机械结构,更换破损的转向器塑料翻板。

1. 传输机构转向器

对于早期引进的魁北克(CUBIC)检票机,车票传输机构中有一个传输机构转向器,主要用于当乘客投入无效车票或无须回收的车票(如纪念票、一日票等),车票传输机构的转向器将释放(保持不变),车票将返还至取票口。对需回收的车票,车票传输机构的转换器将吸动,车票将会被送至回收机构进行下一步处理。

对后期自主研发的检票机的传输机构,为了确保在车票传送过程中任何一点的切线角度不会大于15°,对无效车票和需返回的车票,票卡传输机构采用将车票退回至投票口。在这种情况下,车票传输机构无须安装车票传输机构的转向器。早期引进的魁北克(CUBIC)检票机的车票传输机构的转向器,由一个大功率推拉式电磁铁、塑料翻板和连接弹簧等组成。只有在早期引进的魁北克(CUBIC)检票机中才使用该部件(组件)。图2—40为魁北克检票机的车票传输机构转向器图。

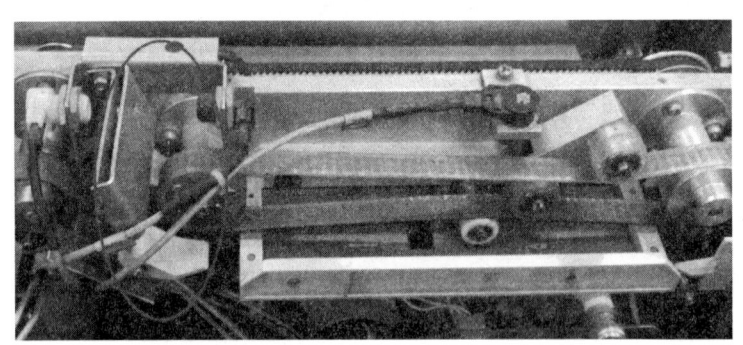

图2—40 魁北克检票机的车票传输机构转向器图

(1)拆卸票卡传输机构的转向器的步骤

先关闭设备电源。取下连接票卡传输机构单元与票卡分流单元之间的同步带。拔去连接在传输机构单元上的控制线(9501—8118、9501—8113、9501—8115)。用大号一字螺丝刀拧动三个票卡传输机构单元固定螺丝,图2—41为票卡传输机构的固定安装螺丝图。

取下票卡传输机构单元。用尖头钳子,取下翻板固定轴上的卡簧,可取下塑料翻板。用一字螺丝刀,卡在翻板固定轴的槽上,拧动该轴,即可取下翻板固定轴。用螺丝刀，拧松转向器电磁铁固定支架，即可取下控制翻板的推拉式电磁铁，图2—42为推拉式继电器图。

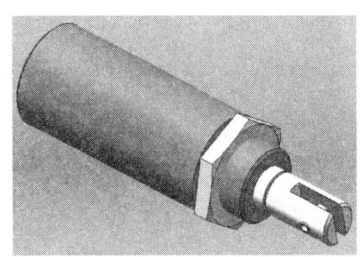

图2—41 票卡传输机构的固定安装螺丝图　　　图2—42 推拉式继电器图

（2）装配票卡传输机构的转向器的步骤

装配票卡传输机构的转向器正是拆卸过程的反向步骤。装配完成后，通过拨打测试码"18"，观察票卡传输机构的转向器动作是否灵活且到位。即当传输机构的转向器处于释放状态时，在传输机构中的票卡（人工拉动传输皮带）能正确送至取票口。当传输机构的转向器处于吸合状态时，在传输机构中的票卡（人工拉动传输皮带）能正确送至分流单元。

2. 回收机构转向器

当车票传输机构将车票送至回收机构，检票机会根据业务需求和回收机构的工作状况，选择将需回收的车票回收至票箱#1或票箱#2。当回收机构转向器处于释放状态，进入回收机构的车票将被回收至票箱#1（左侧票箱），当回收机构转向器处于吸动状态时，进入回收机构的车票将被回收至票箱#2（右侧票箱）。图2—43为魁北克检票机回收机构转向器图。

图2—43 魁北克检票机回收机构转向器图

魁北克（CUBIC）检票机的回收机构的转向器，由一个大功率旋转式电磁铁控制翻板完成。

（1）拆卸回收机构的转向器的步骤

关闭设备电源。取下连接票卡传输机构单元与票卡分流单元之间的同步带。拔去连接在回收机构单元上的控制线（9501—8109、9501—8110）。用大号一字螺丝刀，拧动三个票卡分流单元固定螺丝，取下票卡分流单元。用内六角扳手，拧动固定塑料翻板上的紧定螺钉。用尖头钳子，拧松固定旋转式电磁铁上面的螺母，取下塑料翻板静电刷连接线后，可取下塑料翻板。用尖头钳子，拧动固定旋转式电磁铁上下两个螺母，可拆下旋转式电磁铁，图2—44为旋转式电磁铁图。

（2）装配回收机构的转向器的步骤

装配回收机构的转向器正是拆卸过程的反向步骤。装配完成后，通过拨打测试码"19"，观察回收机构的转向器动作是否灵活且到位。

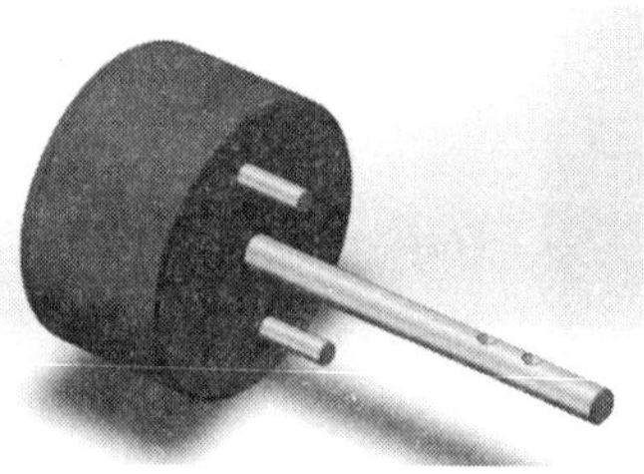

图2—44 旋转式电磁铁图

2.2.4 传输机构

检票机中传输机构主要安装在出站检票机或双向检票机的出门端。传输机构主要用于回收乘客投入的单程票。在日常维护工作中，维护人员需要经常检测传输机构中传感器是否正常工作，正确区分传感器是电气故障，还是因为粉尘遮挡了传感器的透镜引起的误动作。熟练拆装传输机构中的传感器是维护人员日常必备的技能。

1. 传感器

车票在传输机构中的定位，是依靠读取安装在传输机构中的传感器来实现的。无论是哪个生产厂商生产的传输机构单元，传感器分布情况都可大致分五部分。图2—45为魁北克检票机传输机构传感器分布情况图。

图2—45 魁北克检票机传输机构传感器分布情况图

传输机构入口感应传感器,用于判断乘客车票的投入。

车票读写区域定位传感器,用于将乘客投入的车票准确地定位在机芯读卡器天线感应范围内。

回收票卡分流传感器,用于控制需回收的车票正确回收至票箱#1或票箱#2中。

票箱渐满判定传感器,用于判定回收票箱是否渐满。

出票口感应传感器(仅魁北克机芯使用),用于当传输机构返回乘客投入无效票或非回收的车票时,判定乘客是否取回车票。

魁北克检票机传输机构使用的传感器分为发射管和接收管两种。为了区分这两种传感器,用白色塑料封装的为发射管,用黑色塑料封装的为接收管。图2—46为传感器发射管,图2—47为传感器接收管。

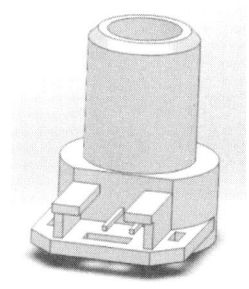
图2—46 传感器发射管

图2—47 传感器接收管

拆卸这些传感器只需拔去连接线,手动旋转固定六角螺母即可完成。在装配这些传感器时,必须注意分清发射管和接收管,在插上连接线时,不能将收、发线插错,观察传感器的插针(参见图2—46和图2—47)与连接线的插头上的线是否能对应上。图2—48为魁北克检票机传输机构传感器装配图。

图2—48 魁北克检票机传输机构传感器装配图

2. 电动机

在传输机构单元中一般包含三个传动电动机。一个直流电动机主要用于控制车票在传输机构中移动，另两个电动机分别安装在两个票卡升降装置中，用于控制回收平台的上、下移动。

在日常运营维护工作中，经常会遇到电动机不工作，而造成传输机构工作不正常。一般排查电动机故障，首先通过检查驱动板是否有问题，然后再考虑电动机本身是否有问题。下面以上海普天传输机构单元为例，说明拆卸和装配传输机构单元的电动机的步骤。图2—49为上海普天传输机构票卡传输电动机装配图。

图2—49 上海普天传输机构票卡传输电动机装配图

（1）传输机构上的传动直流电动机

1）拆卸传输机构上的传动直流电动机的步骤

关闭设备电源。取下连接票卡传输机构单元与票卡分流单元之间的同步带。拔去连接在传输机构单元上的控制线（9501—8118、9501—8113、9501—8115）。用大号一字螺丝刀，拧动三个票卡传输机构单元固定螺丝。取下票卡传输机构单元。卸下同步传动皮带。用内六角扳手，拧动固定在直流电动机转动轴同步轮上的紧定螺钉。卸下套在直流电动机转动轴上的同步轮。再用十字螺丝刀，拧下固定直流电动机的四个安装螺丝即可。

2）装配传动直流电动机的步骤

装配传动直流电动机正是拆卸过程的反向步骤。装配完成后，通过拨打测试码"25"，观察传动直流电动机动作是否正常。

（2）票卡升降装置上的升降电动机

1）拆卸票卡升降装置上的升降电动机的步骤

打开维护侧门，等待票卡升降装置升降平台下降后，取下票箱。关闭设备电源。

拔去外设板与票卡升降装置单元底部升降驱动板间的控制线（9501—8105、9501—8108）。用一字螺丝刀，拧动票卡升降装置单元固定螺丝。拆下票卡升降装置单元。拔去连接控制升降的步进电动机与底部升降驱动板间的控制线。卸下需拆卸电动机对应的控制升降的同步皮带。用十字螺丝，拧下固定在电动机转动轴上的光栅。用内六角扳手，拧动固定在电动机转动轴同步轮上的紧定螺钉。卸下套在电动机转动轴上的同步轮。再用十字螺丝刀，拧下固定电动机的四个安装螺丝，即可取下电动机。

图2—50　上海普天票卡升降装置传输电动机装配图

2）装配票卡升降装置上的升降电动机的步骤

装配票卡升降装置上的升降电动机正是拆卸过程的反向步骤。装配完成后，观察升降检测光栅，必须位于检测槽式光电管的中间，不可有擦碰。通过拨打测试码"11""12""13""14"，观察票卡升降装置上的升降电动机动作是否正常。图2—50为上海普天票卡升降装置传输电动机装配图。

2.2.5　三杆机构

三杆机构在允许放行时，三杆臂可被动旋转120°，当三杆臂旋转达到120°时，三杆机构又被锁定。在断电或紧急状况下时，三杆臂会自动落杆（或自由转动），形成开放的通道，便于人员自由疏散。

在日常营运中，检票机上的三杆机构必须经受着大客流的冲击，每通过一个乘客，都需要控制三杆机构吸放一次刹车电磁铁，并监控三杆臂的转动。因此，三杆机构的日常维护和保养的工作相对也比较多。

1. 电磁阀

无论是魁北克（CUBIC）三杆机构还是固力保（GUNNEBO）三杆机构，均采用两个大功率推拉式电磁铁（刹车电磁铁），实现分别控制三杆臂的转动方向的作用，使得三杆臂可以顺时针或逆时针转动。图2—51为固力保（GUNNEBO）控制三杆臂的转动方向的电磁铁图。

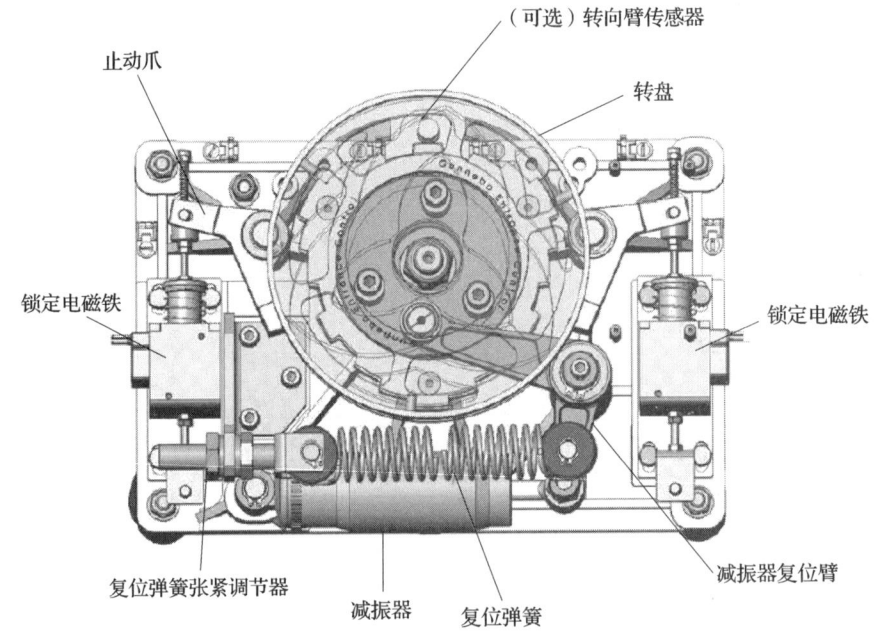

图2—51　固力保（GUNNEBO）控制三杆臂的转动方向的电磁铁图

固力保三杆机构还有一个大功率推拉式电磁铁（下落电磁铁），用于在紧急或三杆机构无电的情况下，控制三杆机构的水平臂的自动下落。图2—52为固力保（GUNNEBO）控制三杆臂的下落电磁铁图。该紧急掉臂装置由一个位于安装底板枢轴上的控制杆和一个操作控制杆的下落电磁铁组成。在正常条件下，下落电磁铁保持通电，下落电磁铁吸动，控制杆被拉动，使三杆臂止动装置可锁定栓钉。这时维护人员可扶起水平臂并保持。当激活设施（紧急状态或断电的情况）时，下落电磁铁断开电源，弹簧推动控制杆，使臂止动装置松开栓钉，该活动（水平）臂凭借自身重量下坠，从而打开人行通道。

（1）魁北克三杆机构

1）拆卸魁北克三杆机构上的刹车电磁铁的步骤

关闭设备电源。拔下传票器控制板（PIM）至刹车电磁铁的控制线（9501—8114或9501—8116）。用十字螺丝刀，拧下电磁铁支架上的两个螺丝。用扳手，拧松固定在支架上的六角螺母后，即可取下电磁铁外壳，抽出电磁铁拉杆（铁芯）。用小锤，敲打固定在电磁铁拉杆上的弹性圆柱销，可将电磁铁拉杆与拉簧分开。在整个拆卸中，必须小心不要丢失套在电磁铁拉杆上的限位塑料套（白色的）和限位卡簧。

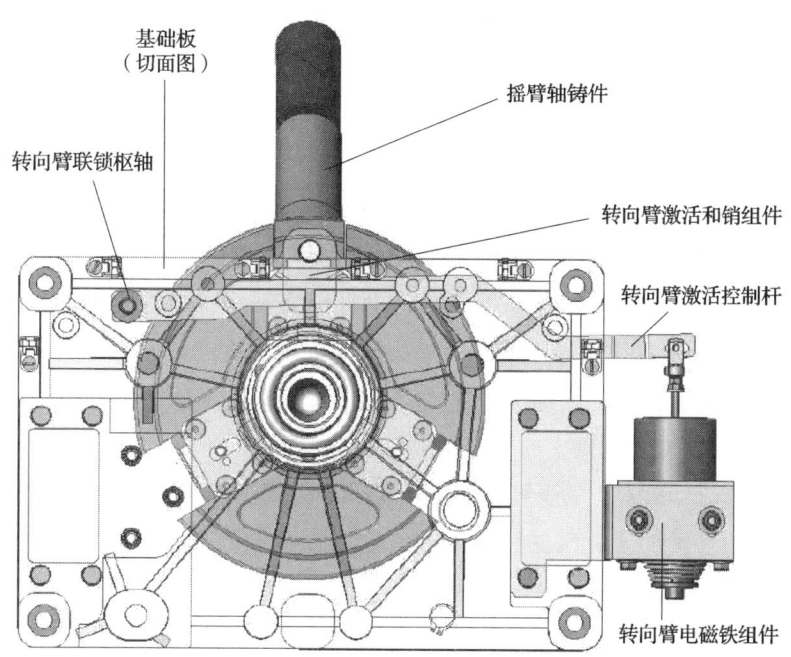

图 2—52　固力保（GUNNEBO）控制三杆臂的下落电磁铁图

2）装配三杆机构上的电磁铁的步骤

装配三杆机构上的电磁铁正是拆卸过程的反向步骤，在安装新的电磁铁时，注意调整电磁铁外壳固定支架和拉簧调整支架长度，确保电磁铁拉杆必须在电磁铁外壳间活动灵活，否则会出现乘客刷卡通过时，有撞杆的现象。通过拨打测试码"29"，观察三杆机构上的电磁铁动作是否正常（正常情况下会有清脆的吸放声）。图 2—53 为魁北克三杆机构刹车电磁铁图。

(2) 固力保三杆机构

1) 拆卸固力保三杆机构上的刹车电磁铁的步骤

关闭设备电源。用内六角扳手，拆下固定 LL2001 控制逻辑板支架的两个螺丝。拔去连接至刹车电磁铁的两根驱动线。用套筒，拧动固定电磁铁支架的四个六角螺丝，取下电磁铁。用尖头钳，拧动固定电磁铁 L 型连接器的六角螺母，可取下 L 型连接器。用尖头钳，拧动固定电磁铁底部固定复位弹簧垫的六角螺母，可取下底部复位弹簧。

图 2—53　魁北克三杆机构刹车电磁铁图

2）装配固力保三杆机构上的刹车电磁铁的步骤

装配固力保三杆机构上的电磁铁正是拆卸过程的反向步骤。通过拨打测试码"29"，观察三杆机构上的电磁铁动作是否正常。注意：刹车电磁铁轴上有两个紧挨的六角螺母，主要用于调整刹车电磁铁行程。图2—54为固力保三杆机构刹车电磁铁图。

3）拆卸固力保三杆机构上的下杆电磁铁的步骤

关闭设备电源。用十字螺丝刀，拧动下杆电磁铁与连杆间的连接螺丝。用尖头钳，拧动固定电磁铁支架的两个六角螺丝。取下下杆电磁铁组件。拧动连接在电磁铁头上的U形连接器，可取下U形连接器。用尖头钳，拧动固定电磁铁底部固定复位弹簧垫的六角螺母，可取下底部复位弹簧。

4）装配固力保三杆机构上的下杆电磁铁的步骤

装配固力保三杆机构上的下杆电磁铁正是拆卸过程的反向步骤。通过按动LL2001控制逻辑板上的复位键，观察三杆机构上的下杆电磁铁动作是否正常。图2—55为固力保三杆机构下杆电磁铁图。

图2—54 固力保三杆机构刹车电磁铁图

图2—55 固力保三杆机构下杆电磁铁图

2. 三杆角度

（1）魁北克三杆机构。魁北克三杆机构上有两个角度（位置）判断光电管，会实时向传票控制板（PIM）提供三杆转动的情况。一个是120°三杆臂定位光电管，另一个是三杆臂已经转动超过30°指示光电管。这两个传感器与传输结构上的传感器完全一样，也分为发射管和接收管。图2—56为魁北克三杆机构结构图。

图 2—56　魁北克三杆机构结构图

拆卸三杆角度感应器的方式与拆卸传输结构上的传感器完全一样，只需拔去连接线，手动旋转固定六角螺母即可完成。

（2）固力保三杆机构

1）位置和旋转体旋转方向的感应器。在固力保三杆机构的凸轮顶端安装一个铁氧体带，它们之间间隔 10 mm，并且沿着整个凸轮周围形成 54 个偶极子。随着固力保三杆机构上端定位凸轮旋转，它会随着 LL2001 控制逻辑电路板半圆形旋转。图 2—57 为固力保三杆机构判定角度位置和方向机构示意图。

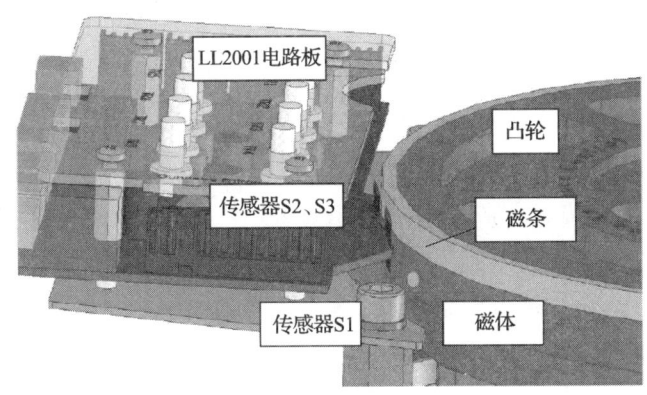

图 2—57　固力保三杆机构判定角度位置和方向机构示意图

在 LL2001 控制逻辑电路板上安装了三个电磁传感器。其中，安装在电路板铜箔面（下部）的传感器，可以检测到其中一个电磁铁的接近性。另外两个安装在电路板铜箔面（上部）的传感器，在铁氧体带电磁铁经过传感器时，产生电子信号，供 LL2001 控制逻辑判定角度位置和旋转体旋转方向。另外，上端凸轮轮廓设计，保证凸轮每旋转

15°就可以锁定一次。

拆卸固力保三杆机构位置和旋转体旋转方向的感应器，由于这三个感应器都安装在 LL2001 控制逻辑电路板上，所以，只有通过拆卸 LL2001 控制逻辑电路板来完成。

拆卸 LL2001 控制逻辑电路板的步骤是：

断开电源。在拆卸 LL2001 控制逻辑电路板之前，记录微调器和跳线位置。拔去 LL2001 控制逻辑电路板上间接线缆接头。用十字螺丝刀，拧动安装在 LL2001 控制逻辑电路板保护塑料盖上四个螺丝。取下保护塑料盖。用尖头钳，拧动刚才固定保护塑料盖板的四个六角柱形支架。取下 LL2001 控制逻辑电路板。

装配 LL2001 控制逻辑电路板的步骤是：

装配 LL2001 控制逻辑电路板正是拆卸过程的反向步骤。在装配完成后，必须按照刚才记录下的微调器和跳线位置，设置新 LL2001 控制逻辑电路板的微调器。通过拨打测试码"29"，观察三杆机构动作是否正常。

2）下杆检测感应器。在固力保三杆机构上安装有一个柱形接近感应器，用于检测三杆臂中水平臂是处于上杆还是下落的状态。图2—58 为固力保三杆机构下杆感应器图。

当接近感应器检测到近距离有金属物体时（检测距离可调整柱形接近感应器与被检测物体间的距离），接近感应器会输出信号至 LL2001 控制逻辑电路板。因此，在正常情况下，当水平臂是处于上杆状态时，接近感应器上的指示灯会亮，当水平臂是处于下杆状态时，接近感应器上的指示灯将熄灭。

图2—58　固力保三杆机构下杆感应器图

拆卸固力保三杆机构接近感应器的步骤是：

断开电源。用尖头剪，剪去固定接近感应器线缆的扎带。用尖头钳，拧动上下两个固定接近感应器的六角螺母。从支架上取下需更换的接近感应器。从 L2001 控制逻辑电路板上（IN—AUX），将接近感应器连线插头拔下。

装配固力保三杆机构接近感应器的步骤是：

装配固力保三杆机构接近感应器正是拆卸过程的反向步骤。在装配完成后，需要调整固定接近感应器的上下两个六角螺母，调节柱形接近感应器与上杆以及与三杆臂后端的金属间的距离，确保检测水平臂是处于正确的下杆状态。

2.2.6 设备运营状态信息

检票机的工作方式主要有运行状态、关闭状态、故障状态和维护状态（测试状态）等。在检票机的运营状态下，又存在设备联网运营和单机运营两种情况。在这两种情况下，运营状态通常可分为正常模式、列车故障模式、进出站忽略模式、时间忽略模式、日期忽略模式、超程忽略模式等多种运营模式。

1. 设备运营模式

检票机具有下列运行模式：

（1）正常模式。检票机在正常运行模式下，方向指示器显示"允许通行"标志，乘客显示器显示正常使用的相关信息，检票机可正常处理检票、放行等操作。

（2）降级运行模式。检票机只能接受来自 LCCS、SC 下达的降级运行模式命令，并进入相应的运行模式。在网络环境良好的情况下，中央级降级运行模式设置后，所有检票机能在 10 s 内进入响应的状态。车站级降级运行模式设置后，该车站所有检票机能在 2 s 内进入相应的状态。

（3）维护模式。检票机可通过维护键盘进入维护模式，此时禁止乘客正常检票，乘客显示器显示"设备维护"等信息，通道阻挡装置关闭，方向指示器显示"禁止通行"标志。通过维护键盘或移动维护终端可对检票机进行故障检测、寄存器查询、模块动作测试、参数配置等操作。

（4）关闭模式。检票机在关闭模式下，禁止检票处理，乘客显示器显示"关闭服务"等信息，通道阻挡装置关闭，方向指示器显示"禁止通行"标志。在关闭模式下，检票机仍保存与车站计算机系统的通信连接状态。

2. 设备状态信息

检票机在与站台控制计算机正常通信的情况下，会根据站台控制计算机下达的运营参数要求，定时上传检票机的设备状态信息和全量事件（故障）码，设备状态码由两个字节组成。表 2—7 为检票机设备状态信息格式。

表 2—7　　　　　　　　为设备状态信息格式

设备	it	机器状态 0	机器状态 1
检票机	0	开（1）/关（0）	出站（1）/进站（0）
	1	停止服务（1）/无故障（0）	[保留]
	2	测试（1）/生产（0）	[保留]

续表

设备	it	机器状态0	机器状态1
检票机	3	日期/时间免检（1）	票箱2满（1）
	4	进（出）站免检（1）	列车故障模式（1）
	5	票箱2将满（1）	［未定义］
	6	欠费免检（1）	票箱2被取出（1）
	7	票箱1将满（1）	紧急（1）

3. 设备故障信息

当检票机在上电自检运行或在设备正常运行中，设备应用软件会实时检测设备内部模块（部件）的工作状况，当模块（部件）发生故障时，检票机会自动降级运行直至暂停服务。在检票机设备的乘客显示屏上，会相应地显示相关的故障代码供维护人员就近掌握，同时检票机会通过网络，向站台控制计算机上传设备的当前工作状态、故障码和发生的时间。

2.3 检票机故障分析与排除

在日常维护工作中，维护人员通常是通过车站计算机，来了解整个站厅的设备工作情况。维护人员有时还可以借助远程管理工具软件（VNC），通过自动售检票系统的局域网络，在异地客户端上了解其他车站内的设备工作情况。一旦维护人员发现站台内有设备故障，根据故障等级（紧急程度），必要时会到故障设备边进行排查。

对于设备级的常见故障，在上海轨道交通自动售检票系统中的检票机已经实现了故障代码的统一。依据故障代码，维护人员可以很方便地定位故障至模块级。但对检票机设备内部模块级的故障提示，大部分设备还采用LED指示灯指示的方式。

2.3.1 设备故障处理方式

当检票机在上电自检运行或在设备正常运行中，检票机设备的应用软件会实时检测设备内部模块（部件）的工作状况，当检测到设备内部模块（部件）发生故障时，检票机会根据故障级别，自动降低服务等级（例如当出站检票机在车票回收处理机构故障的情况下，检票机会自动切换到仅使用储值票工作模式）直至暂停服务。在检票机设备的乘客显示屏上有相应的故障代码显示,供维护人员就近掌握设备运营状态,同时设备还会通过网络,向车站计算机上传设备的当前工作状态、故障码和故障发生的时间。

1. 故障恢复

在检票机设备内部模块(部件)发生故障期间,检票机会自动定期不断尝试恢复故障,检票机的一些故障可以在无须维护人员干预的情况下自动恢复。当设备内部故障被解除后,检票机会自动恢复正常运行。

2. 设备自检

当检票机在上电自检运行时,检票机应用软件会根据设备内部保存的配置文件中的参数或设置,自动加载相应应用(无论检票机属于进站、出站还是双向类型,应用软件都是相同的,设备会根据配置自动加载),并对设备内部的模块(部件)进行检测。

在检测检票机设备内部模块(部件)的同时还会自动加载保存在设备内部的运行参数。这时,检票机的乘客显示器会显示正在初始化界面。图2—59为检票机设备初始化界面。

3. 设备故障

当检票机设备在上电自检运行中,检测到设备一切正常的情况下,检票机会自动投入运营状态。这时,检票机的乘客显示器会显示"请使用车票"。当检测到设备内部模块(部件)发生故障时,检票机会根据故障级别,自动降低服务等级。

当检票机设备无法正常运行时,在设备的乘客显示屏上显示"暂停服务",并在设备右下角显示设备最需解决的故障代码。这时检票机的CSC读写器模块显示红色"×"禁止,设备的通行指示牌"禁止"标志亮。图2—60为检票机设备故障显示界面。

图2—59 检票机设备初始化界面

图2—60 检票机设备故障显示界面

2.3.2 设备故障排查

当检票机设备内的模块（部件）发生故障时，检票机会自动降级运行直至暂停服务。这时检票机设备会在乘客显示屏上有相应的显示相关故障代码，供维护人员就近掌握，同时检票机通过网络，会向站台控制计算机上传设备的当前工作状态、故障码和发生的时间。

魁北克检票机和上海普天检票机会在乘客显示屏的右下方显示故障代码。图2—61为上海普天检票机显示故障代码示意图。

图2—61　上海普天检票机显示故障代码示意图

上海怡力检票机会在乘客显示屏的下方显示全部故障代码。图2—62为上海怡力检票机显示故障代码示意图。

图2—62　上海怡力检票机显示故障代码示意图

其中，根据上海轨道交通地方标准要求，已经统一了检票机位于0~100的设备故障码。表2—8为检票机设备通用故障码（0~100）具体定义。对于大于100的故障码定义为：

表 2—8 检票机设备通用故障码定义

故障代码	描述	事件源	类别
2	车票处理器通信故障	与传输机构读卡器通信故障	5
4	机器未初始化	设备正在上电初始化	5
7	LV2 通信故障	与 SNC 链路层通信故障	5
8	连续通信故障	与 SNC 应用层通信故障	5
12	票在传送中卡住	车票卡在传输机构中，或非回收票返还后，在一定时间内未被取走	5
13	票在堆放区中卡住	车票卡在回收机构中	5
21	堆票机构 1 卡住	回收升降票箱机构#1 不能使用。可能是票箱#1 被取走，或票箱#1 满，或票箱#1 内回收的票发生了堆叠混乱，或维护门被打开，升降装置下降到底	5
22	堆票机构 2 卡住	回收升降票箱机构#2 不能使用。可能是票箱#2 被取走，或票箱#2 满，或票箱#2 内回收的票发生了堆叠混乱，或维护门被打开，升降装置下降到底	5
23	状态同步	接收到新的更新参数	0
35	控制接口板 1 通信失败	与 7019 板（或外设板）通信故障（外设板）	5
36	控制接口板 2 通信失败	在双向检票机时有效，与辅机 7019 板通信故障（机芯板）	N/A
37	障碍装置通信失败	与阻挡装置通信故障	N/A
38	障碍杆接收信号失败	阻挡装置接收允许过人信号失败	N/A
39	障碍门光电管故障	特指剪式门模块中，通道检测光电管测试失败	N/A
49	磁盘错	应用软件存取数据失败	5
55	关闭	设备被关闭	1
56	进（出）站免检	设备被设置成进（出）站免检模式	2
57	日期/时间免检	设备被设置成日期/时间免检模式	2
58	测试模式	设备进入设备诊断模式	1
61	票箱#1 将满	票箱#1 内的票渐满（达到配置文件设定的数量）	2
62	紧急开	设备被设置紧急状态	2
64	障碍杆卡住	阻挡装置检测失败	5

续表

故障代码	描述	事件源	类别
65	票箱#1 被取出	票箱#1 未装好	2
66	票箱#1 满	票箱#1 内的票满	2
67	营运结束	营运时间到	0
71	开	设备进入正常工作状态	0
72	使用黑名单上的票	有人使用了黑名单车票	4
74	票箱#2 被取出	票箱#2 未装好	2
75	票箱#2 满	票箱#2 内的票满	2
77	门被打开	设备维护门被打开	2
79	票箱#2 将满	票箱#2 内的票渐满（达到配置文件设定的数量）	2
86	转向器失效	传输机构的返还与回收转向器动作不正常	5
95	欠费免检	设备被设置成欠费免检模式	2
97	列车故障模式	设备被设置成列车故障模式	2
99	连续的 CSC 验证错误	在双向检票机时有效，与进站侧外置读卡器通信故障	2
100	CSC 通信错误	与外置读卡器通信故障（在双向检票机时，指与出站侧外置读卡器通信故障）	2

故障码高 6 位：厂商代码。

0 共用，1 华铭，2 华虹计通，3 怡力，4 邮通，5 华腾。

故障码低 10 位：该厂商定义的事件代码。

对于上海华虹计通检票机，当检测到设备内部模块（部件）存在故障时，检票机设备会完全按上海地方标准，上传至站台控制计算机的故障码，但在设备的乘客显示屏上，显示故障码的方式与其他厂家有所不同。表 2—9 为上海华虹计通检票机在乘客显示屏显示的故障码的具体定义。

维护人员在设备故障排查中，必须首先正确区分检票机的生产厂家，依据表 2—8 和表 2—9 中所列故障代码，准确理解故障代码所对应的含义，快速定位设备故障模块（部位）点并进行故障排查，使检票机能正常运行。

表2—9　　　　　上海华虹计通检票机在乘客显示屏显示的故障码

故障代码	描述	故障代码	描述
77	门被打开	120	TPU和CSC读卡器故障
80	进票口到天线位置塞票	121	初始化参数表失败
81	天线位置到进票口塞票	123	与三杆的通信中断
82	天线位置到1#票箱塞票	124	退出测试模块
83	天线位置到2#票箱塞票	125	设备未就绪
		126	断电

1. 传输机构阻塞

当乘客在出站检票机或双向检票机的出站侧，将车票投入车票传输机构，出现如下3种最常见的现象时：车票出现车票卡在传输机构单元中（传输机构传感器被遮挡）；乘客遗忘拔取非回收的车票超过一定的时间；车票传输机构中感应光电管故障。检票机会向站台控制计算机上报传输机构阻塞的故障信息，并在设备的乘客显示屏上显示"请使用储值票"，显示屏右下角显示的故障码为12（票在传送中卡住）。检票机会自动切换到仅使用储值票工作模式。

这时，维护人员必须打开检票机车票传输机构侧的机盖，拔取卡在车票传输机构中的车票，这时车票传输机构会自动自检到无阻塞后，或当无车票卡在传输机构中时，在更换感应光电管后，车票传输控制电路会自动向检票机应用程序发出故障解除命令，检票机设备会自动恢复正常。

2. 回收机构阻塞

当乘客在出站检票机或双向检票机的出站侧，将车票投入车票回收分流机构，出现如下两种最常见的现象时：车票出现车票卡在回收机构单元中（回收分流机构传感器被遮挡）；车票回收分流机构中感应光电管故障。检票机会向站台控制计算机上报回收机构阻塞的故障信息，并在设备的乘客显示屏上显示"请使用储值票"，显示屏右下角显示的故障码为13（票在堆放区中卡住）。检票机会自动切换到仅使用储值票工作模式。

这时，维护人员必须打开检票机车票传输机构侧的机盖，拔取卡在车票回收分流机构中的车票，这时车票回收分流机构会自动自检到无阻塞后，或当无车票卡在传输机构中时，在更换感应光电管后，车票传输控制电路会自动向检票机应用程序发出故障解除命令，检票机设备会自动恢复正常。

3．转向器故障

当乘客在出站检票机或双向检票机的出站侧，将车票投入车票传输机构，出现如下五种现象时（前两种情况特指魁北克检票机），检票机会向站台控制计算机上报回收机构转向器的故障信息，并在设备的乘客显示屏上显示故障码86，转向器失效。

应用程序判定该车票为无效车票或无须回收时，车票传输机构会返还该车票至出票口。这时，传输机构的转向器释放，车票应能正确停留在出票口，等待乘客拔取。如果因为传输机构的转向器故障，发生车票没有传送到出票口，而是进入回收机构时。

应用程序判定该车票为需回收的车票时，车票传输机构回收该车票至票箱#1或票箱#2中。这时，传输机构的转向器吸动，车票应能进入车票回收分流机构。如果因为传输机构的转向器故障，发生车票被传送到出票口，而没有进入回收机构时。

进入车票回收分流机构的车票会被回收至票箱#1或票箱#2中，如果应用程序指定车票传输控制电路回收至票箱#1，而车票被回收至票箱#2中时。

进入车票回收分流机构的车票会被回收至票箱#1或票箱#2中，如果应用程序指定车票传输控制电路回收至票箱#2，而车票被回收至票箱#1中时。

一些设备提供商在设计车票传输机构时，在车票传输机构转向器上增加了转向器动作检测光电管，用于检测转向器的工作状态。如果车票传输控制电路未能获得正确的转向器的工作状态时。

当检票机出现回收机构转向器的故障时，检票机不会降低服务等级或暂停服务，会继续接收单程车票，但维护人员还是要尽快进行故障排查。

4．升降机故障

在出站检票机或双向检票机的出站侧，当升降装置出现如下四种最常见的现象时：票箱#1或票箱#2被取走；票箱#1或票箱#2未安装好；票箱#1或票箱#2满；票箱#1或票箱#2内回收的票发生了堆叠混乱。检票机会向站台控制计算机上报回收升降机故障信息，并在设备的乘客显示屏上显示"请使用储值票"，显示屏右下角显示的故障码为21或22，堆票机构1卡住或堆票机构2卡住。

5．票箱故障

在出站检票机或双向检票机的出站侧，当升降装置出现如下四种现象时：票箱#1

或票箱#2 被取走；票箱#1 或票箱#2 未安装好；票箱#1 或票箱#2 满（升降平台下降至最低点，同时票箱渐满感应光电管感应到票已经渐满有效）；票箱#1 或票箱#2 内的票渐满（达到配置文件设定的数量）。检票机会向站台控制计算机上报回收升降机中票箱故障信息，并在设备的乘客显示屏上显示"请使用储值票"，显示屏右下角显示的故障码为 61、65、66 或 74、75、79，分别表示票箱 1 将满、票箱 1 被取出、票箱 1 满或票箱 2 被取出、票箱 2 满、票箱 2 将满。

6. PIM 通信失败

当检票机与传票器控制（PIM）板（特指魁北克检票机）通信出现如下四种现象时：传票器控制板电路板电源插头（J12）未插（9501-8119），LED DS4~DS4 至少一个不亮；传票器控制板工作故障。板上看门狗电路有效，LED DS1 闪亮，传票器控制板一直在重启；传票器控制板与工控机 ECU 之间的串口（J4）连接线（9501-8187）有问题；应用程序配置文件或硬件，设置与传票器控制板通信的串口故障（波特率、串口号、串口基地址、串口中断号、RS422 模式设置等）。检票机会向站台控制计算机上报传票控制（PIM）板通信失败故障信息，在设备的乘客显示屏上显示"暂停服务"，显示屏右下角显示的故障码为 35（PIM 通信失败）。图 2—63 为魁北克传票器控制（PIM）板图。

图 2—63　魁北克传票器控制板 PIM

2.3.3　查询设备状态

检票机在与站台控制计算机通信正常的情况下，会根据站台控制计算机下达的运营参数的要求，定时上传检票机的设备状态信息。维护人员可以登录站台控制计算机，通过站台控制计算机（SOC）来查询站台内每台设备的状态信息。

1. 测试命令

检票机设备提供多种人机接口和方法，供维护人员对设备进行日常维护和控制操作。操作员可以通过就地打开检票机的维修门，根据检票机设备提供商提供的维护说明书，依据维护说明书上提供的设备维护测试码，操作维护键盘，同时借助乘客显示屏，观察检票机显示和模块（部件）的动作结果，完成对检票机的维护、故障诊断、参数设置等操作。表2—10为魁北克（CUBIC）检票机提供的设备测试码。

表2—10　　　　魁北克（CUBIC）检票机的设备测试码

序号	测试码	描述	序号	测试码	描述
1	11	升降机#1 向上	16	32	免费模式
2	12	升降机#1 向下	17	33	紧急模式
3	13	升降机#2 向上	18	41	显示时间/日期
4	14	升降机#1 向下	19	42	设置年
5	15	正面信号灯亮	20	43	设置月
6	16	告警灯 ON	21	44	设置日
7	17	告警声 ON	22	45	设置时
8	18	传输转向器 ON	23	46	设置分
9	19	回收分票转向器 ON	24	50	车票审核寄存器
10	21	回收车票传感器显示	25	51	显示票箱寄存器
11	22	传输机构传感器显示	26	52	显示设备标识号
12	23	门传感器	27	53	显示参数 ID
13	24	LCD 测试	28	66	置关闭模式
14	25	传输马达测试	29	67	设置设备模式（双向机有效）
15	29	三杆传感器	30	99	测试模式

上海普天检票机除了拥有魁北克（CUBIC）检票机提供的全部设备测试码外，为了帮助维护人员更好地分析设备接收到的营运参数、设备模块状态、快速设置设备运行模式和显示设备记录数据等功能，检票机还增加了许多测试码。维护人员可以拨打

测试码"09"来获得扩充测试码的帮助信息。表2—11为上海普天检票机提供的扩充设备测试码。

表2—11　　　　　　　　上海普天检票机扩充的设备测试码

序号	测试码	描述	序号	测试码	描述
1	24	显示阻挡门单元控制寄存器	30	80	双向进站外置读写器控制信息
2	25	机芯传输马达正反转测试	31	81	显示与SC网络通信控制信息
3	26	显示阻挡门单元参数设置	32	82	显示设备故障记录数据
4	27	门单元报警蜂鸣器测试	33	84	显示处理交通卡详细交易数据
5	28	阻挡门单元开启/关闭测试	34	85	显示处理一票通详细交易数据
6	30	语音提示测试（老人通道有效）	35	86	显示处理手机支付详细交易数据
7	34	显示设备接收非高峰时段表	36	87	显示处理票卡详细数据
8	35	显示设备接收车票黑名单表	37	88	显示更换票箱记录数据
9	36	显示车站名称/线路设置表	38	89	显示最后下达运营模式记录数据
10	37	显示线路名称表	39	90	置设备飞读模式
11	38	显示系统故障代码	40	91	置设备运行全部故障提示模式
12	39	显示本地语言资源文件	41	92	置设备运行模式提示模式
13	40	显示清分系统语言资源文件	42	93	置票卡飞读显示模式（与设备模式提示互斥）
14	48	显示设备接收车票类型对应关系	43	94	置允许通过人数显示模式
15	49	显示设备移动手机票类型映射关系	44	95	置时钟显示模式（与人数提示模式互斥）
16	54	显示设备读卡器SAM卡号	45	96	更换显示维护信息窗口
17	55	机芯马达持续转动测试	46	97	更换测试阻挡装置通过方向（测试码"32"）
18	57	显示设备接收费率表	47	98	更换机芯马达持续转动方向（测试码"55"）
19	58	显示设备接收区域表	48	00	显示设备故障定位码
20	70	显示设备接收线路内部通信参数	49	01	显示设备全部详细故障码
21	71	显示设备接收AFC设备运行参数	50	02	显示设备最新交易流水号
22	72	显示设备接收检票机运行参数	51	03	显示最后读取票卡的详细分析数据
23	73	显示设备接收站内换乘站映射表	52	04	显示设备执行配置参数文件
24	74	显示设备接收出站换乘站映射关系	53	05	显示单程票（0×64）各站扣费情况
25	75	显示设备接收节假日表	54	06	显示交通卡（0×04）各站扣费情况
26	76	显示设备接收车票类型表	55	07	显示手机支付（0×C8）各站扣费情况
27	77	显示阻挡装置控制信息	56	08	置语音提示开关（敬老通道有效）
28	78	外置读写器控制信息	57	09	显示帮助信息
29	79	机芯读写器控制信息			

2. 模式转换

对于早期引进的魁北克（CUBIC）自动售检票系统的检票机，我们除了可以通过拨打维护键盘测试码"99"，使检票机进入测试（诊断）模式，或退出测试（诊断）模式进入收费模式外，还可以通过拨打测试码进入关闭模式、紧急模式、免费模式或对双向检票机转换工作模式。

（1）转换测试（诊断）模式。对于早期引进的魁北克（CUBIC）自动售检票系统的检票机，我们首先打开被测检票机维护门，拨动检票机（9501—7019）的传票器控制板上的拨动开关 S3 至"9"和按动确认键 S2 两下，这时，被测检票机自动进入测试（诊断）模式。

（2）转换收费模式。在测试模式下，我们只需拨动检票机（9501—7019）的传票器控制板上的拨动开关 S3 至"9"和按动确认键 S2 两下，这时，被测检票机自动进入上电测试状态，这时，维护人员必须尽快关闭检票机维护门，如果设备检测正常且未设置其他模式，检票机将自动进入收费模式。

（3）转换关闭模式。拨动检票机（9501—7019）的传票器控制板上的拨动开关 S3 至"6"和按动确认键 S2 两下，这时，被测检票机将进入关闭模式的状态，在被测检票机的客户显示器上显示"关闭"。检票机的 CSC 读写器模块显示红色"×"禁止。被测检票机的通行指示牌"禁止"标志亮。

（4）转换紧急模式。在测试模式下，我们拨动检票机（9501—7019）的传票器控制板上的拨动开关 S3 至"3"和按动确认键 S2 两下，这时，被测检票机将进入自动紧急模式的状态，在被测检票机的客户显示器上显示"紧急"。在这种情况下，被测的检票机的三杆部件处于自由转动状态，进站检票机的通行指示牌显示红色禁止标志，出站检票机的通行指示牌显示绿色通行标志。检票机的 CSC 读写器模块显示红色"×"禁止。

（5）转换免费模式。在测试模式下，我们拨动检票机（9501—7019）的传票器控制板上的拨动开关 S3 至"3"和按动确认键 S2，再拨动开关 S3 至"2"和按动确认键 S2 后，这时，被测检票机将进入免费模式状态，在被测检票机的乘客显示器上显示"测试 32"。检票机的指示牌"禁止"标志亮。当人工慢慢转动（逆时针）三杆机构时，当转动三杆机构 120°后，三杆机构被锁住。

（6）转换工作模式（仅双向检票机）。拨动检票机（9501—7019）的传票器控制板上的拨动开关 S3 至"6"和按动确认键 S2，再拨动开关 S3 至"7"和按动确认键 S2 后，这时，被测检票机将切换至下一个模式。重复上述操作，检票机会循环切换"进站模式""出站模式"和"双向模式"。

对于其他检票机,我们同样需要先打开被测检票机维护门,取出操作员维护小键盘,按动数码锁定(NUM LOCK)键,使键盘上数字有效灯常亮。这时,再根据该检票机提供厂商提供的维护测试手册,键入相应的键值。

2.3.4　测试传输机构

检票机中传输机构主要安装在出站检票机或双向检票机的出门端。传输机构是车票回收装置的一部分,主要用于对需回收的单程票的读取控制。下面以魁北克(CUBIC)检票机为例,说明如何对传输机构进行测试。对于其他检票机维护人员可根据该检票机提供厂商提供的维护测试手册,在操作员维护小键盘上键入相应的键值,做类似的测试。

1. 传输机构传感器

对于早期引进的魁北克(CUBIC)出站检票机或双向检票机,当设备处于诊断模式下,拨动检票机(9501—7019)的传票器控制板上的拨动开关 S3 至"2"和按动确认键 S2 两下,这时,被测检票机将进入自动测试传输机构光电管的状态,检票机的 CSC 读写器模块显示红色"×"禁止。被测检票机的通行指示牌"禁止"标志亮。在被测检票机的客户显示器上显示"测试 22"和"0000"。

当用遮挡物遮挡传输机构出票口的光电管时,在被测检票机的客户显示器上会显示"0001"。

当用遮挡物遮挡传输机构读写天线区域的光电管时,在被测检票机的客户显示器上会显示"0010"。

当用遮挡物遮挡传输机构入票口左侧的光电管时,在被测检票机的客户显示器上会显示"1000"。

当用遮挡物遮挡传输机构入票口右侧的光电管时,在被测检票机的客户显示器上会显示"0100"。

2. 传输机构传输电动机

对于早期引进的魁北克(CUBIC)出站检票机或双向检票机,当设备处于诊断模式下,拨动检票机的传票器(9501—7019)控制板上的拨动开关 S3 至"2",按动确认键 S2 一下,再拨动开关 S3 至"5",再按动确认键 S2 一下,这时,被测检票机将进入自动测试传输马达正反传的状态,检票机的 CSC 读写器模块显示红色"×"禁止。被测检票机的通行指示牌"禁止"标志亮。在被测检票机的客户显示器上显示"测试

25",同时被测检票机启动正传机芯传输马达。当再次按动确认键 S2 一下,被测检票机启动反传机芯传输马达。当再次按动确认键 S2 一下,被测检票机关闭机芯传输马达。

3. 传输机构转向器

对于早期引进的魁北克(CUBIC)出站检票机或双向检票机,当设备处于诊断模式时,拨动检票机的传票器(9501—7019)控制板上的拨动开关 S3 至"1",按动确认键 S2 一下,再拨动开关 S3 至"8",再按动确认键 S2 一下,这时,被测检票机将进入测试传输转向器的状态,检票机的 CSC 读写器模块显示红色"×"禁止。被测检票机的通行指示牌"禁止"标志亮。在被测检票机的客户显示器上显示"测试18"。这时,可听见被测检票机分流回收的选择转向器吸动的声音,同时观察被测检票机进入分流回收的选择转向器的动作角度是否达到设计要求。当再次按动确认键 S2 一下,被测检票机分流回收的选择转向器将自动恢复。

2.3.5 测试回收装置

检票机中回收装置主要安装在出站检票机或双向检票机的出门端。回收装置是车票回收装置的一部分,主要用于将需回收的车票送入票卡升降装置中准备就绪的票箱#1或票箱#2。下面以魁北克(CUBIC)检票机为例,说明如何对回收装置进行测试。对于其他检票机维护人员可根据该检票机提供厂商提供的维护测试手册,在操作员维护小键盘上键入相应的键值,做类似的测试。

1. 车票回收装置转向器

对于早期引进的魁北克(CUBIC)出站检票机或双向检票机,当设备处于诊断模式下,拨动检票机的传票器(9501—7019)控制板上的拨动开关 S3 至"1",按动确认键 S2 一下,再拨动开关 S3 至"9",再按动确认键 S2 一下,这时,被测检票机将进入测试回收分票转向器的状态,检票机的 CSC 读写器模块显示红色"×"禁止。被测检票机的通行指示牌"禁止"标志亮。在被测检票机的客户显示器上显示"测试19"。这时,可听见被测检票机分流模块回收分票的转向器吸动的声音,同时观察被测检票机的回收分票转向器的动作角度是否达到设计要求。当再次按动确认键 S2 一下,被测检票机的回收分票转向器将自动恢复。

2. 车票回收装置传感器

对于早期引进的魁北克(CUBIC)出站检票机或双向检票机,当设备处于诊断模式下,拨动检票机的传票器(9501—7019)控制板上的拨动开关 S3 至"2",按动确认键 S2 一下，再拨动开关 S3 至"1"，再按动确认键 S2 一下，这时，被测检票机将进入回收车票传感器显示的状态，检票机的 CSC 读写器模块显示红色"×"禁止。被测检票机的通行指示牌"禁止"标志亮。在被测检票机的客户显示器上显示"测试 21"和"0000"。

当用遮挡物遮挡分流机构的票箱#1（左边的票箱）回收光电管时，在被测检票机的客户显示器上会显示"1000"。

当用遮挡物遮挡分流机构的票箱#2（右边的票箱）回收光电管时，在被测检票机的客户显示器上会显示"0100"。

当用遮挡物遮挡分流机构的票箱#1（左边的票箱）票箱满光电管时，在被测检票机的客户显示器上会显示"0010"。

当用遮挡物遮挡分流机构的票箱#2（右边的票箱）票箱满光电管时，在被测检票机的客户显示器上会显示"0001"。

2.3.6 测试升降机

检票机中升降机主要安装在出站检票机或双向检票机的出门端。升降机是车票回收装置的一部分，主要用于使回收的单程票能在回收票箱内整齐排放。下面以魁北克（CUBIC）检票机为例，说明如何对回收装置进行测试。对于其他检票机维护人员可根据该检票机提供厂商提供的维护测试手册，在操作员维护小键盘上键入相应的键值，做类似的测试。

1. 升降机 1 向上测试

对于早期引进的魁北克（CUBIC）出站检票机或双向检票机，当设备处于诊断模式下，拨动检票机的传票器（9501—7019）控制板上的拨动开关 S3 至"1"和按动确认键 S2 两下，这时，被测检票机的回收票箱#1 自动上升直至极点后自动停止，在被测检票机的客户显示器上显示"测试 11"。检票机的 CSC 读写器模块显示红色"×"禁止。被测检票机的通行指示牌"禁止"标志亮。

2. 升降机 1 向下测试

对于早期引进的魁北克（CUBIC）出站检票机或双向检票机，当设备处于诊断模式下，拨动检票机的传票器（9501—7019）控制板上的拨动开关 S3 至"1"，按动确认键 S2 一下，再拨动开关 S3 至"2"，再按动确认键 S2 一下，这时，被测检票机的回收票箱#1 自动下降直至极点后自动停止，在被测检票机的客户显示器上显示"测试 12"。检票机的 CSC 读写器模块显示红色"×"禁止。被测检票机的通行指示牌"禁止"标志亮。

3．升降机2向上测试

对于早期引进的魁北克（CUBIC）出站检票机或双向检票机，当设备处于诊断模式下，拨动检票机的传票器（9501—7019）控制板上的拨动开关S3至"1"，按动确认键S2一下，再拨动开关S3至"3"，再按动确认键S2一下，这时，被测检票机的回收票箱#2自动上升直至极点后自动停止，在被测检票机的客户显示器上显示"测试13"。检票机的CSC读写器模块显示红色"×"禁止。被测检票机的通行指示牌"禁止"标志亮。

4．升降机2向下测试

对于早期引进的魁北克（CUBIC）出站检票机或双向检票机，当设备处于诊断模式下，拨动检票机的传票器（9501—7019）控制板上的拨动开关S3至"1"，按动确认键S2一下，再拨动开关S3至"4"，再按动确认键S2一下，这时，被测检票机的回收票箱#2自动下降直至极点后自动停止，在被测检票机的客户显示器上显示"测试14"。检票机的CSC读写器模块显示红色"×"禁止。被测检票机的通行指示牌"禁止"标志亮。

2.3.7 测试声、光报警

检票机具有对特殊车票（如员工票等）使用的声、灯提示功能。下面以魁北克（CUBIC）检票机为例，说明如何对声、光报警进行测试。对于其他检票机维护人员可根据该检票机提供厂商提供的维护测试手册，在操作员维护小键盘上键入相应的键值，做类似的测试。

1．警示灯

对于早期引进的魁北克（CUBIC）检票机，当设备处于诊断模式下，拨动检票机的传票器（9501—7019）控制板上的拨动开关S3至"1"，按动确认键S2一下，再拨动开关S3至"6"，再按动确认键S2一下，这时，被测检票机的通行警示灯亮2s后熄灭，在被测检票机的客户显示器上显示"测试16"。检票机的CSC读写器模块显示红色"×"禁止。被测检票机的通行指示牌"禁止"标志亮。

2．报警器

对于早期引进的魁北克（CUBIC）检票机，当设备处于诊断模式下时，拨动检票机的传票器（9501—7019）控制板上的拨动开关S3至"1"，按动确认键S2一下，再拨动开关S3至"7"，再按动确认键S2一下，这时，被测检票机的报警器将鸣叫一下

(段）后关闭，在被测检票机的客户显示器上显示"测试17"。检票机的CSC读写器模块显示红色"×"禁止。被测检票机的通行指示牌"禁止"标志亮。

2.3.8 扇形门

1．扇形门装置

在上海城市轨道交通自动售检票系统中，用于残疾人通道的检票机为剪式门宽通道阻挡装置。在剪式门宽通道阻挡装置中，主要以固力保（GUNNEBO）宽通道剪式阻挡模块为主和少量使用的马格内梯克（Magnetic）宽通道剪式阻挡模块。用于残疾人通道的剪式门宽通道检票机通道宽度为900 mm。

2．扇形门特点

固力保宽通道剪式阻挡模块的特点是机械结构采用无噪声无振动设计。机械臂顶端的电磁阀能够确保扇门关闭时，最大夹力为250 N+30%。断电或紧急（发生火警）状态下，宽通道剪式阻挡模块通过释放机械臂顶端的电磁阀，弹簧自动打开扇门。当在关闭过程中，使用超过250 N±30%的力量，可强行打开扇门。

宽通道剪式阻挡装置的扇门都采用高强度、轻质钢架结构及弹性恢复力优秀的聚氨酯泡沫材料复合而成，确保其具有足够的抗冲击力以及对冲击力的吸收能力，使其对企图非法闯关的乘客施加的冲击力最小。

在剪式阻挡装置两边的四对安全区传感器，能够感应扇门附近的物体（人），确保扇门不做开/关门动作。在剪式阻挡装置的扇门关闭时，若感应到有乘客在扇门前安全感应区域时，会重新打开扇门。

3．扇形门组成

固力保宽通道剪式阻挡模块由扇门、电磁制动马达、限位开关、扇门驱动电路（PCM板）、回复弹簧和锥齿轮等组成。扇门开闭方式采用伸缩式剪式速通门。图2—64为固力保宽通道剪式门结构图。

一个宽通道剪式阻挡装置由两片扇门组成，两个扇门同时受一个控制模块（PCM）控制。按照检票机设备安装位置划分，一个为主扇门，另一个为副扇门。两个扇门位于通道的中间，以限制人员进出（通过）。一个扇门由一个能够自由伸缩的三角形门和一个固定三角形门共同组成，每一个三角形门都由金属芯和外面的柔软塑料组成。当扇门碰到物体时，扇门外部的柔软塑料包层，能够吸收能量，防止伤害到人员。图2—65为固力保剪式阻挡装置的扇门控制方式示意图。

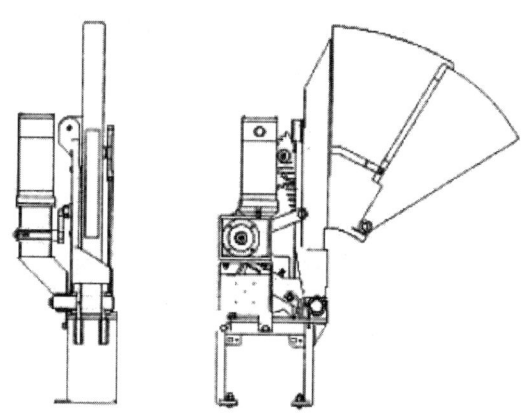

图 2—64　固力保宽通道剪式门结构图

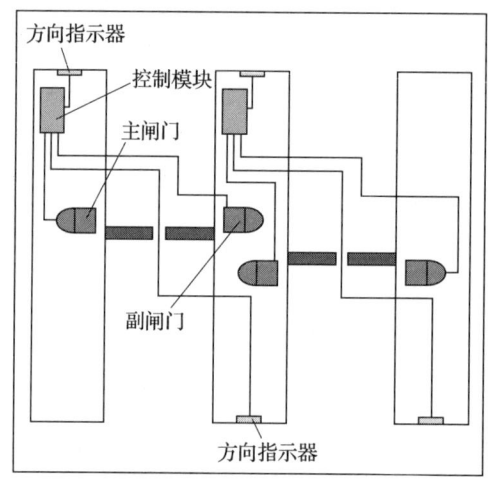

图 2—65　固力保剪式阻挡装置扇门控制方式示意图

两片扇门的运动是同步的，以确保运动平滑、无振动。当两片扇门打开时，扇门能够完全收缩到箱体内，以便人员快速通行。同时，两片扇门受同一个控制模块的总控制，确保主副扇门工作的一致性。

4．扇门动作

固力保宽通道剪式阻挡装置中的直流电动机通过变速箱减速来增加力矩，减速箱带动连杆运动。在连杆带动的机械臂的顶端，装有一个电磁阀。当剪式阻挡装置通电后，吸引电磁阀扇门，使扇门跟着机械臂一起运动，实现扇门打开与关闭。

宽通道剪式阻挡模块可开启和关闭。剪式阻挡模块打开时，扇门能够完全收缩到箱体内。在常闭状态下，检票机接收到一张有效车票后，扇门打开，允许一名乘客通过。检票机在参数设置的时间段内,若没有接收到下一个乘客的有效车票或检测到有乘客试图无票通过时,将关闭扇门。在常开状态下,当检票机接收到无效车票或乘客试图无票通过时才关闭扇门。

当突然掉电时,宽通道剪式阻挡装置的扇门,会在弹簧收缩和重力作用下,自动打开。

固力保宽通道剪式阻挡装置在日常使用中,常见故障和维护人员必须掌握的应对解决方案是:

(1) 电动机旋转,但扇门保持打开并且不移动

检查 PCM 板上的绿色 LED L8 指示灯。检查它是否处于"打开状态模式"。

使用万用表检查控制机械臂顶端的电磁铁输出。测量 MIB 板上的连接端 J7 的管脚 1 和管脚 2 之间的电压值应为 24 VDC。

检查门扇是否能自由移动。用手拉动门扇通过整个行程,确保没有摩擦。

检查机械臂顶端的固定电磁铁和固定吸盘之间是否有间隙。如存在间隙,请调整螺钉 S 将其缩小为零,确保螺钉 T 和传感器 O 之间没有碰撞。

(2) 扇门没有完全打开或完全关闭

检查接近式限位开关以及它们各自的行程螺钉是否正确对齐和放置。观察接近式限位开关的黄色 LED 指示灯(位于开关背面)。通过调整接近开关来解决问题。

(3) 到达完全打开或关闭位置时电动机没有停止

检查接近式限位开关以及它们各自的行程螺钉是否正确对齐和放置。

检查限位开关。机构上电时,从 MIB 板的 J2 断开电动机电缆,让门扇停止在中间位置。将一个金属物体通过两个接近限位开关的正面。检查限位开关背面的黄色指示灯。如果指示灯没亮,请更换故障限位开关。

检查连杆臂传感器的放置和操作是否正确。在正常情况下,当主臂连接到门扇臂时,开关的触点关闭。用万用表检查 PCM 板上连杆臂传感器的输入。在正常情况下,测量 PCM 板上的连接器 J2 或 J9 的管脚 3 和管脚 1 之间的电压值应为 24 VDC。

用万用表检查 PCM 板上限位开关的输入。在接近式限位开关打开时,如果跨限位开关输入,测量 PCM 板上的连接器 J2 或 J9 测量的管脚 4 或 5 和管脚 1 之间的电压值应为 24 VDC。

如果 PCM 输入的信号仍存在问题,更换故障 PCM 板。

(4) 门扇打开,然后无法关闭

检查限位开关。机构上电时,从 MIB 板的 J2 断开电动机电缆,让门扇停止在中间

位置。关闭限位开关背面的 LED 不应亮起。将一个金属物体通过接近开关的正面。检查限位开关背面的黄色指示灯。如果指示灯没亮或保持亮起,更换故障限位开关。

检查检票机通道内扇门两侧的 4 个安全传感器的工作状态。确认没有出现遮挡安全传感器而造成门扇出于安全原因而无法关闭的情况出现。安全传感器的激活将阻止门扇关闭。

确认"紧急打开"输入上不存在信号。"紧急打开"信号将阻止门扇关闭。

(5) 门扇关闭,然后无法打开

检查限位开关。机构上电时,从 MIB 板的 J2 断开电动机电缆,让门扇停止在中间位置。打开限位开关背面的 LED 不应亮起。将一个金属物体通过接近开关的正面。检查限位开关背面的黄色指示灯。如果指示灯没亮或保持亮起,更换故障限位开关。

(6) 门扇在断电时没有打开

检查扭力弹簧和门扇弹簧的完整性。检查扭力弹簧和轴之间是否由于灰尘造成摩擦。需要时请在扭力弹簧上涂抹喷淋润滑剂,同时检查扭力弹簧的松紧度。

2.3.9 回收装置

检票机的车票回收装置主要安装在出站检票机或双向检票机的出门端,检票机的车票处理装置主要包括两大部分,车票读写设备和票卡传送(回收)装置。其中,票卡传送(回收)装置是一个机电合一的复杂模块,有很多传感器用于车票在传输机构中定位,有电动机用于控制车票在传输机构中移动和票卡升降装置中,有转向器用于对在车票传输机构中的票卡的位置进行改变。所以,票卡传送(回收)装置工作正常与否,将直接影响车票的回收。下面以魁北克(CUBIC)检票机为例,介绍在日常维护中常见故障排查方法。

1. 车票阻塞

当乘客在出站检票机或双向检票机的出站侧时,会将需回收的车票(单程票)投入车票传输机构。在日常使用中,出现下列问题时,经常容易出现车票卡在车票传输机构中的情况。这时,检票机会向车站计算机上报传输机构阻塞的故障信息,并在乘客显示屏右下角显示的故障码为 12(票在传送中卡住)或故障码为 13(票在堆放区中卡住)。检票机会自动切换到仅使用储值票工作模式,在设备的乘客显示屏上显示"请使用储值票"。

(1) 容易出现卡票的情况是:

1) 车票回收装置的进票口因为长期使用磨损,进票口缝隙过大,造成乘客投入多张车票或将储值票投入。

2）车票回收装置的进票口快门故障，造成车票回收装置在未完成对已投入的车票处理前，后续又有车票投入。

3）在判断投入车票为无效票做返还处理时，车票回收装置的进票口快门故障，使车票无法退出。

4）在判断投入车票为无效票做返还处理时，马达故障（反转失败），使车票无法退出。

5）票卡本身有破损、平整度问题。

6）车票回收装置内部感应光电管连接线松动；有粉尘遮挡，引起误动作。

7）车票回收装置内部感应光电管本身电气故障。

8）车票回收装置传动皮带老化、脱落、断裂等，引起车票在传输机构中打滑。

9）车票回收装置转向器故障，造成车票被卡在转向器处无法移动。

10）车票回收装置长期使用，使传输机构两边挡板出现明显磨损，造成车票移动中容易偏移。

11）传票控制板（PIM）本身电气故障。

（2）排查车票阻塞步骤是：

1）维护人员必须打开检票机车票回收装置侧的机盖，观察是否有车票卡在传输机构中。

2）如果有车票卡在传输机构中时，拔取在车票传输机构或车票回收分流机构中的车票。

3）如果没有车票卡在传输机构中，观察传输机构感应光电管连接线是否松动，光电管透镜上是否有粉尘。通过拨打测试码"22"，测试传输机构传感器工作状态。

4）如果测试机构传感器工作状态正常，通过拨打测试码"25"，测试传输机构电动机工作状态，特别注意马达反转是否正常。

5）如果测试机构传感器工作状态不正常，更换感应光电管。

6）如果马达工作不正常，用万用表检测传票控制板（PIM）中马达驱动电路工作是否正常，或直接更换传票控制板（PIM）。

7）如果故障排除后，车票传输机构在自检到感应光电管无阻塞时，会自动初始化车票回收装置。初始化成功后，传票控制板（PIM）会自动向检票机应用程序发出故障解除命令，检票机设备会自动恢复正常。

8）做好记录，分析卡票原因。对引起故障的相关部件进行调整和维修。

2. 检查回收装置

在出站检票机或双向检票机的出站侧，在检票机上电初始化或设备正常运行过程中，出现下列问题时，会出现回收装置故障。这时，检票机会向站台控制计算机上报回收升降机故障信息，并在设备的乘客显示屏上显示"请使用储值票"，显示屏右下角显示的故障码为"21"或"22"，堆票机构1卡住或堆票机构2卡住。

（1）容易出现回收装置故障的情况是：

1）设备车票回收装置侧维护门未关好，或检测门到位开关故障，造成车票回收装置的升降装置下降最低点，等待维护人员取票箱。

2）车票回收装置中控制升降装置连接线松动、升降装置渐满光电管故障。

3）票箱#1或票箱#2满、被取走及未安装好。

4）票卡分流翻板角度不正常，造成票箱#1或票箱#2内回收的票出现堆叠混乱。

5）车票回收装置的升降装置中升降检测光栅故障，造成无法检测；车票回收装置控制升降皮带老化、脱落、断裂等；车票回收装置极点到位开关故障。

6）检测票箱到位开关故障。

7）外设驱动板（9501—7023）本身电气故障。

由于会造成回收装置故障的原因很多，为了快速排查故障，必须正确掌握回收装置的电气原理和控制方法。工控机（ECU）通过工控机箱内的数字IO板（CDT2000）控制连接（9501—8182）至设备右下方的外设驱动板（9501—7023）。通过外设驱动板（9501—8105）接口J5、J13控制票卡回收装置升降装置#1。通过外设驱动板（9501—8108）接口J4、J14控制票卡回收装置升降装置#2。通过外设驱动板（9501—8109、9501—8110）接口J10、J6控制票卡分流装置的转向器和两个票箱渐满检测感应器。

（2）排查回收装置故障步骤是：

1）维护人员观察检票机车票回收装置侧的维护门是否已关闭。

2）打开检票机车票回收装置侧的维护门，观察票箱#1或票箱#2内回收的票是否出现堆叠混乱。

3）出现堆叠混乱情况，调整票卡分流翻板角度。

4）没有出现堆叠混乱情况，观察检测门到位开关的连接线是否脱落，可以拨打测试码"23"，来检测门到位开关工作是否正常。

5）观察票箱是否安装到位。

6）观察车票回收装置的升降装置渐满光电管翻板是否合下（到位），打开盖板观察两个检测光电管连接线是否松动或脱落。

7）按动检测门到位开关，观察升降装置是否会触发升降平台上、下移动。

8）如果出现升降装置上升或下降一段时间后就停下，检测车票回收装置的升降装置中升降检测光栅工作是否正常（关电后，可以通过拉动升降皮带，观察光栅光电管指示灯是否闪亮）。

9）如果出现升降装置上升到极点后，平台下降很大一段后停下的情况，检测升降装置渐满光电管工作是否正常，连接线是否松动。

10）检测门到位开关，用万用表检测外设驱动板（9501—7023）中驱动电路工作是否正常，或直接更换外设驱动板（9501—7023）。

11）关电后，可以通过拉动升降皮带，检查上、下到位检测是否正常。

12）做好记录，分析故障原因。对引起故障的相关部件进行调整和维修。

（3）日常检测票卡回收装置的方法是：

观察检票机在上电自检过程中，是否会报告回收装置部分的故障码。

打开检票机回收装置侧维护门，观察票箱升降装置下降过程是否正常，然后再关闭维护门，观察票箱升降装置上升过程是否正常。

观察检票机在回收单程票时，票卡回收装置是否能正确回收票卡并整齐叠放，是否正确回收到正确的票箱中。

当一个票箱满后，观察票卡回收装置能否自动切换到另一个票箱。

3．回收装置转向器

控制魁北克检票机票卡回收装置转向器是通过工控机（ECU）通过工控机箱内的数字IO板（CDT2000）控制连接（9501—8182）安装在检票机右下方的外设驱动板（9501—7023），再通过外设驱动板（9501—8109）接口J10控制票卡分流装置的转向器来实现的。

检查票卡回收装置转向器工作是否正常可以通过如下方法实现：

（1）观察回收装置转向器翻板安装是否到位。

（2）观察回收装置转向器翻板是否有破损。

（2）当设备处于诊断模式下，按动测试码"19"，观察转向器动作是否到位。

4．回收装置传感器

车票在回收装置中的定位是依靠读取安装在回收装置中的传感器来实现的。回收装置的传感器分为发射管和接收管两种，为了区分这两种传感器，魁北克传输机构用白色塑料封装的为发射管，用黑色塑料封装的为接收管。

魁北克检票机票卡回收装置中的传感器按功能区分有：

（1）回收票卡分流传感器，用于控制需回收的车票正确回收至票箱#1或票箱#2中。

（2）票箱渐满判定传感器，用于判定回收票箱是否渐满。

控制魁北克检票机票卡回收装置中票卡分流传感器，是通过传票器控制板（PIM）来实现的。而控制票箱渐满判定传感器，是通过外设驱动板（9501—8110）接口J6控制来实现。

检查票卡回收装置中的传感器工作是否正常可以通过如下方法判断：

（1）观察连接回收装置中的传感器的连接线是否脱落。

（2）当设备处于诊断模式下，按动测试码"21"，并用遮挡物测试，观察传感器工作状态。

5. 回收装置传动皮带

检查票卡回收装置中的传动皮带是否正常，一般检测皮带是否老化、变形。转动票卡传输机构装置中的马达，观察票卡回收装置中的传动皮带是否有打滑现象。

技能要求

排除检票机传输机构不动作故障

操作准备

1. 出站检票机1台。
2. 传输机构部件1套。
3. 万用表1台。
4. 检票机钥匙1套。
5. 常用工具1套。

操作要求

1. 所有操作要求符合规程，操作应采取正确的步骤、方法。
2. 严禁违规操作造成设备、人员损伤。
3. 操作完毕后设备工具复位、清洁。

操作步骤

步骤1 检查传输机构

使用测试票检查检票机设备状态，传输机构不动作。

先打开检票机左边门,在乘客显示屏上查看故障代码。然后在 PIM 板上输入测试码 "99",将检票机设置成测试模式。用测试码 "22" 检查传输机构光感是否正常。用万用表测量电动机工作电压是否为 24 ± 0.725 VDC。检查传输机构电源连接线是否正常。通过上述检查,寻找故障位置。如果是传输电动机的故障引起传输机构不动作,则更换传输电动机。

步骤 2　设备部件更换

先关闭检票机电源,将传输机构的电缆线拔下,然后用工具从检票机中拆卸传输机构。

从传输机构中拆卸传输电动机并更换传输电动机。再将传输机构正确安装到位,电缆线插好。

步骤 3　设备恢复

合上检票机电源,用测试码,检查传输机构控制是否正常。关好门,设备恢复正常运行。走 5 张测试票,确认传输机构正常。

思　考　题

1. 阐述检票机设备总体构架。
2. 阐述检票机检修操作的步骤。

第 3 章

自动售票机（加值验票机）

学习目标

- ☑ 了解自动售票机总体构架和关键模块。
- ☑ 掌握自动售票机对车票处理的交易流程。
- ☑ 了解自动售票机的安全设计。
- ☑ 熟悉自动售票机钱币和钱箱的操作。
- ☑ 了解加值验票机功能。
- ☑ 了解自动售票机部件拆装和检修中的一般操作。
- ☑ 理解自动售票机设备运营状态信息描述。
- ☑ 熟悉自动售票机关键模块的故障诊断。
- ☑ 掌握自动售票机关键部件的拆装方法。
- ☑ 了解排除自动售票机/加值验票机常见故障处理方式。
- ☑ 熟悉测试自动售票机/加值验票机部件方法。
- ☑ 掌握如何排除自动售票机/加值验票机关键部件的故障。

第3章
自动售票机（加值验票机）

知识要求

自动售票机（Automatic Ticket Vending Machine，简称 ATVM 或 TVM），是 AFC 系统中的一员，使用纸币、硬币、交通卡自动发售轨道交通单程车票。自动售票机 TVM 是集微电子技术和机电一体化于一体的高科技智能化设备。在轨道交通线网自动售检票系统的五层架构中，自动售票机 TVM 位于第四层，属于车站终端设备的一部分。自动售票机外形如图 3—1 所示。

图 3—1　自动售票机

自动售票机一般安装于车站站厅层非付费区，自动售票机为乘客和车站工作人员提供互动友好的界面。具有引导乘客购票的相关操作说明和提示，乘客操作面板上配备触摸屏、乘客显示器，以线路图及界面方式显示地铁线路、票价及投入钱币金额。自动售票机具备纸币、硬币找零功能。乘客可以选择用纸币、硬币、银行卡或有足够余额的储值票等多种支付手段，根据自动售票机人机交互操作界面的每一步操作提示，完成购买不同票价、不同张数单程车票的操作。

自动售票机顶部设置运营状态显示器显示设备运行状态等信息。内部的维护面板采用菜单操作方式，使工作人员的操作更容易。自动售票机采取了多项保护和容错措施，保证纸币、硬币、车票等存储安全。通过可靠的数据通信及状态监控，保证了交易数据的完整性、保密性、真实性和一致性。

自动售票机通过车站局域网网络连接到车站计算机系统（Station Computer, SC），实时上传车票交易信息、寄存器信息及设备运行状态日志等数据信息；接收车站计算机系统（SC）或线路中央计算机系统（Line Central Computer System, LCCS）下发的系统运行参数，包括：命令、票价表、黑名单及其他运营参数等数据，对版本控制参数执行自动生效处理；具有与车站计算机系统（SC）同步时钟的功能。

自动售票机拥有自检功能，当某个部件发生异常时，车站计算机系统（SC）和自动售票机机内维护面板都能看到发生异常部件的名称和异常的种类，并自动采取相应的保护措施。

3.1 调整自动售票机（加值验票机）部件

自动售票机由主控单元、车票处理单元、支付找零单元、人机交互单元、供电及其他辅助单元等构成，如图3—2所示。

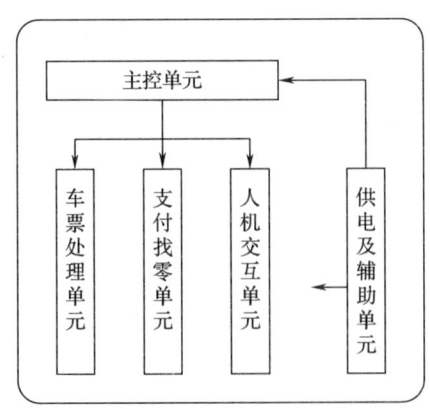

图3—2 自动售票机架构示意图

主控单元采用工业级计算机，是整个自动售票机的核心控制模块。由主控单元通过串口连接纸币处理单元、硬币处理单元、纸币找零单元、维护面板、车票处理单元和状态显示器、单程票读写器、储值票读写器、电子标签读写器等模块；通过以太网与车站计算机系统（SC）通信，通过USB接口连接触摸屏，通过VGA接口连接乘客显示器。主控单元主要负责运行控制软件，驱动各主要模块协调工作，完成车票处理、显示、数据通信、状态监控等功能。

车票处理单元包括单程票处理模块（可选薄卡形或筹码形单程票处理模块）、车票读写器及天线等；自动售票机中发售的单程票种类通常根据整条地铁线路所选择的单程票种类来决定；自动售票机中的车票处理单元根据车票类型分为薄卡形车票发售模块和筹码形车票发售模块；车票读写器及天线主要用于车票读写及赋值。

支付找零单元包括纸币接收模块、纸币找零模块、硬币处理模块、银行卡处理模块、储值票处理模块等。其中纸币接收模块负责支持乘客的支付操作，实现目前市面上流通纸币的识别、传送以及存储；纸币找零模块主要实现自动售票机TVM的纸币找零功能；硬币处理模块实现硬币识别、接收以及硬币找零；银行卡处理模块主要包括银行卡读写器，读取乘客所持银行卡信息，密码键盘用于输入银行卡密码，从而完成利用银行卡进行支付的操作；储值票处理模块一般用于储值票充值或利用储值票支付购买单程票。

人机交互单元包括乘客操作显示器、触摸屏、运行状态显示器、密码键盘、凭条打印机、维护面板、多媒体功能模块、按钮等；乘客操作显示器安装在自动售票机前面板乘客操作范围内，用于显示购票操作的有关信息；乘客通过乘客显示屏上的提示信息进行操作，从而完成购票过程；乘客操作触摸屏通常覆盖于乘客显示器，用于乘客根据乘客显示器上显示的信息，在触摸屏上进行选择操作，完成购票操作；运营状态显示器安装在自动售票机TVM顶端用于显示设备的运营状态；密码键盘通常用于银行卡操作时密码输入；凭条打印机用于提供自动售票机进行运营以及维护时的操作凭证，便于运营账务审计以及故障分析；维护面板安装在设备内部，票务人员通过维护面板，进行更换钱箱、票箱和票务结账等操作；维护人员通过维护面板，进行设备维修检测操作；多媒体功能模块用于设备播放多媒体广告以及语音提示等；按钮通常用于乘客招援等。

供电及其他辅助单元包括电源模块、不间断电源（UPS）、散热风扇、温控模块等部件。电源模块接收外部电源通过开关电源变换交流转直流为自动售票机各电器部件提供各档工作电压；不间断电源用于保证断电时通过逆变转换直流变交流为自动售票机成功完成最后一笔交易，并确保交易数据不丢失；散热风扇以及温控模块用于确保设备处于正常工作温度，防止自动售票机内部电子元器件在过高温度和过低温度下工作。

自动售票机主要部件有工控机，票卡发送装置，车票传送装置，纸币循环找零模块，维护屏及密码键盘模块，IC车票读写器及天线，乘客操作显示器，运营状态显示器，维修面板/移动维护终端接口，I/O控制板及电源模块，支持软件等。自动售票机主要部件如图3—3所示。自动售票机主要部件名称及部件功能见表3—1。

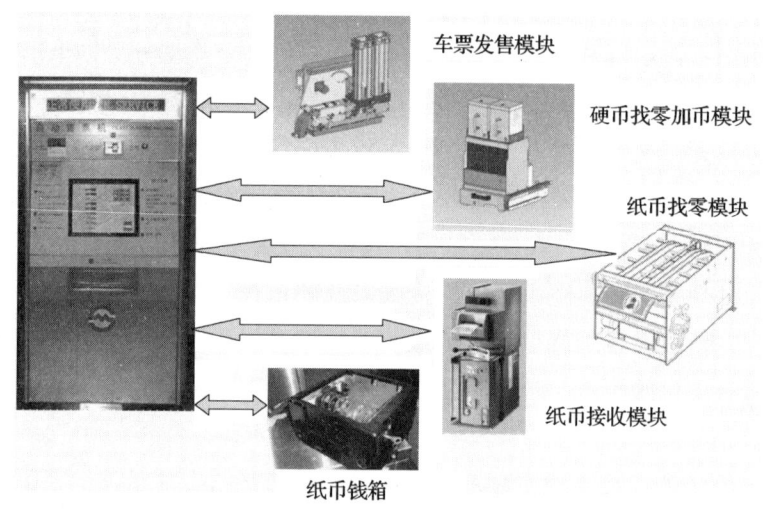

图3—3 自动售票机主要部件

表3—1　　　　　　　　自动售票机主要部件名称及部件功能

部件名称	部件功能
工控机	控制自动售票机整机运行及各模块控制联动等
纸币模块	接收和处理乘客投入纸币
硬币模块	接收和处理乘客投入硬币，并具有找零功能
纸币找零模块	纸币找零功能
单程票发售模块	发售单程票
打印机	打印单据和结账报表
纸币钱箱	存放乘客投入的纸币
纸币找零箱	存放找零（10元）纸币
硬币找零箱	存放找零（1元）硬币
硬币循环找零箱	存放乘客投入的硬币

续表

部件名称	部件功能
硬币回收箱	存放溢出的硬币、硬币找零箱和循环找零箱清空的硬币
维修面板	提供操作和维修的人机界面
电源模块	接收外部电源，并经UPS、开关电源变换交流转直流、直流转直流输出5 V、12 V或24 V直流电源供给各模块

3.1.1 安全设计

自动售票机内部存放购票款、找零款、单程票等有价票款，安全管理是保证自动售票机系统安全的重要环节。进入自动售票机内部操作，必须遵守下述规定。

设备检修人员在对自动售票机进行维护时遵守保密法规及公司相关规定，严禁违章操作。

进入自动售票机内部操作时，票务人员和设备检修人员使用个人独立账号操作自动售票机，严禁借用车站操作人员账号违规进行业务操作。

维护人员不得随意删、改各类原始数据与日志信息，如确属维护需要，在对相应数据另行存放后，方可进行相关操作。票务人员和设备检修人员在对自动售票机进行操作时应严格遵守相关的票务管理规定，严禁私自处置车票和票款。

1. 专用钥匙

为了保证自动售票机使用的安全性，自动售票机机柜采用独特安全门锁设计，可有效地防止其他钥匙开锁，同时还可以有效地预防恶意撬锁。

自动售票机的纸币钱箱和硬币钱箱采用双锁设计，取走和打开钱箱需要不同的钥匙。一把钥匙可以从TVM机柜中将钱箱取出，另一把钥匙可以将钱箱门打开，并进行钱箱内部的取出钱款或存放钱款操作。两把钥匙分别由工作人员和票务人员分开保管。工作人员的钥匙只能达到搬动钱箱的操作要求，票务人员的钥匙只能达到开启钱箱门的操作要求。

2. 钱箱锁扣

自动售票机的硬币钱箱的硬币封门锁和箱盖开启锁，采用互锁的方式进行保护。同时通过电子标签来记录每笔进入硬币钱箱的金额信息。

硬币封门锁只能做一次的开/关操作，完成一次开/关操作后，必须使用箱盖开启锁，解开互锁机构后，才能再次做开锁操作。

硬币补币箱须在加币时打开硬币封门加币，加币完成，关上硬币封门后，将不能打开硬币门。

开启锁则在任何时候都可以打开硬币补币钱箱的上盖，添加或收取硬币。同时在封门锁开启一次被锁死以后，只有再次使用箱盖开启锁才能解开封门锁的锁死状态。

3. 报警设置

自动售票机整机的物理安全是保证整个自动售票机系统安全的前提，为此自动售票机采用完善的报警装置来监测危险状态，并向有关人员发出报警信号。当出现非法开启机柜门，非法移动硬币钱箱、纸币钱箱时，自动售票机都会发出尖锐的报警铃声。

自动售票机开启电源，设备进入自检，如果自检失败也会报警。同时上报车站计算机显示报警信息。

3.1.2 用户权限设置

自动售票机采用身份鉴别控制，操作员分等级管理，不同操作员等级具有不同操作权限，每个操作员的操作等级和权限设置包括允许操作的设备类型、允许操作的功能、允许操作的车站等。每个具有相关使用权限的工作人员都具有合法身份，在进行开门，移动纸币、硬币钱箱时，必须使用操作人员的用户名及其访问密码，进行身份认证及操作权限的控制，越权操作将被拒绝，无操作钱箱权限者操作钱箱时将报警，所有报警将被记录。自动售票机 TVM 通过参数下载，设定操作人员的用户名、密码、限定工作时间、规定使用权限等方法，来确认操作人员的身份，防止非法人员对自动售票机的登录，确保自动售票机的使用安全。

自动售票机系统中采取自动保护措施，对未经授权的操作人员，系统拒绝任何修改。可以操作自动售票机 TVM 的工作人员有三类，车站 AFC 维修人员、车站票款操作员和车站管理员。

1. 车站 AFC 维修人员

车站 AFC 维修人员可登录 TVM 对设备进行所有维护操作，未经授权情况下不能进行运营业务操作，即加币操作和取币操作。

2. 车站票款操作员

车站票务人员登录自动售票机，对设备进行运营业务操作，即加币操作和取币操作。一般情况下对设备不可以进行更换除钱箱、票筒以外部件的维护业务操作。

3. 车站管理员

车站管理员登录自动售票机对设备能进行对维护业务操作的监控，也能进行对票务业务操作的监控。但不能进行修改参数的操作。

3.1.3 数据传输安全

1. 交易信息

自动售票机所有的交易信息或设备状态信息在处理、存储和传输时，经过加密处理，只有经过授权的操作人员或设备才能访问和处理。自动售票机所有的交易数据在处理、存储和传输过程中始终保持完整性，保证数据传输真正做到真实、一致。在供电中断的情况下，能完成最后一笔交易，保证数据完整不丢失。

2. 数据真实性

数据真实性是指数据采集、传输和处理正确，数据在采集、传输和处理过程中，数据始终保持与生成状态一致。

3. 数据一致性

数据一致性是指存储在整个售检票系统的各个层次和各个组成部分（包括车票）的同类数据是一致的。

3.1.4 安全性符合标准

设备的安全性指标主要有防爆、电气安全、防盗等。

1. 防爆：符合 UL291 标准

UL 是美国保险商实验室（Underwriter Laboratories Inc.）的简写。UL 安全试验所是美国最有权威的，也是世界上从事安全试验和鉴定的较大的民间机构。

2. 电气安全

符合 GB4943 信息技术设备安全标准；即漏电、绝缘电阻和耐高压必须符合相关标准的规定。漏电电流小于 10 mA、绝缘电阻大于 2 MΩ、耐高压 1 min 大于 1 500 V。

3. 防盗

自动售票机内部安装防盗报警器；外部设置摄像监视。当出现非法开启机柜门，非法移动硬币钱箱、纸币钱箱现象时，自动售票机发出尖锐的报警铃声。同时上报车站计算机显示报警信息。

3.1.5 自动售票机启动与关闭操作

自动售票机 TVM 为后开门方式，所以要从后台登录维护需要确保本机不处于交易状态。如果本机正处于交易状态，则打开维护门后并不会立即进入登录界面，直到当前交易结束。

1. 开机准备工作

用钥匙打开自动售票机后门,操作方式如图 3—4 所示。

 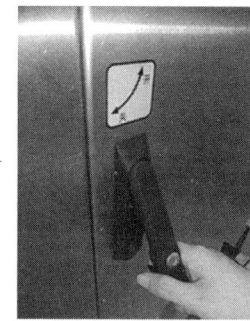 

第一步,插入钥匙,顺时针方向旋转　　第二步,提起把手下端,逆时针方向旋转　　第三步,旋转到底后,向外拉门

图 3—4　打开机柜门操作图

首次打开自动售票机机柜门后,检查下列部件是否连接正常,安装是否到位。

（1）纸币处理模块（包括纸币回收箱）。

（2）纸币找零模块（包括纸币找零箱）。

（3）硬币处理模块。

（4）车票发售模块（包括票箱及车票）。

（5）硬币回收箱。

（6）票据打印机。

（7）工控机上各个串口。

确认各个组件安装到位,并确认 220 V 电源连接正确。

2. 开机步骤

自动售票系统上电步骤如下:

（1）推上自动售票机总电源控制模块电闸。

（2）按下 UPS 后备电源开关。

（3）按下电源控制箱开关。

（4）按下工控机开关。

合上工控机电源开关,自动售票机上电后,将启动操作系统并自动加载售票软件,约 2 min 后加载完毕,自动售票机的应用程序将会自动启动。在这个启动界面上,维护人员可以看到自动售票机的各个功能模块的自检状态，可以判断这些组件是否处于正常工作状态；在自动售票机开始检测部件期间，可听见车票处理单元、纸币识别单元、硬币处理单元初始化的声音，这个过程大概需要 1 min，之后，自动售票机进入工作状态，乘客显示器显示提示信息，车站计算机监控上显示自动售票机设备工作正常。当自动售票机出现问题时，启动界面上会有明确的提示信息，可以帮助维护人员快速地确定故障部件，方便维护人员及时有效地排除故障。（注：操作系统启动完毕后，自动售票机 TVM 软件自动启动并完成系统初始化。）

3. 关闭步骤

自动售票机关机的方法有三种，一是直接切断自动售票机电源，二是车站计算机系统（SC）向自动售票机发出关机命令，三是通过控制面板选择关机指令，这三种方式是等效的。如果自动售票机 TVM 的关闭走退出维护流程，在正常结束维护后关闭电源，退出维护流程如下：正确打开自动售票机的后门，操作方式如图 3—4 所示。在维护菜单中选择【退出维护】菜单，按【ENTER】键，再根据提示输入关闭自动售票机 TVM 命令。按下【ENTER】键。自动售票机将退出并关闭操作系统，之后 20 s 内关闭电源。如果自动售票机正在售票中，自动售票机将等待当前交易结束后关机。

关闭自动售票机电源的方法，按照与开机相反的顺序，依次关闭工控机主机电源、电源控制箱、UPS 电源、电源总开关。最后关闭自动售票机机柜门。关闭自动售票机机柜门步骤如图 3—5 所示。

 →  →

第一步，关紧门，将把手顺时针旋转　　第二步，旋转到垂直后，将把手按进槽中　　第三步，插入钥匙，逆时针方向旋转关门

图 3—5　关闭机柜门操作图

3.1.6 车票储存箱操作

车票存储箱俗称票箱,由轻质、坚固、耐用的工程塑料制成(聚碳酸酯)。结构设计规定,当其经受物理冲撞时,允许有弯曲。自动售票机使用的票箱分前票箱、后票箱、废票箱。每个票箱最多可以摆放单程票 750 张。自动售票机有两个票箱,最大加票量可以放入单程票 1 500 张。

1. 加补票操作步骤

开启后门后,维护面板屏幕显示登录对话窗口,工作人员输入自己注册过的工号和密码。在打开自动售票机后门后,必须马上登录。因为自动售票机有严密防范功能,如果门打开 30 s(时间可通过参数设置)内没有成功登录,自动售票机将向车站计算机系统(SC)报警。报警时自动售票机将暂停服务。而且,即使打开后门后马上关闭,自动售票机也将报警。

正确登录后,即可进行票箱的移动、取出及取废票等操作。操作步骤如下:

(1)将整个车票发售模块从机柜中拉出。

(2)移开票箱挡板装置或票箱卡口装置,即可分别把前后两个票箱取下。取下票箱后可以进行加补票操作。

(3)取废票。废票箱位于票卡发售系统的下方,操作步骤如下:

正确登录;直接把废票箱拉出,取出其中的废票;重新安装废票箱。若无其他操作,请关闭自动售票机门。

2. 车票数量检测

自动售票机的车票发售票箱和检票机的车票回收票箱通用,从检票机回收的车票经过分拣以后可以直接放在自动售票机发售。安装的操作方法与票箱的拆卸方法相同,其操作顺序相反。

自动售票机两个票箱中,车票数量检测是通过各一对车票限位光感,探测车票数量位置,来进行控制车票数量信息。如果车票数量位置高于车票限位光感探测点,则该票箱处于供票状态;如果车票数量位置低于车票限位光感探测点,则设备上传 SC "该票箱车票将空"信息,但该票箱仍处于供票状态,直至票箱底部光感无车票感应,设备进行票箱切换,并上传 SC "票箱#1 空或票箱#2 将空"信息,当两个票箱车票均空时,设备退出服务,并上传 SC "票箱#1 空和票箱#2 空"信息。

3.1.7 硬币操作

自动售票机工控机与硬币处理单元采用命令/应答/消息机制，主机发送命令或应答，硬币处理单元收到自动售票机工控机命令后需要发送应答给自动售票机工控机，硬币处理单元收到主控单元应答不需发应答给主控单元。

硬币处理单元可发送消息（硬币到达消息除外）到自动售票机工控机，自动售票机工控机不需应答。

为了保证投币的准确性，硬币处理单元发送硬币到达消息到自动售票机工控机，自动售票机工控机需要在 100 ms 内应答，硬币处理单元若收不到自动售票机工控机的应答则将硬币退还。

硬币处理单元接收到自动售票机工控机命令（设备复位除外）后在执行完命令后发送应答；硬币处理单元收到自动售票机工控机命令（程序更新命令除外）后将在 1 000 ms 内发送应答；程序编程准备命令的应答时间小于 2 000 ms；1 条报文的总传输时间不超过 50 ms；发送两条命令或消息之间时间间隔大于 100 ms。

硬币处理单元就绪状态是指硬币处理单元的机构到位状态，检测是指检测硬币处理单元的就绪状态。工控机发送硬币处理单元就绪状态检测命令到硬币处理单元，硬币处理单元应答当时的就绪状态消息到工控机。

1．硬币补币操作

自动售票机硬币箱检测是指硬币处理单元从钱箱接口读取硬币箱及硬币暂存数据，并将读到的硬币箱/硬币暂存数据送到工控机。工控机发送硬币箱检测命令到硬币处理单元，硬币处理单元在检测硬币箱后发送硬币箱检测应答到工控机。

工控机程序启动时以该命令作为访问硬币处理单元的首条命令以防止在工控机未工作过程中的票箱状态变化。

自动售票机添加硬币的数量确认分两种操作：

（1）需要操作员手工输入添加硬币数量。操作步骤如下：

若是对 0.5 元硬币进行补币操作，则需要在维护面板上输入相应数量指令，手工输入 0.5 元硬币添加数量。

若是对 1 元硬币进行补币操作，则需要在维护面板上输入相应数量指令，手工输入 1 元硬币添加数量。

输入确认指令，并退出功能界面。

自动售票机打印设备自动打印补币账单信息，进行确认。

(2) 设备自动清点硬币数量

确认补币操作成功后,退出功能界面。

硬币设备自动对添加 0.5 元硬币和 1 元硬币进行清点。

自动售票机打印设备自动打印补币账单信息,进行确认。

硬币补币操作,先开启自动售票机维护门,在维护面板上登录后,进入维护模式,选择添加硬币找零,输入添加硬币找零数量,开启硬币模块盖板,将相同数量硬币加入相应找零口,在维护面板上退出维护模式,关闭自动售票机维护门。

工控机发送硬币找零命令到硬币处理单元,硬币处理单元先向工控机发送应答,再执行硬币找零和必要的暂存硬币回收,找零完成后发送找零成功或失败消息到工控机;如找零金额为零则仅仅执行暂存硬币的回收且无找零消息上传。

鉴于硬币暂存的处理需要,要求工控机在投硬币后,无论是否找零都需要发送硬币找零命令,只是无须找零时的找零数据为零且硬币处理单元无找零成功或失败的消息发送给工控机。

投币功能设置是指工控机通过下发该命令来达到是否允许接受硬币的功能。如当程序开始运行,在无故障且需要硬币接收功能时,可以下发使能命令,使硬币单元能够接收硬币;而当进入维修模式不需硬币接收时,则下发禁止指令。

当硬币处理单元处于下述状态时,即使是使能状态也将自行禁止硬币的接收:暂存装置运行中或发生故障、任一硬币斗满且储币箱满或无或错、找零或清斗过程中等。所以使能命令无须经常更改或下发。

2. 硬币清币操作

硬币找零通道具有币道选择装置,当自动售票机工作在正常运营状态下(默认状态)需要找零时,硬币找零箱退出硬币进入取票口;当进行清币操作时,通道转换装置动作,硬币进入硬币回收钱箱,清币完成后,通道转换装置自动恢复到默认状态。

工控机发送清空硬币斗命令到硬币处理单元,硬币处理单元先向工控机发送应答,再执行硬币暂存清空,清空完成后发送清空成功或失败消息到工控机。

清空时将找零暂存的硬币全部送到硬币回收箱或找零口。

操作步骤如下:

(1) 正确登录。

(2) 在维护面板输入清币指令,清币指令分三种:

1) 若需要清空所有硬币,选择相应指令或输入相应指令,设备将 5 角和 1 元备用找零箱、循环找零机构的硬币清入回收箱。

2）若需要清空硬币箱 1（5 角）中的所有硬币，选择相应指令或输入相应指令，设备将 5 角硬币清入回收箱。

3）若需要清空硬币箱 2（1 元）中的所有硬币，选择相应指令或输入相应指令，设备将 1 元硬币清入回收箱。

（3）人工回收硬币回收箱的硬币。

（4）设备自动打印补币账单信息进行确认清币数量。

（5）若无其他操作，请关闭自动售票机门

3.1.8 纸币钱箱操作

纸币钱箱有纸币回收钱箱和纸币找零钱箱，前者是接受乘客投入 5 元、10 元、20 元、50 元纸币储存在纸币回收钱箱里，后者是将保存在纸币找零钱箱里的 10 元纸币现金退给乘客。

1. 纸币钱箱更换

纸币钱箱位于自动售票机内部中间靠右处，纸币识别器的下方。

纸币钱箱具有独立的电子标签和存储单元用来记录纸币钱箱的操作和纸币数据，纸币钱箱记录纸币数量，当满或将满时可自动通知主控单元。存储单元记录信息掉电不会丢失。

移动或更换纸币钱箱操作需在维护面板进行纸币钱箱登录，登录成功后需在 60 s 内完成纸币钱箱取出或安装操作，否则自动退出。

纸币钱箱具有双锁功能，一把用来取出纸币钱箱，另一把用来打开纸币钱箱。只有两把钥匙共同作用时才可打开纸币钱箱取出所保存的现金。

纸币钱箱更换步骤如下：

（1）正确登录。在维护面板选择相应菜单指令或输入相应指令。

（2）将钱箱位置固定拉杆从其固定位置释放、拉开。

（3）使用对应钥匙打开钱箱固定锁，取下纸币钱箱。

（4）确认纸币钱箱上的状态孔中的颜色为红色，如图 3—6 所示。此时纸币钱箱不能再次固定在自动售票机中。

（5）状态码显示钱箱已取出。

（6）装入新的钱箱，确认其状态孔中的颜色为绿色（图 3—7），如果颜色为红色纸币，钱箱将无法转动固定锁将其固定在机器中。

（7）转动固定锁将其固定在机器中。

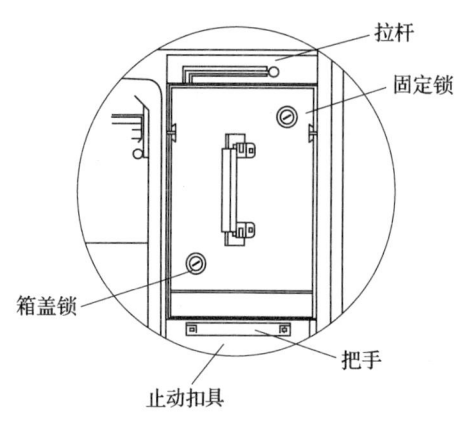
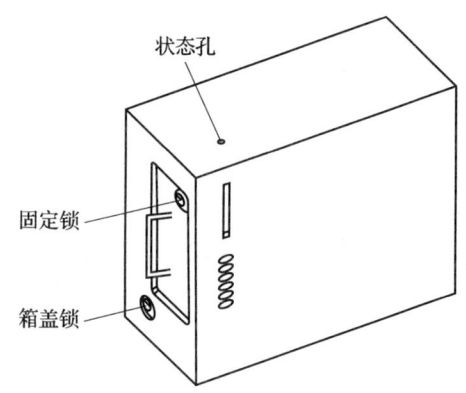

图 3—6　纸币钱箱操作图　　　　图 3—7　纸币钱箱状态孔图

(8) 状态码显示钱箱已装入。

(9) 装入钱箱并锁住。

(10) 在维护面板上输入确认，退出维护模式。

(11) 若无其他操作，关闭自动售票机门。

2. 纸币钱箱打开及关闭

纸币钱箱具有双锁功能，一把用来取出钱箱，另一把用来打开钱箱。只有两把钥匙共同作用时，才可打开钱箱取出所保存的现金。当钱箱从自动售票机的存放座上取走时，钱箱的入币口能自动关闭，操作人员无法接触到纸币。此时再使用第二把钥匙即可把纸币钱箱打开。

其操作步骤如下：

使用箱盖锁钥匙，打开钱箱；观察状态孔中的颜色将由红色变为绿色。打开箱盖，取出所保存的现金。扣紧箱盖，转动箱盖锁钥匙，关闭箱盖。

3. 纸币找零钱箱

纸币找零钱箱采用导轨安装，方便更换。其整体机构如图 3—8 所示。纸币找零钱箱安装于纸币找零机构内部，在其入口处采用不锈钢门锁将其封闭，使其安全性更为提高。

纸币找零钱箱底板安装导轨并具有止动把手。需要维护时可向上扣住止动把手将纸币找零单元向后拉出。纸币找零单元具有 1 个纸币找零钱箱用于纸币找零，找零金额为单一 10 元纸币，并可根据自动售票机需要，更改为其他币种。

当纸币找零钱箱被拉出来以后，纸币找零钱箱的状态孔中的颜色为红色，钱箱上盖会自动关闭，可使操作人员无法接触到纸币，只有拥有开箱钥匙的人员才可打开钱箱。

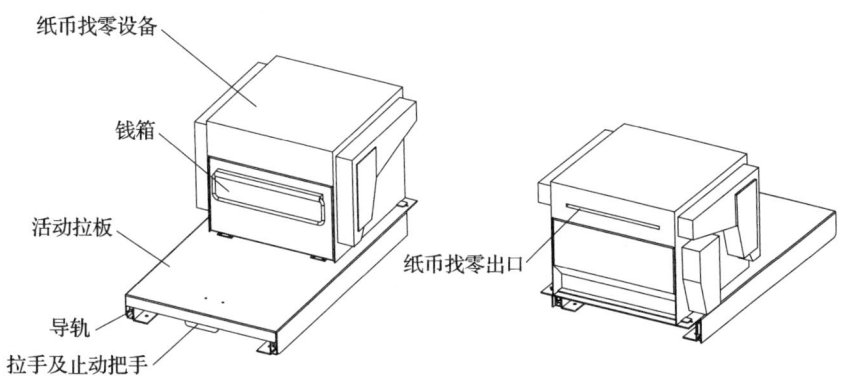

图 3—8 纸币找零机构图

纸币找零钱箱复位操作步骤如下：

（1）确认状态孔中的颜色为红色。

（2）将钥匙插入钥匙孔中，用力按下并顺时针旋转。观察状态孔中的颜色由红色变为绿色。拔下钥匙。

（3）将纸币找零钱箱放在辅助板上。对准两根导轨，用力推入，即可打开纸币找零钱箱。

3.1.9 加值验票机概述

加值验票机（Card Vending Machine，CVM）通常安装在车站非付费区，由乘客通过自助方式完成对储值票的加值或车票查验等票务自助服务。采用纸币和银行卡加值，不设找零。

加值验票机一般由乘客显示器、触摸屏、IC 车票读写器及天线、纸币处理单元、主控单元（工业级计算机）、维护面板/移动维护终端接口、乘客接近传感器、机身、支持软件、电源模块（含 UPS 或电池）等部件组成。

加值验票机在接受纸币付费时，具备一次操作多金额功能，充值上限可由中央计算机系统通过下传参数进行设置；加值验票机具备人机交互等功能。加值验票机采取了多项保护和容错措施，保证纸币存储安全，网络、数据传输可靠，保证交易数据的完整性、保密性、真实性和一致性。

加值验票机收集车票交易和设备状态信息传输给车站计算机（SC），由车站计算机（SC）传给中央计算机（CC）。同时接收 SC 或 CC 下传的命令、黑名单及其他参数等数据，并能对版本控制参数执行自动生效处理；保持与时钟服务器同步的功能。

加值验票机在使用中必须确保与中央计算机系统的通信，确保设备接收充资授权，如果无法接收充资授权，加值验票机将退出运行，如图3—9所示。

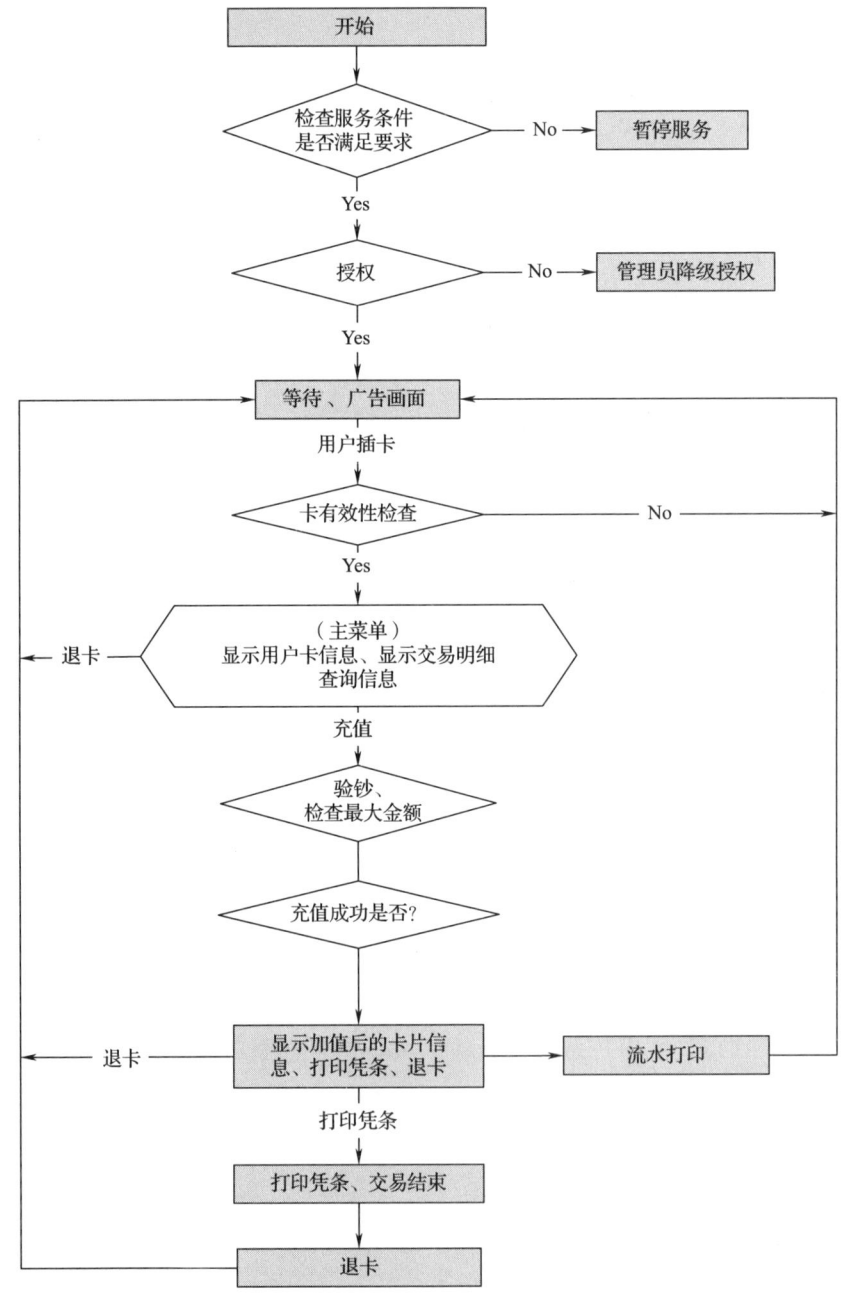

图3—9 人机业务流程图

1. 加值验票机功能

加值验票机的功能主要分为三大类：

（1）储值票加值功能。加值验票机允许乘客使用现金或银行卡对储值票进行加值操作。

（2）车票查验功能。加值验票机可以用于乘客验票，给出车票内的各种信息和历史交易信息。

（3）其他服务功能。加值验票机还可以增加其他自助式查询功能，即提供多媒体查询能力，例如，查询路网票价、车站出入口分布图、地面道路及公交换乘信息等。这些自助式查询功能并不是加值验票机必须具备的功能，但加值验票机上增加这些增值服务并不复杂，可以丰富设备功能，提高设备的利用率。

2. 授权信息

参数下载完成后，系统将会对读写器进行授权申请，如图3—10所示。按照公共交通卡充值授权的业务要求，加值验票机在每天进入服务状态之前，必须通过SC得到公共交通卡清算中心的授权信息。

如果授权失败，设备将暂停服务，画面会给出如图3—11提示，需要地铁管理人员进行人工干预方可恢复服务。否则，系统会进入欢迎界面，即等待画面。

图3—10 读写器授权

图3—11 授权失败

3. 授权额度

CVM在充值时需要事先得到交通卡公司的授权，一次授权额度是充值2万元，通常设备会在额度剩余500元左右时就开始申请新的授权，授权失败通常是通信故障，导致授权信息无法上传。

4. 流水记录

每笔流水记录打印格式如图3—12所示。每笔客户凭条打印格式如图3—13所示。

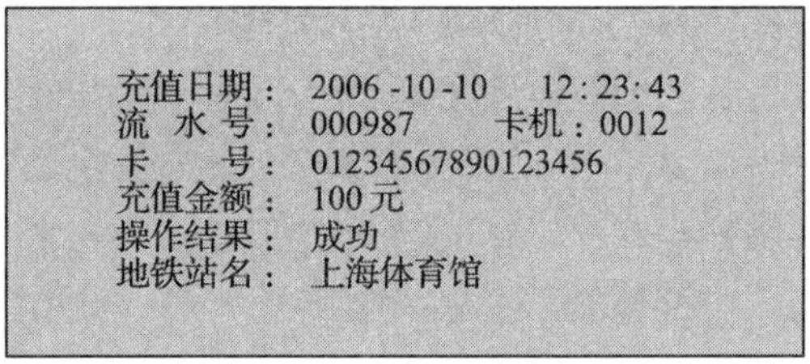

```
充值日期：    2006-10-10   12:23:43
流 水 号：    000987       卡机：0012
卡   号：    01234567890123456
充值金额：    100元
操作结果：    成功
地铁站名：    上海体育馆
```

图3—12　流水打印格式

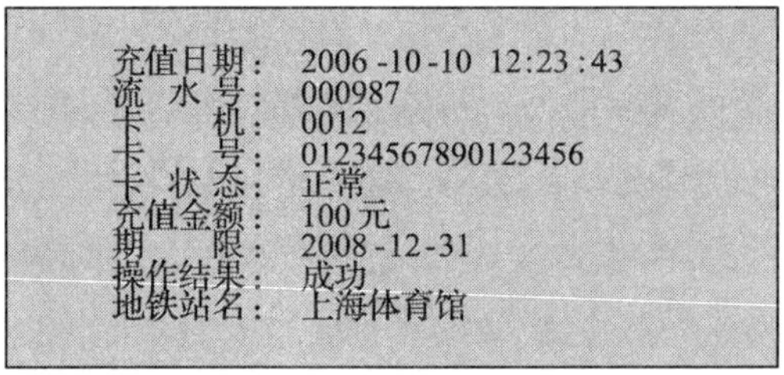

```
充值日期：    2006-10-10 12:23:43
流 水 号：    000987
卡   机：    0012
卡   号：    01234567890123456
卡 状 态：    正常
充值金额：    100元
期   限：    2008-12-31
操作结果：    成功
地铁站名：    上海体育馆
```

图3—13　客户凭条打印格式

5. 加值验票机短款处理

加值验票机短款是指 CVM 收取了乘客的充值款，但因功能异常而未将充值资金写到乘客的 IC 卡上。

通常此类问题紧急程度最高，需要联系到地铁车站的当班次 BOM 负责人协同处理，处理途径包括：

（1）地铁工作人员在得到厂家值守人员确认后，为乘客进行换卡操作，换卡的费用及日后可能出现的短款情况由厂家承担；

（2）请地铁人员对 CVM 机进行一次结账，将多出的一笔交易款退还乘客。

3.2　自动售票机（加值验票机）部件拆装和检修

自动售票机（加值验票机）发生故障，对其进行维护和检修时，首先需要将其拆装。如果拆装方法不当，就会造成部分部件损坏，引发新的故障。因此，正确拆装自动售票机（加值验票机）是确保维修质量的前提。在学习维修自动售票机（加值验票机）时，应优先学会正确的拆装和检修技术。

3.2.1 自动售票机机壳

自动售票机机壳由不锈钢材料组成（厚度 2 mm），边角呈圆形。表面抛光，正面上半部分用 PVC 贴面装饰，机门分两种：前开门和后开门（根据车站布局设计），前开门一般采用全幅打开，展开角度大于 90°，对承重门铰链要求比较高，采用不易变形、牢固的设计；后开门一般采用双开门，展开角度大于等于 120°。这两种设计都必须要求可以完全接触到内部模块。门锁使用垂直锁杆或复合型锁扣，具有防盗、牢固、易操作的设计要求。

3.2.2 车票发售模块

车票发售模块也称车票处理单元，包括：车票读写器、天线、供票机构和车票传输机构、票箱、电器控制单元等部件。根据车票外形不同分为卡式车票发售单元和筹码（Token）车票发售单元。

车票供给量由刮票机构上红外传感器监控，如果没有车票，自动售票机自动退出服务，显示故障信息，并在车站计算机系统上发出报警声。

车票从票箱中由刮票机构供给车票传输机构，通过车票读写器、天线读取车票信息、编码、校核，如果校验这是一张正常的单程票，进入发售程序，发行车票，其他类型车票或异常车票投入废票箱回收。

单程票由车票读写器进行编码和校验，校验已经编码的数据，校验"读出信息"同"写进信息"一致。如果车票校验正确则发行，否则重新发行、编码、校验，连续 3 张车票不能正确编码和校验，自动售票机退出服务，并且报告车站计算机系统，被拒绝的车票送到废票箱回收。

1. 分票机构

分票机构由电动机、滚轴、支架、位置信号传感器、齿轮、皮带、供票机构、票箱切换装置组成。

分票机构工作原理：车票经车票传动电动机的转动传送到分票机构，并通过传动皮带的同步转动，带动分票机构中的两组滚轴反向转动，其空隙达到 6 mm 只分出最下面一张车票，传感器感应到车票时，传输电动机停止转动。

2. 切换机构

票箱切换装置：由两个票筒和票箱切换机构组成。

票箱切换机构的工作原理：设备发售车票时，先将分票机构中已分离出的预售车票传送给车票传输机构，当发售第二张车票时，设备先判断默认票箱（前一次使用的票箱）是否有车票，判断条件是票箱底部的票位传感器是否感应到车票，如果有车票，则供票电动机将该车票传送到分票机构；如无车票，则设备接受该信息，并由电器控制单元发出切换票箱指令于票箱切换机构，通过切换电动机转动和其他部件的机械互动，达到两个票箱同一票位的机械型切换。切换机构一般采用两种模式：

第一种模式：切换机构通过切换电动机转动和齿轮、皮带、曲柄的机械互动，达到两个票箱同一票位的机械型切换。

第二种模式：切换机构通过关闭票箱空的传输通道，打开另一票箱传输通道，通过车票导向板的控制，达到供票通道切换功能。

3. 传感器

车票在编码过程中，由位置信号传感器监控，如果位置信号传感器状态变化，表示检测到车票阻塞，则自动售票机退出服务，将乘客投入的硬币或纸币退还乘客，显示"故障信息"（车票在传输机构阻塞），在车站计算机系统上产生相应报警声。

在两个票箱中，车票限位也是通过各一对光感传感器探测车票位置来进行控制的。如果车票位置高于光感传感器探测点，表示票箱处于供票状态；如果车票位置低于光感传感器探测点，则设备上传SC"该票箱车票将空"信息，但该票箱仍处于供票状态，直至票箱底部光感无车票感应，设备进行票箱切换，并上传SC"票箱1空或票箱2将空"信息，当两个票箱车票均空时，设备退出服务，并上传SC"票箱1空和票箱2空"信息。

4. 票箱

票箱由轻质、坚固、耐用的工程塑料（聚碳酸酯）制成。票箱结构设计规定，当其经受物理冲撞时，允许有弯曲。自动售票机使用的票箱分前票箱、后票箱、废票箱。前票箱、后票箱一般可以各放750张以上单程票。

5. 车票处理速度

车票从票箱中由刮票机构供给车票传输机构，通过车票读写器、天线读取车票信息，对车票进行编码、校核，进入发售程序，自动售票机车票传输机构单程票读卡处理速度从发行车票至出票口一般小于每张 1 s。

6. 传输机构

自动售票机车票传输机构是通过光感传感器信号和程序控制来判断车票发售进程。传输机构由车票传输皮带、传票滚轴、驱动齿轮、驱动皮带、驱动电动机、单程票读写器、车票导向装置、票位光感、废票机构组成。

（1）工作原理。当一张车票从供票机构送出后，通过驱动电动机带动传输皮带将车票传送至单程票读写器，并对车票进行编码、校验，车票检验合格后，将车票传送至出票口。如果车票编码或校验失败，则传输机构将车票传送至废票箱，然后再次进行下一次车票编码、校验，如果连续 3 张车票出现编码或校验失败，则传输机构将车票依次传送至废票箱，表示单程票读写器有故障或车票有问题，设备退出服务，并上传 SC "车票连续编码错误"信息。

（2）性能指标。车票处理速度：≤1 s/张（从票箱至出票口）；单程票读卡处理速度：≤300 ms/张；废票箱容量：≥50 张；车票存储容量：≥2×750 张；自动售票机的票箱与检票机的回收票箱可通用。

（3）单程票。自动售票机只发售进站票，车票编码数据信息：发售日期代码，发售时间代码，发行车站代码，有效进站代码，车票价值代码，安全校验（奇偶校验）代码。

（4）卡式票卡发售单元。卡式单程票一般为薄卡型标准非接触式 IC 卡，并且满足 ISO7810 标准的相关规定。票卡尺寸：长 85.9 mm×宽 54 mm×厚 0.5 mm。票卡发售单元作为自动售票机中的一个自动发售票卡的设备，主要功能是将卡式单程票发送到读写器位置进行读写，赋值完成后发售到出票口处乘客手中。

1）简单结构图。TIM—002 卡式票卡发售单元主要由刮卡单元、传输单元、天线板、换向器、控制箱、票箱机架、储票箱（A、B）以及废票箱组成。具体组成结构如图 3—14 所示。

2）工作原理。薄卡型车票发售单元的工作原理及步骤如下：刮票机构从 A、B 任一票箱刮出一张车票，升降机构位置升高一张车票的高度。车票同时被送到读写区，读写操作合格则发送车票出去，读写操作不合格车票送入废票箱。

3）测试方法。在测试前先要做好接线工作，方法为：先接串口线，后接电源线。在把线缆接好后，还要在测试工具上进行相应的设置，在点击"通信设置"菜单后，会弹出对话框，如图 3—15 所示。

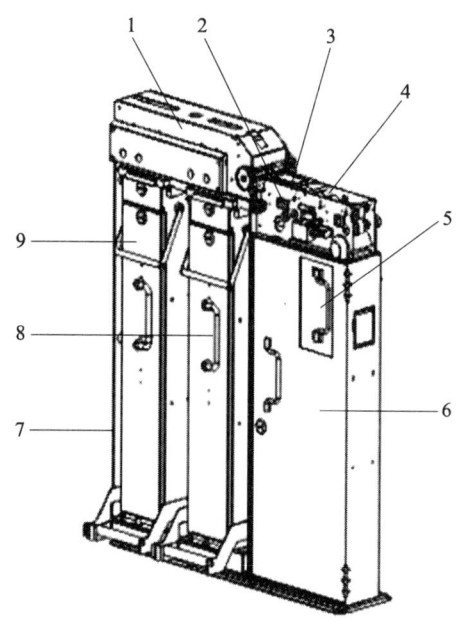

图 3—14 卡式票卡发售单元结构图
1—刮卡单元 2—传输单元 3—天线板 4—换向器 5—废票箱
6—控制箱 7—票箱机架机 8—票箱 A 9—票箱 B

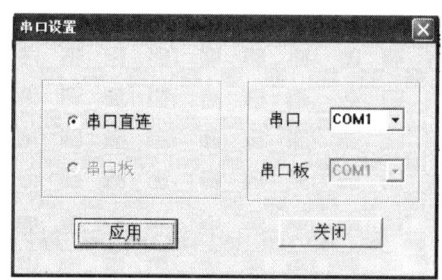

图 3—15 对话框

然后在串口的选项中选择将要使用到的串口,确认后就可以了。

进行出卡的测试:首先执行"初始化"命令,命令成功后,调用"单步指令"中的"出卡"指令,在调用该指令前,先选择好期望出卡的票箱号。如果需要往外送车票,则调用"送车票"指令;如果需要回收,则调用"回收"指令。如需进行连续发车票动作,则可以先选择票箱 A 和票箱 B 各出几张,选择后就可以执行"连续发车票"命令了(见图 3—16 发车票测试图)。

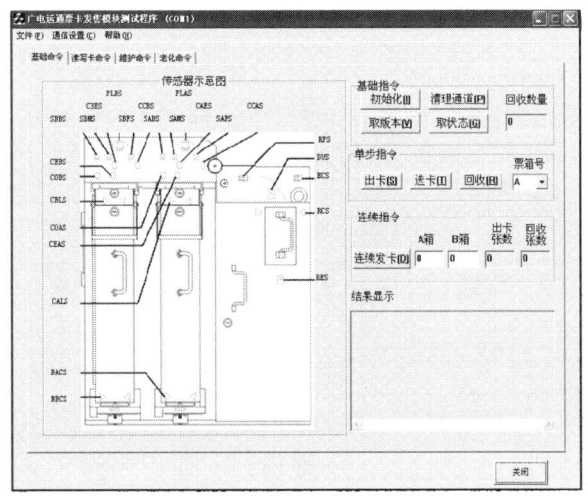

图 3—16 发车票测试图

3.2.3 车票读卡器

车票读卡器以射频识别技术为核心，通过专用的读写处理芯片对非接触式 IC 卡进行读写操作。读写机工作时，通过不断地向外发出一组固定频率 13.56 MHz 的电磁波，当有车票靠近时，谐振电路产生共振，使电容充电有了电荷，从而为车票卡片上的其他电路提供工作电压，将车票内数据发射出去并接收及储存读写器发出的数据。

1. 读写器通信接口

读写器具有与工控机进行数据交换的硬件接口。与工控机接口方式采用标准 RS-232 接口。读写器的安全模块的逻辑接口和通信协议符合 ISO/IEC 7816—3 的要求。安全模块的使用符合上海轨道交通专用安全模块和上海公共交通卡安全模块的使用规定。安全模块 SAM 卡座的物理特性符合 ISO/IEC 7816—1 和 ISO/IEC 7816—2 的要求。在需要更换安全模块时，必须保证读写器的电源已断开。

2. 读写器工作频率

读写器的工作频率为 13.56 MHz ±7 kHz。读写器与 IC 卡之间的通信速率为 106 kBd。读写器与工控机通信速率：对于采用串口通信接口方式为 28 800 bps。读写器与工控机通信协议：对通信码、数据帧及报文组成符合《上海市轨道交通终端设备交通卡读写器通信协议》的要求。

3.2.4 设备部件维护菜单和指令

1. 测试菜单

维护人员通过菜单操作来判断部件的运行状态，了解自动售票机各模块的运转性能，见表3—2。

表3—2　　　　　　　　设备诊断、测试菜单或指令表

序号	主菜单	子菜单	功能说明
1	异常恢复		当TVM因故障停止服务时，维护后按此项目，进行各个单元复位恢复
2	维护模式	1#添加找零	在给TVM添加硬币找零时，先把补币箱放到1#找零钱箱上。在此菜单项目上输入添加硬币数
		2#添加找零	在给TVM添加硬币找零时，先把补币箱放到2#找零钱箱上。在此菜单项目上输入添加硬币数
		添加纸币找零	在给TVM添加纸币找零时，先把纸币放入纸币找零钱箱内。在此菜单项目上输入添加纸币数
		清空循环找零	把循环找零钱箱内所有硬币清空到硬币回收箱
		清空专用找零	把专用找零钱箱内所有硬币清空到硬币回收箱
		退出程序	退出TVM自动售票程序
		关机	关闭TVM工控计算机
		寄存器复位	把寄存器里所有累加性数据清零
3	查看信息	显示状态	显示TVM当前事件代码
		显示时钟	显示TVM当前时钟
		查看寄存器	查看TVM寄存器各位数据
		查看交易记录	查看TVM交易各位记录
		显示软件版本	查看TVM软件版本信息
		显示钱箱号	查看本机所有硬币/纸币钱箱号
		硬币找零结余	查看本机现有硬币找零结余
		纸币找零结余	查看本机现有纸币找零结余
		钱箱结余	查看本机现有纸币回收钱箱结余
4	运营管理	日报	打印日报表
		结账	TVM结账
		关闭模式	TVM进入关闭模式
		开启模式	TVM进入关闭模式后，切换到开启模式

续表

序号	主菜单	子菜单	功能说明
4	运营管理	历史报表	打印 TVM 的历史报表（输入指定日期即可）
		打印日志	打印 TVM 日志（调试专用）
5	测试硬币单元	投币口	测试硬币单元投币口
		初始化	测试硬币单元初始化
		1#、2#暂存到出口	测试硬币单元 1#、2#暂存到出口
		1#、2#暂存到钱箱	测试硬币单元 1#、2#暂存到钱箱
		投币暂存钱箱	测试硬币单元投币暂存钱箱
		投币暂存循环	测试硬币单元投币暂存循环
		投币暂存出口	测试硬币单元投币暂存出口
6	测试纸币单元	投币到钱箱	测试纸币单元投币到钱箱
		投币暂存钱箱	测试纸币单元投币暂存钱箱
		投币暂存出口	测试纸币单元投币暂存出口
		投币到出口	测试纸币单元投币到出口
7	测试车票单元	1#、2#暂存	测试车票单元 1#、2#暂存
		1#、2#传输	测试车票单元 1#、2#传输
		出票	测试车票单元出票
		回收	测试车票单元回收
		传感器	测试车票单元传感器
		走票测试	测试车票单元走票测试
		发行测试票	测试车票单元发行测试票
8	测试其他模块	取票口灯	测试取票口灯
		整机传感器	测试整机传感器 第一排（从左至右） • 门锁开关 • 外电中断 • 蓄电池电压低 第二排（从左至右） • 硬币处理单元到位 • 硬币回收箱锁 • 车票处理单元到位 • 纸币处理单元到位 • 纸币找零单元到位 • 纸币找零箱到位

续表

序号	主菜单	子菜单	功能说明
8	测试其他模块	储值票入口	测试储值票入口
		储值票退卡	测试储值票退卡
		测试风扇	测试风扇开/关切换
9	退出登录		签退本机已登录操作员

2. 测试指令

维护人员通过该菜单或指令，查询自动售票机的运行版本信息，运行版本是直接影响到自动售票机运营状态的关键信息，如与正式运营版本不一致，则会造成自动售票机运营不稳定或错误运营的现象发生。

维护人员通过该菜单或指令，查询部件运行状态信息。通过诊断、测试菜单或指令表，可以看到许多关于部件的测试菜单或指令，当发生故障时，维护人员可进行这些指令或菜单操作来判断部件的运行状态，并进行相应的处理。

维护人员可进行这些指令或菜单操作对自动售票机进行逻辑关闭、复位操作，以免硬关机所造成的伤害。维护人员通过输入测试指令来判断部件故障位置。

3.2.5 测试硬币识别器

上海轨道交通自动售检票系统中使用的硬币识别器采用国际知名品牌美国 MEI 公司的 CASH FLOW 9520 型硬币识别器，如图 3—17a 所示，该识别器具有较高的鉴别能力，对于与真币较为相似的游戏币有着较强的拒收能力，检测准确率不小于 99.9%。对于无法识别的硬币直接退到自动售票机的找零口，原币退还给乘客。

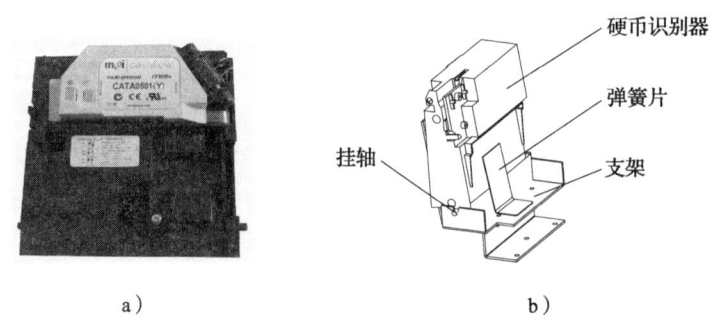

图 3—17 硬币识别单元
a) 实物图 b) 安装图

硬币识别率和假币的拒绝率可以通过软件参数来设置。硬币识别器（CF9520型）可接受目前市场上流通的第4版、第5版人民币硬币，通过检测硬币直径、厚度和材质等参数识别硬币真伪。当发行新的硬币种类时，可通过软件设置增加新的硬币种类，也可通过参数下载的方式自行增加新硬币种类，而无须改变或增加任何硬件。

1. 识别模块测试

硬币处理单元安装在自动售票机（TVM）内，对乘客购票时投入的硬币进行真假识别、接收、原币返还等操作，乘客购票后还要进行找零，存入硬币等操作。自动售票机结账时模块还要完成清币等操作。测试项目和要求见表3—3。

表3—3　　　　　　　　　　　测试项目和要求

序号	测试项目	测试要求
1	开始接收	先打开硬币闸门，再点击开始接收，投入1元、5角硬币，若接收投入假币或其他非支持的币种，应原币返还
2	停止接收	点击停止接收，投入任何硬币都不会接收
3	自动存硬币	自动存入到硬币回收箱，查看是否与投入且接收的硬币数量相符
4	手动存硬币	存入硬币到钱箱，无卡币现象
5	自动找零	检查找零数量是否正确
6	手动找零	分别选择主找零1、2进行找零，找出金额与实际输入金额相符
7	清币	点击清币，清出找零器中的硬币到回收箱，清硬币过程中，拉出硬币处理单元，此时硬币处理单元停止清硬币

2. 真币识别率

硬币接收器识别原理主要采用检测硬币金属材料磁导率的方法，进行面值和真伪判别，真币识别率大于98%。通过硬币接收器识别硬币真假，识别为真币的硬币进入暂存器，识别为假币的硬币直接退出给乘客。当乘客取消交易时，暂存器将硬币倒入找零口退还给乘客，做到原币返还。

3. 定期维护

硬币识别器定期维护其重点是重新下载硬币参数，清洁其内部机构灰尘、污垢，清洁识别器传感器，检查硬币识别器磨损程度，更换磨损零件。用试验样本硬币，进行投币测试，检测硬币识别器识别性能。调整硬币识别器参数，要求真币识别率达到98%以上。

4. 退出硬币售票服务

在投币过程中，如果发生卡币将会退出硬币售票服务。发生卡币主要有硬币模块通道卡币和硬币识别器卡币。

硬币模块通道卡币解决办法：通过硬币通道小孔观察卡币位置，用小棍从卡币处相应的小孔捅下硬币。

硬币识别器卡币解决办法：找到硬币识别器上方的凸轮模块，用力按下，即可清除卡币。

3.2.6 MEI 纸币识别器

MEI 纸币识别器有各种型号，上海地铁主要使用纸币识别器 BNA5 型。BNA5 型纸币识别器是一种带暂存功能、叠式存储功能和抽取式钱箱的纸币识别器。应用范围广，一般用于自动售票机，固定和移动的票务系统，预付卡的发放和充值，高面额自动交易，具有带暂存功能。极高的一次接收率——98%，而且使用安全。四种插入方式，一插即接收的最佳效果，快速交易时间，纸币间隔时间 2 s（进入暂存）。可通过网络下载新纸币数据。有暂存功能，可最多暂存 15 张纸币。图 3—18 所示为 BNA5 型纸币识别器及钱箱。

图 3—18 BNA5 型纸币识别器及钱箱

BNA5 型纸币识别器是由通用的入口指示灯、出入币检测单元、主控电路板、纸币识别部分、传送部分、分拣器、活塞压箱部分等组成。供电为 24 VDC（±15%）/2.5A 的电源。标准 RS232C 通信接口。

纸币识别器准备进钞时，只有面板绿色指示灯亮起时，才能用手将一张纸币送入输入槽。入币口光电探测器探测到此纸币，同时入币口快门打开，传动电动机带动皮带转动。纸币进入纸币通道，首先经过纸币长度光电探测器，测量纸币长度，符合测量要求的纸币通过纸币光谱测量头对纸币进行光学测量。纸币器识别器使用光学频谱分析纸币上油墨的反射或透射率及测量和分析纸币的颜色和其红外特性来验证纸币的真伪。

BNA5 纸币识别器有四个光学传感器，两个位于纸币通道上部两个位于下部，每个光学传感器中包含两个六种不同的颜色（红绿蓝以及三种不同波长的红外线总共六种波长）识别镜头。每个光学传感器可以扫描 300~350 点的纸币表面，总共可以扫描 1 200~1 400 点，这四个传感器同时对纸币的透明度检测。发射光波通过对纸币反射，接收器给数字处理器发送纸币面额和真伪的信号。图 3—19 为 BNA5 型纸币识别器原理。

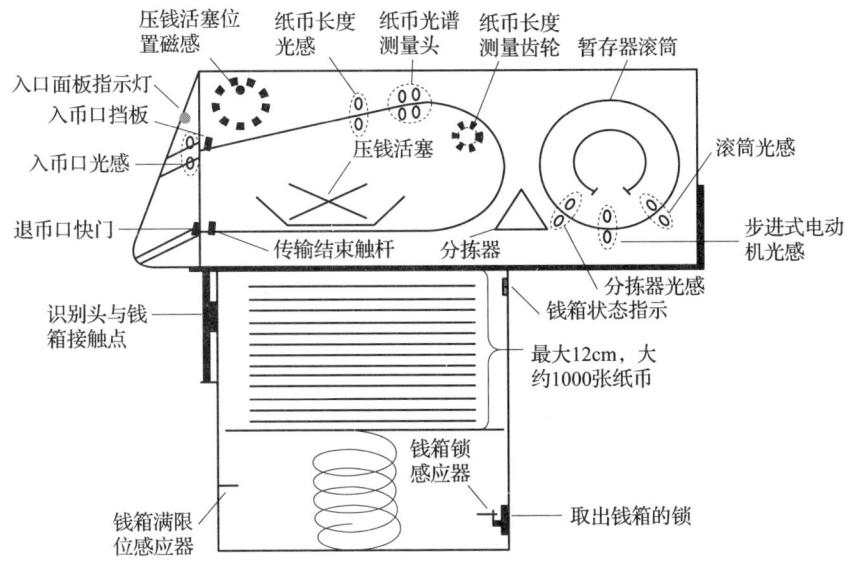

图3—19 BNA5型纸币识别器原理

1．MEI 纸币识别器维护等级

自动售票机 MEI 纸币识别器共分为四级维护。传输皮带、快门、通道和反射面清洁是属于一级维护。

2．MEI 纸币识别器部件维护

MEI 纸币识别器部件维护主要是识别器维护和纸币回收钱箱维护。

（1）识别器维护。MEI 纸币识别器部件维护需拆卸和重新组装，进行完整性检查，以延长产品的使用寿命。

维护内容：断开入口感应组件连线。移去两个通道，并用刷子或清洁布清洁。使用浸有清洁液的棉签清洁长度光栅。拆卸入币口，用刷子清洁入口开口处，用清洁布清洁导向圆盘，用棉签清洁快门缝隙。拆卸轮轴，以浸有清洁液的棉签清洁轮子和皮带。给轮轴上的轮子加注润滑油（不要喷洒）。在活塞的轮轴、叉子和齿轮处加油脂。检查并调整活塞到合适的位置。检查、拧紧所有螺丝。检查电池电压（在主板上）。

维护程序：打开识别头，吹压缩空气或者使用防静电刷子清除灰尘。使用浸有清洁液的棉签清洁四个镜头。使用浸有清洁液的棉签清洁四个镜头的镜面。使用浸有清洁液的棉签清洁联系上下两部分的左侧、右侧触点。清洁钱箱触点。使用刷子或棉签清除入口处灰尘。在换向器的导向板中吹压缩空气。操纵入口快门，在入口处由内向外吹入压缩空气。

MEI 纸币识别器部件维护完成后需用维修、诊断程序对识别器进行数据更新、初始化，并调整参数到规定的数值，进行功能和识别率检测。启动 SODECO 检测程序，对识别器进行诊断和测试。

（2）纸币回收钱箱维护。纸币回收钱箱维护内容和要求：打开钱箱门；清洁压钱板的轮轴并加润滑油；以棉签清洁外部接触点（不要划伤）；单独检查锁系统；带识别头部分检查锁系统；用一台识别头和计算机联机，启动维护、诊断程序，检查钱箱标识代码；通过读、写数据检查内存。

3.2.7　G&D 纸币识别器

采用激光、读磁、紫外线、红外线、荧光反射、透视成像，物理尺寸等多种交叉识别技术来检测人民币的固有特性从而分辨出真假人民币，对未折叠未脏钞票的拒钞率小于 1%，纸币有四种插入方式能选择，可最多暂存 15 张不同面值纸币，可接收的银行纸币大小：宽：60～86 mm，长：95～182 mm。同时经由计算机控制的精密机械机构来完成是退回钱币还是收币入箱、售出车票的工作。BIM—2020 纸币识别接受机构外观如图 3—20 所示。

1. 激光识别器

激光识别器（图 3—21）发射一定波长的红外激光，激活纸张中的磁性介质，鉴别真伪币。

图 3—20　纸币识别接受机构外观

图 3—21　激光识别器

2. 磁性特征

磁性鉴伪能检测出微弱磁性油墨，鉴别出伪币。

磁性检测。磁性检测的工作原理是利用大面额真钞（20元、50元、100元）的某些部位是用磁性油墨印刷，通过一组磁头对运动钞票的磁性进行检测，通过电路对磁性进行分析，可辨别钞票的真假。

3.2.8 纸币找零器

自动售票机常用的纸币找零器一般为单张出币机芯，该机芯也用于银行自动取款机，主要由钱箱框架、钱箱、拾钞部、重钞检测组件、送钞通道和回收箱组成，其中钱箱组件包括钱箱支架和纸钞钱箱，一般情况下，纸币找零器的钱箱组件是可配置的，可选择1~6级钱箱，分别可支持1~6种纸钞找零。纸币找零单元外观如图3—22所示。

1. 检测

（1）工作原理。单张出钞机芯工作流程原理如图3—23所示：

图3—22 纸币找零单元外观

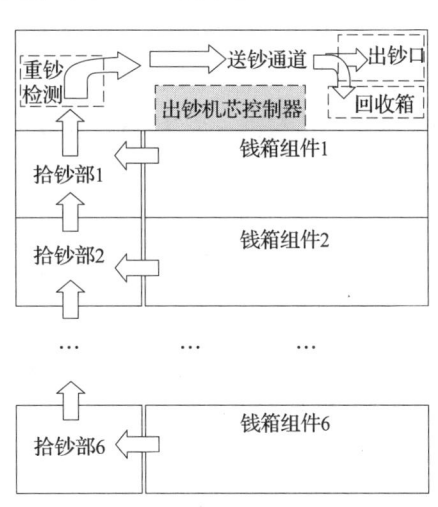

图3—23 出钞机芯工作流程原理

在需要找零时，纸币找零单元按要求从指定的钱箱发出指定张数的纸钞，纸币按箭头所示路径运动，工作步骤如下：

1）首先，"拾钞部"从钱箱中吸出一张纸币，并送至"送钞通道"。

2）其次，在将纸币从"送钞通道"送至"出钞口"之前，"重钞检测"组件采用高精度传感器检测吸出纸币是否合格，确保每次只出一张纸币。

3）最后，根据"重钞检测"组件的检测结果，将纸币送至"出钞口"或"回收箱"。如果厚度为一张纸币厚度，则将纸币送至"出钞口"，完成一次出币；如果发现厚度异常，则认定此次出币出现重币情况，将纸币送入"回收箱"，再从钱箱内重新发出一张同面额的纸币。

（2）测试方法。"出钞机芯"提供一系列的测试手段，通过测试，可以判断机芯是否正常工作，也可以诊断机芯故障原因，在"出钞机芯"第一次投入使用或运行中发生故障并修复后，需要对机芯进行一系列的测试，以判断机芯参数和设置是否正确，测试通过后才能再次投入使用，确保机芯可靠性和现金安全。

"出钞机芯"测试主要有以下几个方面：

1）机芯初始化——检查机芯的所有部件的工作状态，反映出机芯是否正常，同时显示各传感器的状态。

2）纸币回收测试——把通道中的纸币回收到回收箱，如果有纸币送到"出钞口"则立刻停止并报错，并提示回收纸币的张数。

3）强制回收测试——把通道中的纸币回收到回收箱或是把纸币从"出钞口"送出，忽略纸币被送出的情况，并提示出了"出钞口"的张数和回收到回收箱的张数，此数值要求和实际数值一致。

4）脱机出币测试——从各槽位出币，张数为各槽位所设置张数的总和，检测出钞模块的有效性。

5）循环出钞测试——实现按照所设置出钞张数循环出钞功能，如果有故障发生，则停止循环出币；其中循环出币间隔时间、出币总张数、循环出币总次数都可在相应的设置栏中设置。

（3）模块测试。纸币处理单元的测试，是检查纸币处理单元能否正常工作的重要手段，也是诊断纸币接收模块故障原因的有效途径，下文以广电运通的BA—15B纸币处理单元为例，说明纸币处理单元的测试方法。

BA—15B型纸币处理单元提供了一系列方便有效的测试方法，主要有以下几个方面：

1）上电自检。BA—15B在上电启动时会自检。断开BA—15B的电源，稍等半分钟后再打开电源，可以听到BA—15B内部发出机构运动时特有的声音。等声音过去后，观察进钞口的指示灯：若显示为红色，表明BA—15B未通过上电自检；若无显示，表明BA—15B已经通过上电自检，上电过程中的错误代码可以通过刷新机器状态来获取。

2）手动自检。使用 BA—15B 自带的 LCD 维护界面，可以强制它自检。此强制自检执行的检查内容与上电自检内容完全相同。请参阅 LCD 维护界面部分的使用说明书。

在 BA—15B 的 LCD 维护界面处于备用状态时，按下任意一个键。等大约 3 s 后，BA—15B 转入维护状态。LCD 显示为：

| L：Clear banknote |
| R：Self test |

提示按 R 键（R，right，右边第一个键）可以启动自检。按下 R 键，BA—15B 开始执行自检。如果通过自检，LCD 显示为："Self test passed"，自检未通过时显示为："Self test failed"。

3）纸币识别自主运行。使用 BA—15B 自带的 LCD 维护界面，可以让 BA—15B 像有 PC 连接时一样识别纸币，处理纸币。这样可以验证 BA—15B 是否已经可以正常工作。

在 BA—15B 的 LCD 维护界面处于备用状态时，按下任意一个键。等大约 3 s 后，BA—15B 转入维护状态。接着按 N 键两次，切换到：

| L：Auto—run |
| R：Auto—run setup |

再按下 L 键，BA—15B 进入自主运行状态，LCD 显示 "Mode auto – run actived"。再按 Q 键返回到接收纸币的状态，LCD 显示为：

| BA—15B |
| Auto—run mode |

进钞指示灯开始变绿，提示插入纸币。在这种运行状态下，BA—15B 识别插入的纸币，可接收的纸币被暂存到暂存器中，不可接收的纸币被退出去。LCD 上会显示纸币的面值和暂存器中纸币的张数，如下表：

| CNY100A |
| Total 03 pcs |

LCD 的第一行显示刚刚插入的纸币的面值，第二行显示暂存器上已经有多少张纸币。当暂存器上的纸币张数积累到四张时，BA—15B 将把这些纸币退还给测试者（而不是进入钱箱）。有关自主运行模式更多的功能，请参阅使用说明书的相关章节。

4）退出自主运行模式。在 BA—15B 处于自主运行模式，且 LCD 维护界面处于备用状态时，按下任意一个键。等大约 3 s 后，BA—15B 转入维护状态。接着按 N 键两次，切换到：

| L：Exit auto—run |
| R：Auto—run setup |

按 L 键可以结束自主运行，返回到正常工作状态（即需要 PC 连接才能处理纸币）。

（4）常见故障处理。由于纸币处理单元需要处理各种大小不一、新旧不同的纸币，还有很多人会投入折叠纸币、残旧纸币，甚至投入交通卡、银行卡等塑料卡片，因此纸币处理单元可能产生以下故障：

1）无法插入纸币。首先检查纸币是否有卷角或缺角。如纸币正常，再检查是否有异物阻挡闸门打开。如果无异物，再检查进钞口推力挚能否正常工作，如果不能正常工作，更换上新的推力挚组件。

2）纸币插入数秒钟后从进钞口吐出。原因可能是纸币不正确地靠左平直插入，纸币过旧、折皱严重或卷角、残缺。

3）通道卡钞。传送皮带是否安装在正确的位置上，是否有磨损，如有必要，更换上新的皮带；由于纸币有折皱，纸币过于残旧等原因造成，清除该部位被卡住的纸币即可。

4）退钞口卡钞。首先检查退钞口推力挚组件能否正常工作，如有必要更换推力挚；然后检查是否有异物阻挡退钞闸门的打开，如有异物则取出异物。

5）识别模块和纸币

检查识别模块的连线是否正确；纸币是否属于本机芯所支持的范围；纸币是否缺角或残缺严重；检查识别模块安装是否有问题；识别模块里面的检测元件是否洁净；检查数据卡是否已经插好。

6）拒币率高。检查机芯软件版本，如果机芯软件版本过低，则需升级机芯软件。

检查识别模块能否正常识别，如识别模块无法正常识别，有必要更换整个识别模块。

检查纠偏模块能否正常纠偏，如果纸币被纠偏后仍偏离角度，纠偏组件不能正常纠偏纸币。首先检查纠偏轮上的橡胶圈是否有磨损，如有必要，更换上新的橡胶圈；其次检查纠偏组件的位置是否合适，如果必要调节纠偏组件位置；最后检查纠偏电动机是否正常工作，如果有必要，更换上新的纠偏电动机。

2．模块维护

模块维护需清洁 CashRay90；清洁光栅；清洁节拍测量器及其皮带；检查皮带并更换损耗皮带；检查离合器；给收集箱支架添加润滑油；清洁收集箱接头；清洁棱镜；检查皮带并更换损耗皮带；检查滚轴并更换损耗滚轴；检查锁并调整。

上述工作完成后再用维修、诊断程序对识别器进行数据更新、初始化，并调整参数到规定的数值，进行功能和识别率检测，要求各币种测试数不少于 20 张。

3.3 排除自动售票机（加值验票机）故障

自动售票机（加值验票机）设备要求 24 h 不间断地工作。为保证自动售票机（加值验票机）设备正常运营、减少维修的工作量、提高工作效率和速度、减少自动售票机（加值验票机）的备品备件的库存量，自动售票机（加值验票机）设备都是采用模块化和标准化设计。因此，自动售票机（加值验票机）中的关键部件选用标准模块，采用国内外著名品牌的产品。

3.3.1 AVM 通信故障

加值验票机发生通信故障，短时间的通信故障不会影响加值验票机的运营，但是如果通信故障无法自动恢复，当充值授权耗尽以后，加值验票机将提示"授权失败"而暂停服务。

如果无法解决通信故障，可以尝试关闭加值验票机内部的计算机，并重新启动系统。

1．充值授权

加值验票机在每天进入服务状态之前，必须通过 SC 得到公共交通卡清算中心的授权信息。加值验票机必须确保与 SC 的通信，确保加值验票机接收充资授权后，才可正常使用，如果无法接收充资授权，加值验票机将退出运行。

2. 授权失败

CVM 在充值时需要事先得到交通卡公司的授权，一次授权额度是充值 2 万元，但通常设备在额度剩余 500 元左右时就开始申请新的授权，授权失败通常是通信故障，导致授权信息无法上传。

3. 通信描述

加值验票机收集车票交易和设备状态信息上传给车站计算机（SC），由车站计算机（SC）上传给中央计算机（CC）。同时接收 SC 或 CC 下传的命令、黑名单及其他参数等数据，并能对版本控制参数执行自动生效处理；保持与时钟服务器同步的功能。

加值验票机必须与中央计算机系统的通信正常，在确保设备接收充资授权后，才可正常使用，如果无法接收充资授权，加值验票机将退出运行。

4. 通信恢复

加值验票机通信故障可以尝试退出应用程序，并启动激活 Window 的 RUN 窗口，输入"DATClear.exe"，退出应用，然后再同样运行"C_Main.exe"重新启动应用，来恢复设备通信。

3.3.2 故障现象

1. 读写器故障

加值验票机采用嵌入式天线，通过射频线与读写器相连完成对交通卡"加值"。天线在走卡机内部，天线尺寸较小。天线受到电磁场的干扰会造成读卡失败。读写器位置固定，射频线接触不良，影响了天线与读写器的连接，从而导致无法读卡，如果判断故障原因为读写器坏了，也会造成读卡失败。这些现象反映读写器故障。

2. 验钞器故障

加值验票机设置只可接受纸币付费，具备一次操作多金额功能，充资上限可由中央计算机通过下传参数进行设置；当乘客选择"加值"按钮时，纸币处理单元会激活，此时纸币处理单元的指示灯会亮，等待乘客钞票插入，当乘客放入钞票时，验钞器进行纸币识别。如果钞票为纸币处理单元所识别的币种（这里主要是人民币），系统进行充值。纸币处理单元的纸币检测器具有激光、光学、电感、电介质和交叉传感器，采用激光、读磁、紫外线、红外线、荧光反射成像、透视成像、物理尺寸等多种识别技术交叉识别，可识别纸币双面的影像、油墨的磁性、纸质的密度、防伪线和水印。

加值验票机的验钞器发生故障,将无法对储值票进行加值。

3.3.3 排除纸币找零器故障

纸币找零单元比较常见的故障主要是卡币故障、通信故障和机械故障。

1. 卡币故障

纸币找零单元的出币机芯是十分精密的机械部件,而使用的纸币如果破损程度严重、毛刺较多或纸币上黏附物较多、纸币质量下降,就容易引发卡币故障。卡币故障发生,需要人工取出卡币,纸币找零单元才能恢复正常工作。

根据纸币找零单元卡币部位不同,处理纸币卡币方法各有不同,主要有:

(1)"拾钞部"内通道卡币。纸币卡在"拾钞部"内通道分两种情况,一种是纸币大部分位于内通道外部,通过转动吸币胶轮可以将纸币取出;另一种是纸币大部分位于内通道里面,此时切不可直接向外拉扯纸币,应先尝试转动吸币胶轮,若不能取出,则应转动传输通道旋钮,使纸币进入"拾钞部"后通道或传输通道再取出。

(2)"拾钞部"外通道卡币。翻开"拾钞部"外通道,取出纸币。

(3)传输通道卡币。旋转传输通道旋钮,进入回收箱或者从"出钞口"送出。

2. 通信故障

纸币找零器与工控机发生通信故障时,纸币找零器将退出运营。

3. 机械故障

纸币找零器机械传动机构损坏会引起卡币现象。

3.3.4 排除纸币识别器故障

1. 卡币原因

卡币,造成系统停滞,硬件不能自动恢复,必须人工干预。

2. 处理卡币解决办法

打开纸币识别器,仔细查找出卡币部位并将纸币取出,手动硬件恢复。

3.3.5 排除工控机故障

工控机(工业级计算机)长时间运行后,机箱内积集大量灰尘,机箱温度较高。同时在计算机内也产生大量的数据碎片,这时应当对工控机进行软件与硬件两个方面的清洁维护。

1. 工控机故障

工控机（工业级计算机）工作时间长，磁盘在庞大数据交换过程中，会积累大量的数据碎片，容易造成磁盘逻辑坏道、读写错误及系统运行和启动变慢。可定时进行重启工控机，以减少因长时间工作导致的磁盘错误。

工控机（工业级计算机）内部温度过高，计算机各元件极易发生老化、硬盘故障的频率也随之升高。这就需要系统维护人员在日常巡检中，密切关注机箱温度，做好散热工作。

2. 硬盘故障

避免在震动幅度过大的环境中长期使用工控机。震动不仅带来巨大的噪声，还会给工控机（工业级计算机）磁盘带来巨大的损害。

如果无法读取硬盘信息，则更换已安装好操作系统和应用软件的硬盘，其中必须按照车站计算机对该设备分配的地址进行地址信息的设置，否则无法与车站建立通信；如果地址设置错或与其他设备设置重叠，则会造成车站数据混乱。

如果损坏的硬盘中运营数据没有及时上传车站计算机，严禁对损坏硬盘进行格式化操作，必须通过专业部门导取数据后进行格式化操作。

3. 串口故障

工控机在长时间工作情况下会出现串口故障，造成某一模块通信故障。

3.3.6 排除硬币接收器故障

硬币接收器识别原理：硬币通过投币口进入由电感和电容组成的特定高频振荡线路所产生的磁场时由于金属材质和体积的差异，对电感量的影响大小会出现微弱差异，电感量的变化引起振荡频率的变化，通过检测频率的变化，与设定值进行比较，确定某种硬币种类后，经窄带选频电路将频率信号变成电压信号输出，完成对金属硬币的识别。

1. 识别率

当硬币接收器识别率低时，更换硬币接收器。

2. 硬币假币

当硬币接收器接收假币时，需重新设置硬币接收器参数。硬币参数有硬币金属材质、硬币形状和硬币大小等。这些参数的改变会影响硬币的识别率。

3.3.7 排除纸币接收器故障

1. 识别率

为达到良好的接收率以及保持合适的防伪性能，纸币接收器具有灵敏的识别率。识别率表示纸币接收器测试系统的质量。当测试识别率时，必须注意在测试前和测试中要保持适当的条件。它包括纸币的准备工作，以及对测试人员适当的指导，从而避免会导致排斥真币的错误操作。

识别率定义：当采用正确的方法时，真纸币被纸币器所接收的可能性。

表述识别率的公式是：

识别率 =（插入真钞的总量 − 排斥真钞的总量）/插入真钞的总量。

排斥真钞的总量是指将真钞插入、却被纸币接收器排斥的纸币总和。

测试识别率时，由于插入的纸币变形、穿孔、残缺、有粘贴带、背面写字及作废而造成的排斥不计其内。

2. 纸币假币

当纸币接收器接收假币时，需重新设置纸币接收器参数。

3.3.8 找零器

1. 硬币找零故障

观察维护面板提示，确认为硬币找零故障。

如是卡币，则按照操作流程，取出被卡硬币，并恢复部件安装，通过维护面板进行测试运行。

清空缓存找零器。

在维护面板重新输入下限硬币数。

如缓存找零器通信故障，应重新连接串口线，通过维护面板进行测试运行。

观察维护面板显示，若还是有相同故障提示，则更换缓存找零器。

2. 纸币找零故障

常见故障处理方法：

读取并查看系统历史记录；目测是否有磨损或损坏的零部件，更换磨损或损坏的零部件；全面清理各零部件；重新装配各零部件。

按照调试说明书上的各项参数调试方法对各零部件进行测试和调整参数在规定的范围内。

将更换的零部件装入整机,接上线缆,通电并使用测试程序进行测试。使用真钞作为最终的测试纸币来进行机芯相关功能的测试。

观察维护面板故障代码提示;取出纸币找零钱箱,重新安放纸币找零钱箱;重新连接纸币找零器串口线。

观察维护面板提示,若还是有相同故障提示,则是电子标记损坏,请更换纸币找零器。

技能要求

自动售票机无法接收纸币故障排除

操作准备

1. 自动售票机 1 台。
2. 纸币处理器 1 台。
3. 自动售票机钥匙 1 套。
4. 常用工具 1 套。

操作要求

1. 所有操作要求符合规程,操作应采取正确的步骤、方法。
2. 严禁违规操作造成设备、人员损伤。
3. 操作完毕后设备工具复位、清洁。

操作步骤

步骤 1 故障判断

先进行设备状态判断:设备无法用纸币进行购票,设备处于只接收硬币模式。

打开自动售票机后门,在操作面板上进行登录,输入有效的操作员号和密码,通过命令菜单操作检测纸币接受器是否正常;将纸币处理器从滑轨中抽出,检查纸币接受器连接线是否正常;检查纸币接受器输入电源 24 VDC 是否正常。通过上述过程的检查,判断发生故障的位置。如果是纸币接受器故障则更换纸币接受器。

步骤 2 部件更换

拆卸故障纸币接受器,更换纸币接受器,通过命令菜单操作检测纸币接受器功能。

步骤 3 设备恢复

在 TVM 维护面板注销操作密码，恢复设备运行状态，关闭自动售票机门。用纸币进行购票。检测原故障消失。

思 考 题

1. 自动售票机的安全设计内容是什么？
2. 怎样进行自动售票机部件拆装和检修？

第 4 章

人工售票机（补票机）

学习目标

- ☑ 了解人工售票机（补票机）检修中的一般操作。
- ☑ 了解人工售票机（补票机）设备运营状态信息。
- ☑ 熟悉人工售票机（补票机）关键模块的故障诊断。
- ☑ 掌握人工售票机（补票机）关键部件的拆装方法。
- ☑ 了解排除人工售票机（补票机）常见故障的处理方式。
- ☑ 熟悉测试人工售票机（补票机）部件的方法。
- ☑ 掌握如何排查人工售票机（补票机）关键部件的故障。

第4章
人工售票机（补票机）

知识要求

票务处理设备主要是指人工售票机（补票机）（Booking Office Machine，BOM）。BOM 的组成如图 4—1 所示，是地铁车站工作人员针对乘客的票务问题进行人工处理的车站票务终端设备之一。根据轨道交通运营的应用需求，BOM 可分成两种类型，即人工售票机和人工补票机。人工售票机具有发售 AFC 系统中单程车票的功能，采用人工方式对非付费区进行票务处理，如发售单程票、储值票（交通卡）加值、车票分析（验票）、退票及其他票务服务。人工补票机的主要功能是对付费区不能出站的乘客用人工方式进行票务处理，如发售免费和付费出站票、出站更新、车票超时或超程更新及其他票务服务。

人工售票机通常设置在车站站厅层非付费区的售票房或售票亭内，在售票（BOM）模式下，主要用于车票发售、储值票（交通卡）加值、票卡分析等。而人工补票机则设置在站厅层付费区的补票亭内，在补票（EFO）模式下，用于车票的分析、补票、更新等票务处理。功能结合的人工售票机（补票机）可以同时为付费区和非付费区进行票务处理，使用同一台设备可兼顾售票及补票的功能，但需对两个区域分别设置单独的乘客显示器，以适应不同区域乘客的票务处理要求。在大部分实行无人售票的车站中，票务处理设备通常由设置在服务中心内的能满足非付费区和付费区服务要求的人工售票/补票机集中完成。

人工补票机不装备票卡发送装置及票卡发送读写器。

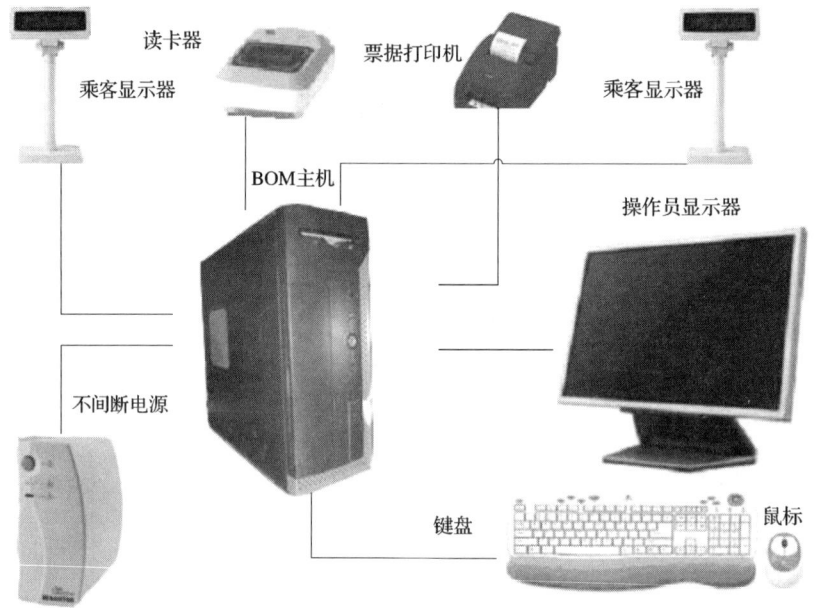

图 4—1 BOM 的组成

4.1 调整人工售票机（补票机）部件

人工售票机（补票机）的组成以主控单元为主，辅以键盘、鼠标、操作员显示器、车票读写器、乘客显示器、打印机、电源等模块，根据需要还可配置触摸屏、车票处理装置、钱箱等部件。

人工售票机（补票机）的总体架构如图 4—2 所示，其连接原理图如图 4—3 所示。

人工售票机（补票机）提供良好的图形界面供操作人员完成各种票务处理业务和维护测试业务。操作人员使用键盘、鼠标（或触摸屏）完成各项功能的选择，输入命令，并获得各种执行和操作提示。操作人员在进入人工售票机（补票机）操作时，应首先输入操作员号和密码进行登录，应用软件将根据操作员的权限开放允许的功能。人工售票机（补票机）的功能比较丰富，在人机界面的设计上尽可能采用统一的入口以方便操作员准确、快速地完成交易和各项服务。操作员界面上应同时显示设备的工作状态和故障信息。

人工售票机（补票机）还具有维护界面，用于对读写器、乘客显示器、车票发售机构、电源等部件的测试，方便维护人员进行设备维护和尽快排除故障。

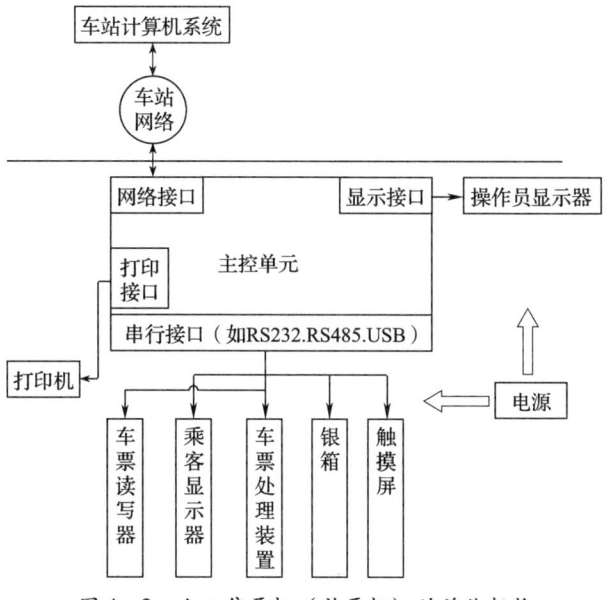

图 4—2 人工售票机（补票机）的总体架构

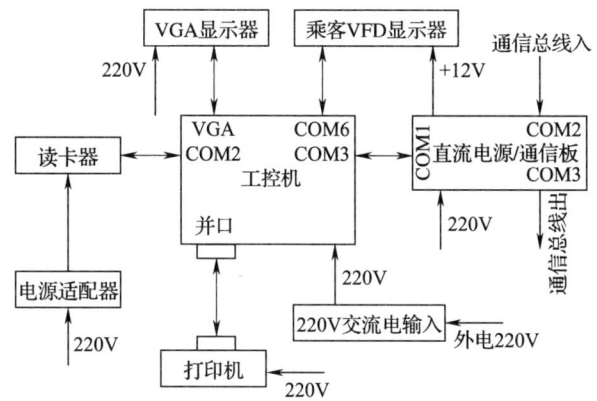

图 4—3 人工售票机（补票机）的连接原理

4.1.1 人工售票机（补票机）登录

人工售票机（补票机）具有相应的安全防护措施，防止非法进入操作界面进行票务业务处理。在人工售票机（补票机）上进行操作前必须先登录。各类操作人员的ID、密码、操作权限、ID 和密码过期日期由 AFC 系统设定，通过参数表形式下发，人工售票机（补票机）系统根据中央计算机系统设定的参数表内的操作员 ID、密码以及操作权限控制操作人员的工作。ID 和密码有效期为 6 个月至 1 年。

操作人员通常分为售票人员、维护人员、管理人员等不同类型，对其操作权限分别进行限定。

当操作员登录时，授权级别识别码可用来区分操作员的访问级别。车站操作员类型的访问级别有3类：Revenue（票务，包括售票员、票款员）、Maintenance（维修，包括现场维修和线路抢修）、Supervisor（管理，即站长）。操作员类型访问级别见表4—1。

表4—1　　　　　　　　　　　　操作员类型访问级别

操作员类型	票务	维修
Revenue（票务）	√	
Maintenance（维修）		√
Supervisor（管理）	√	√

人工售票机（补票机）对所有操作人员的登录及注销，包括登录人员ID、登录及注销时间、车票处理统计数据、现金处理统计数据等都进行记录，并可在班次报表中反映出来。

1. 登录权限

只要操作人员没有进行登录操作时，人工售票机（补票机）总是停留在待登录界面（见图4—4）等待用户登录。

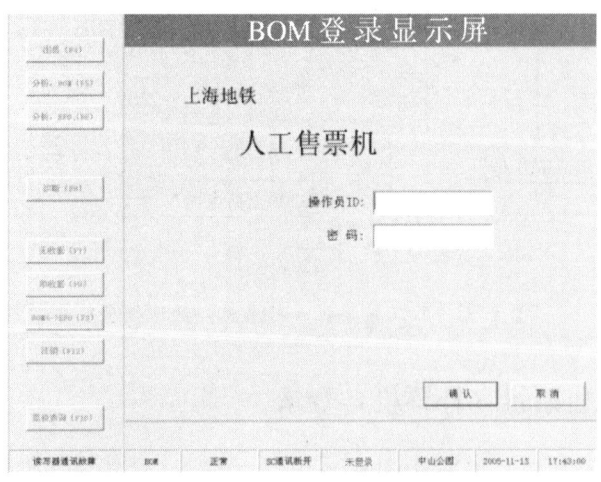

图4—4　待登录界面

此时若系统自检到参数无法生效时，则操作员无法使用键盘输入操作员ID和密码登录系统。出现无法登录故障时，可检查各个外部设备的连接情况，然后重新启动工控机。如果还无法登录，就需由维护人员检查。

2. 登录及退出

（1）登录。在待登录界面的操作员 ID 文本框中输入操作员工号（ID），使用鼠标单击下面的密码文本框或敲击键盘上的 TAB 键跳进密码文本框。在密码文本框中输入密码，使用鼠标单击确认按钮或敲击键盘上的 ENTER 键登录到系统。不同身份的操作人员有不同的 ID 和密码，登录以后的用户界面根据身份的不同而有所区别。

（2）注销。选择命令区的注销按钮（见图 4—5），此时在消息区内将显示注销提示，提示操作人员确认注销。若不进行确认，则可以单击其他命令按钮以恢复正常操作。再次单击注销按钮，或者按消息区内的提示消息敲击键盘上的 F12 键，系统将退出，并将本次的登录/注销信息记录在本机中并上传到车站计算机（SC）。BOM 记录所有人员的登录及注销数据，包括登录人员名单、登录及注销时间、车票处理统计数据、现金处理统计数据等。

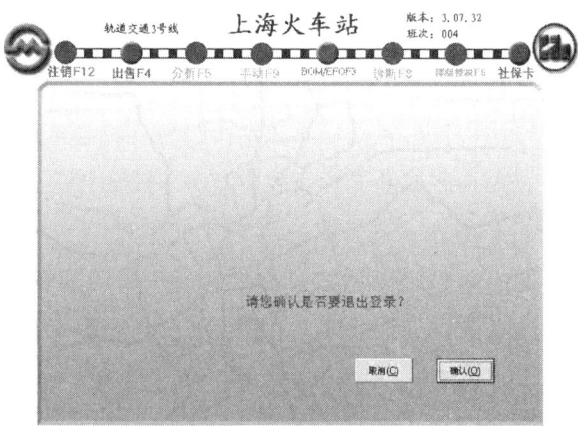

图 4—5　注销提示界面

4.1.2　车票有效性分析

人工售票机（补票机）在进行票务处理时的基本交易流程如图 4—6 所示。人工售票机（补票机）在进行票务处理之前首先对车票进行分析，如果车票当前状态不正常，就必须进行更新处理才能执行其他交易。车票分析包括车票有效性检查和状态分析两部分工作。有效性检查的主要内容包括以下几方面：密钥安全性检查、黑名单检查、票种合法性检查和车票状态检查。车票状态分析的内容包括使用地点检查、余值检查、有效期（使用时间）检查、进出站次序检查等。

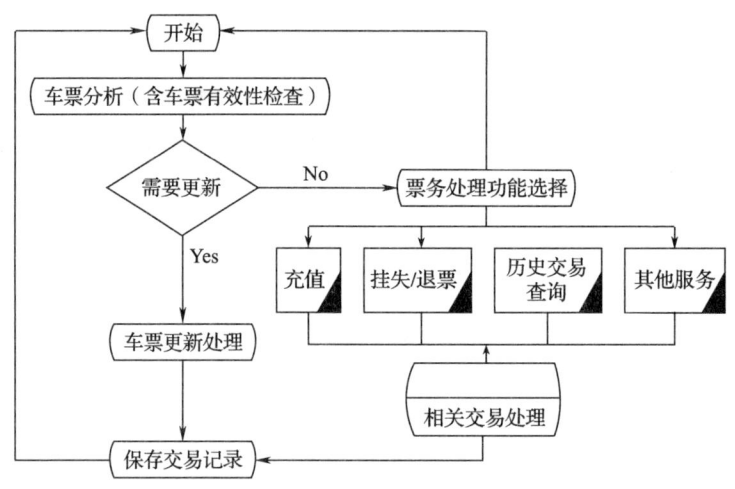

图 4—6 BOM 票务处理流程图

人工售票机（补票机）能根据车票内的编码信息，对车票的有效性进行分析，包括车票的密钥安全性、合法性、状态、黑名单、使用地点、有效期、余值（乘次）、进出次序、超时、超程、更新信息等。

车票分析的具体内容应根据系统运行模式及设备操作模式的不同运用方式来确定，应由系统参数进行设置。各种车票的无效原因应赋予不同的代码。

1. 车票的合法性

车票的合法性是车票有效性分析的内容之一。通过车票的合法性分析，读卡器读到的车票信息与数据库中的数据进行比对，BOM 系统将自动辨别车票的真伪并将相应信息存入 BOM 系统中。

2. 密钥的安全性

车票的保密性主要取决于密钥的安全性。密钥一般指票务数据中所应用的各种加密技术。密钥是一种参数，它是在明文转换为密文或密文转换为明文的算法中输入的数据。车票的密钥安全性采用信息认证代码 MAC 技术，MAC 就是一个散列结果，其中部分输入信息是密码，只有知道这个密码才能再次计算和验证 MAC 码的合法性，辨别车票的真伪。

3. 车票的使用地点

车票的使用地点分析是指车票由哪台售票机发售，或者乘客持车票通过哪些检票机进、出站。

4. 车票的有效期

车票的有效期是指售出车票的使用期限。单程票在发售当站、当天使用有效，出站时由出站检票机回收。

5. 车票的余值（乘次）

车票的余值（乘次）是记录车票的有效乘车金额/有效乘车次数。公共交通卡的余值显示的是卡内金额。

6. 车票更新信息

车票更新信息是指车票经更新后留下的更新记录。对车票进行分析后，属于下列几种类型的无效车票，操作员可以通过人工售票机（补票机）对车票进行更新处理：

（1）在非付费区持未出站车票。可检查车票进站时间是否在参数设置的允许范围内，以及车票进站地点是否为本站，若符合条件则进行免费更新，否则应收取相应的金额，所收金额由参数设置。

（2）在付费区内持未进站车票。可对车票进行更新处理，处理要求由系统设置的参数决定。

4.1.3 BOM 无效车票原因分析

BOM 无效车票分析，主要针对乘客在非付费区内的票务处理，车票无效 BOM 的操作员显示器及乘客显示器根据车票分析情况显示相关信息。

1. 黑名单车票分析

记名车票挂失登记或 AFC 系统跟踪监测到非正常发行、出售和使用的车票时，这些车票会被列入黑名单。AFC 系统车站终端设备发现黑名单车票时，将对其进行锁卡操作。

2. 车票进出站标记判断

已进车站车票是指已在进站检票机刷过的有效车票。BOM 系统对车票进行分析后，对于单程票（交通卡）为"出站"状态、进站车站为本站，且进站时间在 15 min 内，或单程票（交通卡）为"出站"状态、进站时间在过去的 7 天内，且进站车站在过去的 7 天内发生过紧急模式，都可以进行免费进站更新。

在非付费区持未出站车票，可检查车票进站时间是否在参数设置的允许范围内（15 min 内），以及车票进站地点是否为本站，若符合条件，则 BOM 系统进行免费更新，否则应收取相应的金额，所收金额由参数设置。

3. 车票有效期判断

超过有效期的车票是指在使用日之前购买的单程票。BOM 进行无效车票原因分析，单程车票当天使用有效，非当天的未使用车票 BOM 分析为无效车票。

4. 车票余额判断

余额不足车票是指乘客实际乘坐的距离超出其所购车票对应的票价。BOM 进行无效车票原因分析，操作员显示器及乘客显示器根据车票分析情况显示车票余额的相关信息。

4.1.4 EFO有效车票分析

EFO有效车票分析主要针对乘客在付费区内的票务处理，EFO进行有效车票分析，操作员显示器及乘客显示器应根据车票分析情况显示相关信息。

1. 单程票数据分析

图4—7 相关车票信息显示1

EFO有效车票分析是指在付费区内根据车票分析情况显示相关车票信息。

2. 储值票数据分析

当公共交通卡内有储值金额时，在乘坐轨道交通时可透支使用一次，但最高透支额不超过8元。当透支金额超过8元时，须在充值后方可正常出站。

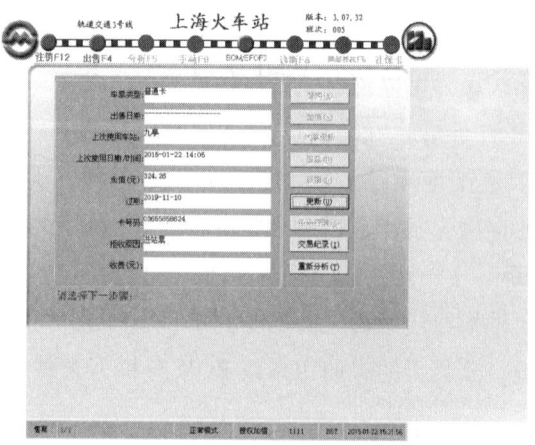

图4—8 相关车票信息显示2

3. 其他票种数据分析

一日票启用时间以首次在进站检票机上使用时开始计算，之后 24 h 内可反复多次乘坐轨道交通的所有线路（磁悬浮除外），但在同一站点 5 min 之内无法再次进站。

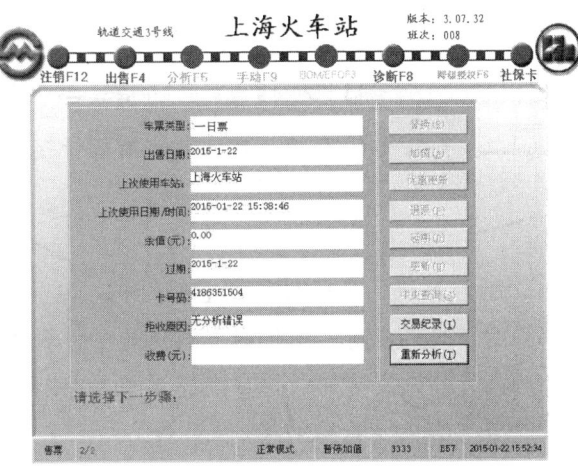

图 4—9　相关车票信息显示 3

4.1.5　EFO 无效车票原因分析

1. 黑名单车票分析

公共交通卡在使用中卡内金额发生异常变化的，交通卡公司为了查找方便将此类卡设置为黑名单车票。

2. 车票进（出）站标记判断

在付费区内持未进站车票，操作员可对车票进行更新处理，处理要求由系统设置的参数决定。

在进行车票进（出）站更新处理时，人工售票机（补票机）将更新车票的进出站状态、时间及车费更新标志等编码信息，同时将交易信息记录在数据库内。

3. 车票有效期判断

超过有效期的车票、卡，在出站时须进行票务处理后，方可出站。

4. 车票超时分析

车票超时是指乘客在付费区内的时间超过系统允许的时间。

5. 车票超程分析

超程车票是指车票价值小于乘车里程对应的票价。在付费区内车票超程时，操作员可对车票进行超程更新，收费金额由系统参数决定。在进行超程更新处理时，人工售票机（补票机）将更新车票车费更新标志等编码信息，同时将交易信息记录在数据库内。

4.1.6 主控单元

主控单元一般选用高可靠性的工业控制计算机，也可选用高档的商用计算机，但需要具有丰富的外部接口以支持设备的连接，并需要保留部分接口以支持未来设备的扩充、开发。

1. 工控机

工控机 IPC 即工业控制计算机，是一种采用总线结构，对生产过程及机电设备、工艺装备进行检测与控制的工具的总称。工控机具有重要的计算机属性和特征，如具有计算机 CPU、硬盘、内存、外设及接口，并有操作系统、控制网络和协议、计算能力、友好的人机界面。

工控机与普通计算机相比必须具有以下特点：

（1）机箱采用钢结构，有较高的防磁、防尘、防冲击的能力。
（2）机箱内有专用底板，底板上有 PCI 和 ISA 插槽。
（3）机箱内有专门电源，电源有较强的抗干扰能力。
（4）具有连续长时间工作的能力。
（5）一般采用便于安装的标准机箱（4U 标准机箱较为常见）。

工控机（Industry Personal Computer，IPC）负责运行人工售票机（补票机）的控制软件，完成车票处理、数据通信、状态监控、故障检测等功能。工控机采用模块化设计，以满足物理上和功能上的互换性要求，便于维护。主要技术要求如下：采用低功耗 CPU，主频 1 GHz 以上；512 M DDR RAM 内存，可升级至 1 G；带后备电池，具备电源故障数据保护功能，以避免在电源出现故障时丢失数据。工作温度：0 ~ 60 ℃；MTBF > 100 000 h。

2. 数据保存

BOM 的数据保存是指在对车票进行票务处理过程中产生的需要查找的信息。票务数据以某种格式记录在计算机内部或外部存储介质上。数据保存的命名要反映票务处理信息特征的组成含义。票务信息数据流反映 AFC 系统中流动的数据，表现出动态数据的特征；数据保存反映 AFC 系统中静止的数据，表现出静态数据的特征。

BOM 工控机配备工业级硬盘或 CF 卡，用于保存数据。

3. 通信接口（communications interface）

BOM 工控机与车票读写器、乘客显示器、打印机、操作员显示器之间的数据传送采用串行通信和并行通信两种方式。由于串行通信方式具有使用线路少、成本低的优点，特别是在远程传输时，可避免多条线路特性的不一致，因此被广泛采用。在串行通信时，要求通信双方都采用一个标准接口，使不同的设备可以方便地连接起来进行通信。

BOM 工控机具有多个 I/O 接口，主要使用 RS232 通信接口以满足各部件、模块连接要求，也使用包括 USB2.0 口、并口/串口、PS/2 键盘/鼠标接口、以太网口等。

4. 操作系统

操作系统（Operating System，OS）的主要功能是资源管理、程序控制、人机交互等。操作系统是管理和控制计算机硬件与软件资源的计算机程序，是直接运行在"裸机"上的最基本的系统软件，其他应用软件必须在操作系统的支持下才能运行。

操作系统是用户和计算机的接口，同时也是计算机硬件和其他软件的接口。操作系统的功能包括管理计算机系统的硬件、软件及数据资源，控制程序运行，改善人机界面，为其他应用软件提供支持等，使计算机系统所有资源最大限度地发挥作用，提供了各种形式的用户界面，使用户有一个好的工作环境，为其他软件的开发提供必要的服务和相应的接口。

操作系统理论研究者有时把操作系统分成以下四大部分。

（1）驱动程序：最底层的、直接控制和监视各类硬件的部分，它们的职责是隐藏硬件的具体细节，并向其他部分提供一个抽象的、通用的接口。

（2）内核：操作系统内核部分，通常运行在最高特权级，负责提供基础性、结构性的功能。

（3）接口库：是一系列特殊的程序库，它们的职责在于把系统所提供的基本服务包装成应用程序所能够使用的编程接口（API），是最靠近应用程序的部分。例如，GNU C 库就属于此类，它把各种操作系统的内部编程接口包装成 ANSI C 和 POSIX 编程接口的形式。

（4）外围：是指操作系统中除以上三类以外的所有其他部分，通常是用于提供特定高级服务的部件。例如，在微内核结构中，大部分系统服务以及 UNIX/Linux 中各种守护进程都通常被划归此列。

BOM 工控机可以使用的操作系统是 Windows XP。

4.1.7 操作员显示器

操作员显示器为操作人员提供实现人工售票机（补票机）各种功能的操作显示界面。操作员显示器显示的信息可以通过中文及英文显示，可显示有关车票分析及编码信息、现金处理、操作指示、系统状态、设备状态等信息。在对车票进行处理时，显示所需的车票编码及分析信息，并能显示下一步操作的指示信息；在进行现金处理时，能显示有关的现金处理信息。操作员显示器能显示系统及设备状态等信息，如当前系统模式、设备当前运行模式、设备故障信息等。操作员显示器采用图形化显示信息，清晰明了、界面友好，能给予操作员明确的指示及提示。

1. 操作员显示器种类

显示器（display）属于计算机的 I/O 设备，即输入/输出设备，可以分为 CRT、LCD 等多种。它是一种将一定的电子文件通过特定的传输设备显示到屏幕上再反射到人眼的显示工具。

（1）CRT（Cathode Ray Tube）显示器，即阴极射线显像管。CRT 是一种使用阴极射线管的显示器，主要由五部分组成：电子枪（electron gun）、偏转线圈（deflection coils）、荫罩（shadow mask）、高压石墨电极和荧光粉涂层（phosphor）、玻璃外壳。它是应用最广泛的显示器之一。

（2）TFT（Thin Film Transistor）即薄膜场效应晶体管。TFT 是指液晶显示器上的每一个液晶像素点都是由集成在其后的薄膜晶体管来驱动的，从而可以做到高速度、高亮度、高对比度显示屏幕信息。

操作员显示器可采用 CRT 显示器或 TFT-LCD 液晶显示器，屏幕尺寸一般不小于 15 英寸。上海地铁 2005 年前 BOM 操作显示器以 CRT 显示器为主。由于液晶显示器具有体积小、功耗低等优点，因此目前都由液晶显示器取代 CRT 显示器。

2. 操作员显示器的主要指标

（1）分辨率。分辨率是屏幕图像的精密度，指显示器所能显示像素的多少。由于屏幕上的点、线和面都是由像素组成的，因此显示器可显示的像素越多，画面就越精细，同样的屏幕区域内能显示的信息也越多，因此分辨率是非常重要的性能指标之一。

操作员显示器的分辨率在 $1\,024 \times 768$ 以上。

（2）亮度。我们将表示发光物体表面发光强弱的物理量称为亮度（luminance），

物理学上用 L 表示，单位为坎德拉每平方米（cd/m^2）。亮度也表示显示器显示图像的明亮程度，数值越高显示越亮，数值越低显示越暗。

操作员显示器的亮度≥300 cd/m^2。

（3）对比度。对比度指的是一幅图像的明暗区域中最亮的白和最暗的黑之间不同亮度层级的测量，差异范围越大代表对比度越大，差异范围越小代表对比度越小。一般来说对比度越大，图像越清晰醒目，色彩也越鲜明艳丽；而对比度小，则会让整个画面都灰蒙蒙的。高对比度对于图像的清晰度、细节表现、灰度层次表现都有很大帮助。

操作员显示器的对比度≥500:1。

4.1.8 乘客显示器

在人工售票机（补票机）对应的付费区及非付费区都安装乘客显示器供乘客查看有关车票分析及现金信息。在没有登录前，乘客显示器显示暂停服务的信息，在登录后，显示正常服务的信息及显示需要乘客确认的交易信息（如加值金额、本次交易金额等）、车票信息及交易的执行状态。显示器内用中、英文显示的所有信息清晰、易懂。

1. 乘客显示器种类

乘客显示器采用 LCD 液晶显示器或 VFD 显示器。

2. 显示方式

乘客显示器可采用点阵式汉字和西文显示，也可采用 LCD 液晶显示器的彩色图形显示。

3. 接口方式

乘客显示器的接口使用 RS-232 串行通信接口。乘客显示器与工控机之间的通信连接一般不采用以太网接口方式。

4.1.9 键盘、鼠标

1. 键盘

键盘是用于操作 BOM 设备运行的一种指令和数据输入装置。

键盘是最常用也是最主要的输入设备，通过键盘可以将英文字母、数字、标点符号等输入到计算机中，从而向计算机发出命令、输入数据等。

键盘广泛应用于微型计算机和各种终端设备上，计算机操作者通过键盘向计算机输入各种指令、数据，指挥计算机的工作。计算机的运行情况输出到显示器，操作者可以很方便地利用键盘和显示器与计算机对话，对 BOM 的票务信息进行修改、编辑，控制和观察计算机的运行。

BOM 键盘主要用于控制 BOM 主机的操作，在工控机的背后分别与 PS1 端口相连，也可通过 USB 接口与 BOM 主机相连。

2. 鼠标

鼠标是一种很常用的计算机输入设备，它可以对当前 BOM 显示器上的游标进行定位，对 BOM 的菜单进行选择操作，可用鼠标点击选择，也可通过键盘上的方向键移动光标进行选择，用于控制 BOM 的操作。鼠标在工控机的背后与 PS2 端口相连。

鼠标按其工作原理的不同分为机械鼠标、光电鼠标和无线鼠标。

（1）机械鼠标。主要由滚球、滚柱和光栅信号传感器组成。当拖动鼠标时，带动滚球转动，滚球又带动滚柱转动，装在滚柱端部的光栅信号传感器采集光栅信号。传感器产生的光电脉冲信号反映出鼠标在垂直和水平方向的位移变化，再通过计算机程序的处理和转换来控制显示器屏幕上光标箭头的移动。

（2）光电鼠标。通过红外线或激光检测鼠标的位移，将位移信号转换为电脉冲信号，再通过程序的处理和转换来控制显示器屏幕上光标箭头的移动。光电鼠标的光电传感器取代了传统的滚球。这类传感器需要与特制的、带有条纹或点状图案的垫板配合使用。

（3）无线鼠标。指无线缆直接连接到主机的鼠标。一般采用 27 M、2.4 G、蓝牙技术实现与 BOM 主机的无线通信。

4.1.10 车票处理机构

车票处理机构可用来完成单程票车票的自动发售功能，以提高人工发售车票的效率。在以自动售票机自助式售票为主的车站，车票处理机构可以用来作为应急发售车票装置。车票处理机构内的主要部件是发票装置、读写器、出票控制板等，其与自动售票机中的模块基本类似。处理机构与主控单元通过串口连接，接受主控单元发出的指令，对单程票进行各种处理，如读取卡内存信息、判断卡的有效性、对卡内储值清零、赋值、校验、出票、废票回收等。车票处理机构能一次发售多张同一票值的车票。

1. 发售功能

车票处理机构的基本功能要求如下：

（1）具有 BOM 的分析和发售单程票功能。

（2）一次可连续发售 100 张车票。

（3）装有废票回收盒，回收盒容量≥50 张。

（4）发票装置与 BOM 主机的通信连接采用通用的接口方式。

（5）发票装置有独立的电源控制开关及电子器件的复位控制按钮。

（6）发票速度：连续发票速度（从票箱至出票口）≤1 张/s；单次发票速度（确认后）≥30 张/min。

（7）具有独立的维修诊断程序，能对发票装置的所有传输控制器件进行检测，方便故障的鉴别和诊断。

2．主要部件

车票处理机构内的主要部件有发票装置、出票控制板、运行车票的输送电动机、车票路径和控制传感器、车票读写器等。

4.1.11 打印机

打印机（Printer）是计算机的输出设备之一，用于将计算机处理结果打印在相关介质上。

1．BOM 打印机种类

BOM 一般采用小型针式打印机，也可采用小型热敏打印机。热敏打印机具有使用寿命长、故障率低的优点，但打印后的单据不能长期保留。目前 BOM 还是以使用热敏打印机为主。

2．BOM 打印方式

BOM 打印机用于车票发售、加值（储值票）单据打印，也用于打印班次报表或其他有关信息。可以通过设定选择每完成一次交易，打印机就打印一次，给出运行号、系列号、截止日期等。

人工售票机（补票机）在任何时候都可以设置是否打印报表，当操作界面上的按钮为"有收据"时表示当前正处在不打印收据状态，反之亦然。单收据状态表示每次操作都会打印相应的报表或收据。一组收据状态表示只有在完成当前的功能操作以后（如连续发售若干张车票等），才会一次打印所有的相关报表或收据。

3．BOM 打印机故障判断

引起打印机不打印的故障原因有很多种，有打印机方面的，也有计算机方面的。以下分别进行介绍：

（1）检查打印机是否处于联机状态。在大多数打印机的"OnLine"按钮旁边都有一个指示联机状态的灯,正常情况下该联机指示灯应处于常亮状态。如果该指示灯不亮或处于闪烁状态,就说明联机不正常,重点检查打印机电源是否接通、打印机电源开关是否打开、打印机电缆是否正确连接等。如果联机指示灯正常,就关掉打印机后再打开,看打印测试页是否正常。

（2）检查打印机是否已设置为默认打印机。单击"开始/设置/打印机",检查当前使用的打印机图标上是否有一个黑色的小钩,然后将打印机设置为默认打印机。如果"打印机"窗口中没有使用的打印机,就单击"添加打印机"图标,然后根据提示进行安装。

（3）检查当前打印机是否已设置为暂停打印。方法是在"打印机"窗口中用右键单击打印机图标,在出现的下拉菜单中检查"暂停打印"选项上是否有一个小钩,如果选中了"暂停打印",就请取消选中该选项。

（4）在"记事本"中随便键入一些文字,然后单击"文件"菜单上的"打印"。如果能够打印测试文档,就说明使用的打印程序有问题,重点检查 WPS、CCED、Word 或其他应用程序是否选择了正确的打印机,如果是应用程序生成的打印文件,那么应检查应用程序生成的打印输出是否正确。

（5）检查计算机的硬盘剩余空间是否过小。如果硬盘的可用空间低于 10 MB 就无法打印。检查方法是在"我的电脑"中用右键单击安装 Windows 的硬盘图标,选择"属性",在"常规"选项卡中检查硬盘空间,如果硬盘剩余空间低于 10 MB,就必须清空"回收站",删除硬盘上的临时文件、过期或不再使用的文件,以释放更多的空间。

（6）检查打印机驱动程序是否合适以及打印配置是否正确。在"打印机属性"窗口中的"详细资料"选项中检查以下内容：在"打印到以下端口"选择框中,检查打印机的端口设置是否正确,最常用的端口为"LPT1（打印机端口）",但是有些打印机却要求使用其他端口;如果不能打印大型文件,就应重点检查"超时设置"栏目的各项"超时设置"值,此选项仅对直接与计算机相连的打印机有效,使用网络打印机时则无效。

（7）检查计算机的 BIOS 设置中打印机端口是否打开。BIOS 中打印机使用端口应设置为"Enable",有些打印机不支持 ECP 类型的打印机端口信号,应将打印机端口设置为"Normal、ECP + EPP"方式。

（8）检查计算机中是否存在病毒。若有,则需要用杀毒软件进行杀毒。

（9）检查打印机驱动程序是否已损坏。可用右键单击打印机图标,选择"删除",然后双击"添加打印机",重新安装打印机驱动程序。

若打印机进纸盒无纸或卡纸,打印机墨粉盒、色带或碳粉盒无效,则都不能打印。

4.2 人工售票机（补票机）部件拆装和检修

人工售票机（补票机）具有维护界面，用于对乘客显示器、读写器、打印机、车票发售机构、电源等部件的测试，方便维护人员进行设备维护和尽快排除故障。

BOM 操作界面布局如图 4—10 所示，其由命令区、显示区、消息区、状态区组成。

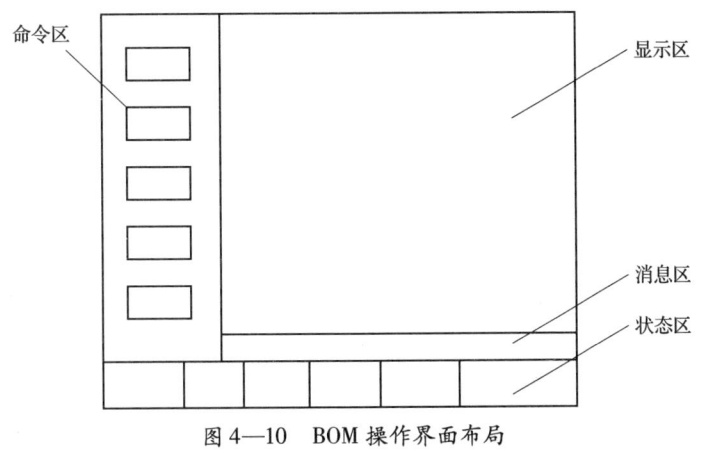

图 4—10　BOM 操作界面布局

在操作界面上命令区位于显示器左边，可以使用鼠标直接单击命令按钮，执行相应的命令，也可以使用热键执行相应的命令。例如，要注销时，在消息区内会提示请按下 F12 键退出，此时敲击键盘上的 F12 功能键即可注销系统。

在操作界面上显示区位于显示器中间，占有屏幕大部分空间。

在操作界面上消息区位于显示器的显示区，其作用是提示操作员下一步的动作。

在操作界面上状态区位于显示器底部，显示设备目前工作状态。

4.2.1　维护诊断

人工售票机（补票机）具有维护和故障诊断功能，能对设备的寄存器数据进行查询，对乘客显示器、读写器、打印机等进行测试，还能通过发售测试票检查人工售票机（补票机）的工作状态。

1. 诊断界面

使用具有维护权限的 ID 和密码登录 BOM 系统，方可以进入 BOM 系统诊断界面，如图 4—11 所示。

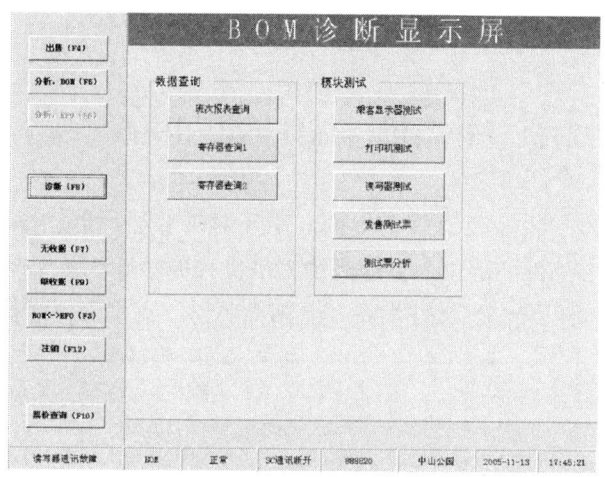

图4—11 诊断界面

2. 诊断功能

操作员单击命令区的诊断功能后，BOM 系统显示出诊断界面，在此诊断界面可以进行以下几项操作：乘客显示器测试、打印机测试、读写器测试、发售测试票、测试票分析等。

4.2.2 寄存器数据描述

人工售票机（补票机）内保存的数据包括设备状态数据、交易数据、本机统计数据、日志文件、参数文件等。设备能至少保存最近的 50 000 条交易数据及 7 天的设备数据。当与车站 SC 通信中断时，具有离线工作和数据保存能力。在通信恢复时，BOM 能自动将保存的交易数据及时上传给 SC。

设备状态数据、交易数据和本机统计数据均由人工售票机（补票机）生成。人工售票机（补票机）定时检查各部件的工作情况，在设备状态发生变化或部件工作状态发生变化时，人工售票机（补票机）记录状态信息并将相关信息实时上传到车站计算机系统。当有交易发生时，人工售票机（补票机）将记录交易的结果，包括时间、车票信息、交易金额等，并实时上传、定时刷新本机的统计数据（包括现金数据）。参数文件的管理方式与检票机类似。

人工售票机（补票机）的本机统计数据除可以按照时间统计外，还可以按照操作员进行统计管理，生成操作员班次报表。系统管理员可以查询及打印操作员班次报表以便对操作人员进行管理。

1. 诊断功能

使用具有管理权限的 ID 和密码登录 BOM 系统，操作员单击命令区的诊断功能后，

BOM 系统显示出诊断界面,在此诊断界面可以进行以下几项操作:班次报表查询测试、寄存器 1 查询、寄存器 2 查询。

2．查询的内容

单击寄存器 1 查询按钮,即可查看寄存器 1 的内容,见表 4—2。查看完毕,点击确认按钮返回诊断界面。

单击寄存器 2 查询按钮,即可查看寄存器 2 的内容,见表 4—3。查看完毕,点击确认按钮返回诊断界面。

3．寄存器数值

注:当前界面为 16 个区域,如有更多寄存器内容可翻屏显示并查看。

表 4—2　　　　　　寄存器 1 定义(BOM 模式票务处理数据)

1	乘区 1 车票出售张数	24	单程票出售金额
2	乘区 2 车票出售张数	25	收费出站金额
3	乘区 3 车票出售张数	26	进(出)更新收费金额
4	乘区 4 车票出售张数	27	超时收费金额
5	乘区 5 车票出售张数	28	测试票发售总张数
6	乘区 6 车票出售张数	29	分析处理总张数
7	乘区 7 车票出售张数	30	超程收费金额
8	乘区 8 车票出售张数	31	备用
9	乘区 9 车票出售张数	32	备用
10	乘区 10 车票出售张数	33	备用
11	乘区 11 车票出售张数	34	备用
12	乘区 12 车票出售张数	35	备用
13	乘区 13 车票出售张数	36	备用
14	乘区 14 车票出售张数	37	备用
15	乘区 15 车票出售张数	38	备用
16	乘区 16 车票出售张数	39	公共交通卡出售张数
17	收费出站票张数	40	公共交通卡出售金额
18	超程收费张数	41	公共交通卡出售加值张数
19	票进(出)更新张数	42	公共交通卡出售加值金额
20	其他票种进(出)更新张数	43	公共交通卡出售替换张数
21	单程票超时更新张数	44	公共交通卡
22	其他票种超时张数	45	定金值
23	免费出站票张数		

表4—3　　寄存器1定义（EFO模式票务处理数据）

1	成人智能卡1出售张数		24	成人智能卡2加值金额
2	成人智能卡2出售张数		25	备用
3	备用		26	纪念票加值金额
4	纪念票出售张数		27	儿童智能卡加值金额
5	儿童智能卡出售张数		28	老年智能卡加值金额
6	老年智能卡出售张数		29	智能卡超时更新张数
7	1月期多程票出售张数		30	智能卡超时收费金额
8	3月期多程票出售张数		31	成人智能卡替换张数
9	成人智能卡1加值张数		32	纪念票替换张数
10	成人智能卡2加值张数		33	儿童智能卡替换张数
11	备用		34	老年智能卡替换张数
12	纪念票出售张数		35	1月期多程票替换张数
13	儿童智能卡加值张数		36	3月期多程票替换张数
14	老年智能卡加值张数		37	成人智能卡余值转移金额
15	成人智能卡1出售金额		38	纪念票余值转移金额
16	成人智能卡2出售金额		39	儿童智能卡余值转移金额
17	备用		40	老年智能卡余值转移金额
18	纪念票出售金额		41	智能卡进（出）更新张数
19	儿童智能卡出售金额		42	智能卡进（出）更新扣费
20	老年智能卡出售金额		43	测试智能卡发售张数
21	1月期多程票出售金额		44	单程票替换张数
22	3月期多程票出售金额		45	单程票替换金额
23	成人智能卡1加值金额			

4．数据突变的因素

造成BOM某个寄存器数据突变的可能原因是突然断电。

4.2.3　乘客显示器更换操作

维护人员使用具有维护权限的ID和密码登录BOM系统，方可以进入BOM系统测试界面。单击乘客显示器测试屏的开始按钮，即可测试乘客显示器，如图4—12所示。

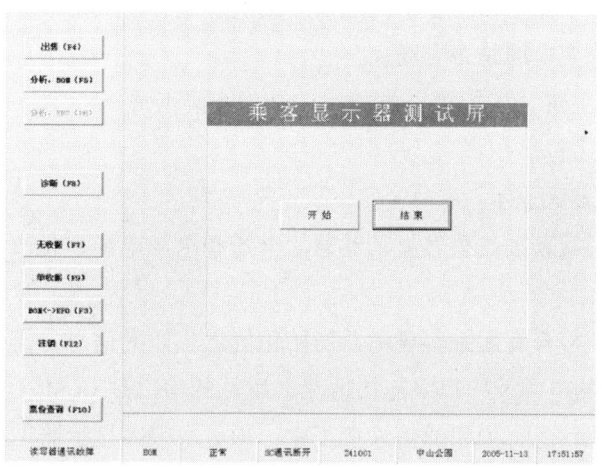

图 4—12 乘客显示器测试屏

单击开始按钮后对乘客显示器进行测试。单击结束按钮后停止对乘客显示器的测试。单击退出按钮返回诊断界面。

乘客显示器发生故障时,显示器显示暂停服务的信息。

1. 故障代码

人工售票机(补票机)系统设计有一系列的代码,用于表示设备的各种状态、故障状况、所发生的事件,便于操作或维护人员对设备状态、故障进行判断。各类代码描述见表4—4。

表4—4　　　　　　　　　故障码

BOM	0	开(1)/关(0)	EFO(1)/BOM(0)
	1	停止服务(1)/无故障(0)	已登录(1)/签退(0)
	2	测试(1)/生产(0)	时间免检(1)
	3	日期免检(1)	[保留]
	4	进(出)站免检(1)	列车故障模式(1)
	5	[保留]	[保留]
	6	欠费免检(1)	[保留]
	7	[保留]	紧急(1)

2. 更换乘客显示器

(1) 乘客显示器无通信。该故障在系统界面的信息栏上显示故障代码为35,其定义为乘客显示器通信故障信息。处理方法如下:

1）检查乘客显示器串口与主机的通信连接电缆是否连接正常。

2）用万用表检查电缆是否导通。

3）检查 BOM 主机（工控机）端的串口是否连接正常。

4）重启 BOM 主机。

（2）乘客显示器无显示

1）关闭电源，重新插拔乘客显示器通信电缆和电源电缆，检查是否连接可靠、牢固。

2）重启设备，检查有无乘客显示器初始化信息。如无信息，需打开工控机盖，检查乘客显示器板卡的电源及串口线连接情况（默认的串口是 COM6）。

3）如有初始化信息，说明通信连接正常，须更换乘客显示器。

用测试功能对乘客显示器进行测试，若发现缺笔画，则应当采取的措施是更换乘客显示器。

3．清洁要求

一定时间内清洁乘客显示器表面的灰尘即可，通常用干燥的软布轻轻擦拭其表面的灰尘。

防止乘客显示器损坏请注意以下事项：不可用力扳动乘客显示器；不要撞击或敲打乘客显示器；不要把重物放在乘客显示器上；不可用具有腐蚀性的溶剂擦拭乘客显示器。

4.2.4 车票处理机构测试

车票处理机构的特点是体积小巧、结构紧凑、模块化设计，便于维护。其票卡传送模块采用平带输送法，电动机采用定位准确度高且性能稳定的步进电动机，因此机构在运转过程中几乎不产生噪声，同时可保证模块按照上位机的指令准确、高效地运行。供票器采用单票筒刮票方式，由 TSMC 控制电路板控制，可提供连续多张票的发售和无效票的回收功能。处理机构内设有单独的电源模块，用于为 TSMC 控制电路板、步进电动机和单程票读写器提供直流电源，电压为 5 V、12 V、24 V。

在自动发售模式下，对发票过程具有显示、监控作用，实时将运行数据和机器状态信息通过显示器向操作人员提供显示。

车票处理机构的维修诊断程序，能对某些部件进行检测，方便故障的鉴别和诊断。

当发票装置发生故障或报警时，在 BOM 显示器上有相应的信息提示出现，停止自动发票，等待操作人员做相应处理。若报警消失，则继续工作；若报警未消失，则可切换进入手动发售模式。

当发票装置在自动发票过程中出现连续三次发票失败，则停止自动发票，显示器上显示发票失败的信息提示，可切换进入手动发售模式。

发票装置设置光电传感器，能自动检测票箱中票的位置，当输入票箱中票"空"或废票箱票"满"时，显示器应提示警告信息，停止自动发票，操作人员作相应处理确认后，消除警告，恢复运行。

自动发票要求计数准确，统计记录废票箱中的废票数量，可打印自动发票装置的班次操作记录和汇总。

可靠性要求：工作环境温度为 $-10 \sim 45$℃，平均故障间隔次数（MCBF）≤20 000 次。

人工售票机（补票机）主要技术指标如下：

输入电源为 (220 ± 22) V，(50 ± 2) Hz。

车票读写速度≤300 ms/张。

MCBF≥100 000 次（不包括自动发票机构）。

MTTR≤30 min。

车站计算机的通信接口标准为以太网接口。

外形尺寸应不大于 600 mm（高）×350 mm（宽）×400 mm（深）。

车票处理速度≤1 s/张（注：从车票进入读写器天线有效区域到完成读写操作，并在操作员显示器上显示信息）。

单程票发售速度：30 张/min（注：售票员正常操作）。

1. 检测范围

（1）发票机构测试。发票机构的维修诊断程序能对某些部件进行检测，方便故障的鉴别和诊断。

（2）发票机构开机后，将拨码开关的第 8 个开关拨向上，可以使发票机构进入脱机调试模式，进行连续发行单程票测试。拨向下则停止。

2. 故障分析

（1）发卡故障。票箱里没有票或者票箱的传感器故障，都会出现发卡故障，检查方法是用手挡住传感器，并检查传感器的指示灯是否有变化。

电动机工作不正常。用自带的发卡测试程序进行检查，进行连续单程票发售测试，观察各电动机的运转。如不正常则更换电动机。

电路板或电路板芯片故障。更换控制电路板，或更换控制芯片。

（2）票箱票少故障。票箱票少故障指示，即票箱传感器没有被票挡住。在票箱内补充足够的票卡。观察票箱传感器状态指示灯，如不亮，说明此传感器故障，更换传感器。

（3）通信不正常。检查自动发票机构与主机的串口通信电缆连接是否良好，或检查串口通信电缆是否损坏，若有损坏则更换新电缆。

（4）单程票发售失败。单程票发售不正常，进废票斗。检查单程票读写器的串口通信线是否接触良好，测试读写器。如读写器故障，则更换读写器。

4.2.5 时钟显示和设置

为保证城市轨道交通 AFC 系统的准时启动运行，需要对全线受 AFC 系统控制设备的时间标准进行统一设置，故有时钟系统。线路中央计算机系统的时钟从通信系统的时钟子系统获取标准时间，在规定时间或线路中央计算机系统启动时，依通信系统的时钟校正时间，保持两个系统在时间上的高度同步。线路中央计算机系统根据校正后的时间，向车站计算机系统发出时钟同步指令，将标准时间信息下传至车站计算机和各终端设备。

通信系统时钟系统一般采用 GPS（Globe Position System，全球卫星定位系统）和 BDS（BeiDou Navigation Satellite System，北斗卫星导航系统）时间。时钟系统由 GPS 和 BDS 标准时钟信号接收单元、一级母钟、监控设备、二级母钟及子钟组成。GPS 和 BDS 标准时钟信号接收单元一般设于线路控制中心，接收卫星时间，分别向一级母钟的主、备母钟提供同步时钟源信号。

GPS 是一个中距离圆形轨道卫星导航系统。它可以为地球表面绝大部分地区提供准确的定位、测速和高精度的时间标准。

BDS 是中国自主研发、独立运行的全球卫星导航系统，于 2011 年 12 月 27 日起提供连续导航定位与授时服务。

1. 时钟显示

BOM 与 SC 通信正常时，BOM 时钟与线路自动售检票系统时钟显示的时间一致。

2. 时钟设置

BOM 与 SC 通信中断后，才能在操作员显示器设置和校正时钟。

4.3 排除人工售票机（补票机）故障

对可能发生故障的部件模块进行诊断或更换时必须断电，不允许工作人员手部潮湿或带静电的情况下进行排除人工售票机（补票机）故障的操作和维修，以防造成人员安全事故或加重设备故障。

4.3.1 乘客显示器

乘客显示器（见图4—13）采用LCD液晶显示器或VFD显示器。

VFD（Vacuum Fluorescent Display）意为真空荧光显示器，其工作方式与电子管类似。

VFD是从真空电子管发展而来的显示器件，它的基本特性与电子管的工作特点基本相同。VFD由发射电子的阴极（直热式，统称灯丝）、加速控制电子流的栅极、玻璃基板上印上电极和荧光粉的阳极、栅网和玻璃盖构成。

VFD利用电子撞击荧光粉，使荧光粉发光，是一种自身发光显示器件。根据结构不同，VFD一般可分为二极管和晶体管两种；根据显示内容

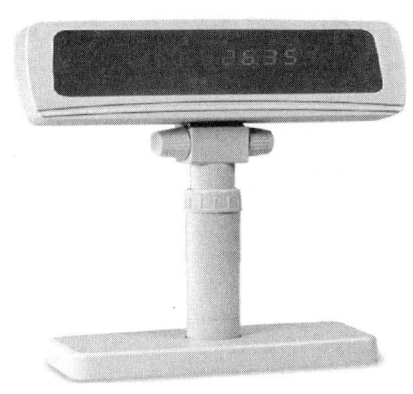

图4—13　乘客显示器

不同，可分为数字显示、字符显示、图案显示、点阵显示；根据驱动方式不同，可分为静态驱动（直流）和动态驱动（脉冲）；根据显示发光形式不同可分为点阵式和固定图形、文字式等。由于它可以进行多色彩显示，亮度高，又可以用低电压来驱动，易与集成电路配套，因此被广泛应用在家用电器、办公自动化设备、工业仪器仪表及汽车等各种领域中。

采用LCD屏显示时，可采用彩色图形显示，丰富显示内容。

1．乘客显示器无通信

乘客显示器接口方式使用RS-232串行通信接口。

串行通信有两种最基本的方式：同步串行通信和异步串行通信。

同步串行是指SPI（Serial Peripheral Interface）串行外围设备接口。SPI总线系统是一种同步串行外设接口，它可以使MCU与各种外围设备以串行方式进行通信以交换信息。

异步串行是指UART（Universal Asynchronous Receiver Transmitter）异步接收/发送。UART是一个并行输入串行输出的芯片，通常集成在主板上。UART包含TTL电平的串行接口和RS232电平的串行接口。

RS-232也称标准串行接口，是最常用的一种串行通信接口。它的全名是"数据

终端设备（DTE）和数据通信设备（DCE）之间串行二进制数据交换接口技术标准"，使用 9 芯 D 型插座（DB9）。

RS-232 采取不平衡传输方式，即所谓单端通信。由于其发送电平与接收电平的差仅为 2~3 V，因此其共模抑制能力差，再加上双绞线上的分布电容，其传送距离最大约为 15 m，最高速率为 20 kb/s。RS-232 是为点对点（即只用一对收、发设备）通信而设计的，其驱动器负载为 3~7 kΩ。

如果乘客显示器无通信，那么在 BOM 系统界面的信息栏上显示故障代码为 35，其定义为乘客显示器通信故障信息。

乘客显示器无通信故障的处理方法如下：

（1）检查乘客显示屏串口与 BOM 主机的通信连接电缆是否连接好。

（2）用万用表检查电缆，判断电缆连接是否有断点。

（3）检查主机（工控机）端的串行接口是否连接正常。

（4）BOM 主机重启。

2. 显示故障判断

现象：真空荧光显示器缺笔画。

可能原因：VFD 引脚或驱动 IC（晶体管）虚焊、驱动 IC（晶体管）损坏、VFD 屏损坏。

检测方法：先排除以上元件虚焊的可能性。如果驱动是晶体管，就先检查晶体管是否损坏；如果是驱动 IC 直接驱动的，就更换 IC 试一下。排除这些原因后就是 VFD 损坏。

3. 乘客显示器无显示

（1）关闭电源，重新插拔乘客显示器通信电缆和电源电缆，检查是否连接可靠、牢固。

（2）重启设备，检查有无乘客显示器初始化信息。如无初始化信息，需打开工控机机箱外壳，检查乘客显示器板卡的电源及串行接口线连接（默认的串行接口是 COM6）是否正常。

（3）如有初始化信息，说明通信连接正常，一般情况下，应更换乘客显示器。

4. 显示乱码

如果乘客显示器静态驱动（直流）和动态驱动（脉冲）出现问题，表示乘客显示器内部电子器件损坏，就会显示乱码。

4.3.2 液晶显示器

液晶是一种有机化合物,在常温条件下,既呈现出液体的流动性,又有晶体的光学各向异性。在电场、磁场、温度、应力等外部条件的影响下,其分子容易发生再排列,使液晶的各种光学性质随之发生变化。液晶的各向异性及其分子排列易受外加电场、磁场控制的特点,可形成"电—光效应",正是利用液晶的"电—光效应",实现光被电信号调制,从而制成液晶显示器件。在不同电流、电场作用下,液晶分子会做规则旋转90°排列,产生透光度的差别,如此在电源 ON/OFF 作用下产生明暗的区别,依此原理控制每个像素,便可构成所需图像。

液晶的物理特性是:当通电时导通,排列变得有秩序,使光线容易通过;不通电时排列混乱,阻止光线通过。这种特性让液晶如闸门般地阻隔或让光线穿透。从技术上说,液晶面板包含了两片无钠玻璃素材,中间夹一层液晶。当光束通过这层液晶时,液晶本身会排排站立或扭转呈不规则状,因而阻隔或使光束顺利通过。

单色原理:LCD 技术是把液晶灌入两个列有细槽的平面之间,这两个平面上的槽互相垂直(相交成90°)。也就是说,若一个平面上的分子南北向排列,则另一个平面上的分子东西向排列,而位于两个平面之间的分子被强迫进入一种90°扭转的状态。由于光线顺着分子的排列方向传播,因此光线经过液晶时也被扭转90°。当液晶上加一个电压时,液晶分子便会转动,改变光透过率,从而实现多灰阶显示。

LCD 是依赖极化滤光器(片)和光线本身。自然光线是朝四面八方随机发散的。极化滤光器实际是一系列越来越细的平行线,这些线形成一张网,阻断不与这些线平行的所有光线。只有两个滤光器的线完全平行,或者光线本身已扭转到与第二个极化滤光器相匹配时,光线才得以穿透。

LCD 是由这样两个相互垂直的极化滤光器构成的,所以在正常情况下应该阻断所有试图穿透的光线。但是,由于两个滤光器之间充满了扭曲液晶,因此在光线穿出第一个滤光器后,会被液晶分子扭转90°,最后从第二个滤光器中穿出。

从液晶显示器的结构来看,无论是笔记本电脑还是桌面系统,采用的 LCD 显示器都是由不同部分组成的分层结构。LCD 由两块玻璃板构成,厚度规格有 0.7 mm、0.63 mm、0.5 mm(也可以通过物理或者化学减薄的方式做得更薄)。因为液晶材料本身并不发光,所以需要给显示器配置额外的光源,在液晶显示器背面有一块导光板(或称匀光板)和反光膜,导光板的主要作用是将线光源或者点光源转化为垂直于显示平面的面光源。背光源发出的光线在穿过第一层偏振过滤层之后进入液晶层。液晶层中的水晶液滴都被包含在细小的单元格结构中，一个或多个单元格构成屏幕上的一个像素。在玻璃板与液晶材料之间是透明的电极，电极分为行和列，在行与列的交叉点上，通过改变电压而改变液晶的旋光状态，液晶材料的作用类似于一个个小的光阀。在液晶材料周边是控制电路部分和驱动电路部分。当LCD中的电极产生电场时，液晶分子就会产生扭曲，从而将穿越其中的光线进行有规则的折射，然后经过第二层过滤层的过滤在屏幕上显示出来。

彩色原理：对于彩色显示器而言，还要具备专门处理彩色显示的色彩过滤层。通常，在彩色LCD面板中，每一个像素都由三个液晶单元格构成，其中每一个单元格前面都分别有红色、绿色或蓝色的过滤器。这样，通过不同单元格的光线就可以在屏幕上显示出不同的颜色。

LCD克服了CRT体积庞大、耗电和闪烁的缺点，但也同时带来了造价过高、视角不广、彩色显示不理想等问题。CRT显示可选择一系列分辨率，而且能按屏幕要求加以调整，但LCD屏只含有固定数量的液晶单元，只能在全屏幕使用一种分辨率显示（每个单元就是一个像素）。

LCD不存在聚焦问题，因为每个液晶单元都是单独开关的。这正是同样一幅图在LCD屏幕上会显得更清晰的原因。LCD也不必考虑刷新频率和闪烁，不论液晶单元开或关，在40~60 Hz这样的低刷新频率下显示的图像不会比75 Hz下显示的图像更闪烁。不过，LCD屏的液晶单元会很容易出现瑕疵。对1 024×768的屏幕来说，每个像素都由三个单元构成，分别负责红、绿和蓝色的显示，所以总共约需240万个单元（1 024×768×3＝2 359 296），很难保证所有这些单元都完好无损。最有可能的是其中一部分已经短路（出现"亮点"），或者断路（出现"黑点"）。所以说，并不是如此高昂的显示产品就不会出现瑕疵。

LCD显示器包含了在CRT技术中未曾用到的一些东西，为屏幕提供光源的是盘绕在其背后的荧光管。有些时候，会发现屏幕的某一部分出现异常亮的线条，也可能出现一些不雅的条纹，一幅特殊的浅色或深色图像会对相邻的显示区域造成影响。此外，一些相当精密的图案（如经抖动处理的图像）可能在液晶显示器上出现难看的波纹或者干扰纹。

LCD使用薄膜晶体管（TFT）激活液晶层中的单元格。TFT LCD技术能够显示更加清晰、明亮的图像。早期的LCD由于是非主动发光器件，速度低，效率差，对比度小，虽然能够显示清晰的文字，但是在快速显示图像时往往会产生阴影，影响视频的显示效果，因此，如今只被应用于需要黑白显示的掌上电脑或手机中。

LED显示器也属于液晶显示器的一种，LED液晶技术是一种高级的液晶解决方案，它用LED代替了传统的液晶背光模组。它的亮度高，而且可以在寿命范围内实现稳定的亮度和色彩表现。

1．液晶显示器缺色

液晶显示器比较明显的是缺红色、绿色或蓝色，也有可能是颜色混乱，但图像细节清晰。这时看显示器时间稍长一点，人的眼睛就会不舒服，有刺痛感。

2．排除缺色故障

（1）检查主芯片到连接座之间有无短路或虚焊（注意芯片脚、片状排阻和连接座，特别是扁平插座）。

（2）检查屏到主板的连接线如扁平电缆之间有无接触不良。

（3）必要时更换主板、连接线，甚至显示器，找出问题所在。

3．液晶显示器花屏

花屏通常是由于液晶显示器不支持主机送来的显示模式，往往是高于显示器的显示模式，引起屏幕的图像混乱，无法看清楚屏幕上的图像和文字。如果是具有模式自动识别的液晶显示器，就有可能是黑屏状态，但这时面板下方指示灯为绿色。这时可以重新启动计算机进入安全模式，把显示模式改为640×480后，再次启动计算机即可恢复。如果这种方法不行，那么可以在安全模式下把显卡驱动程序删除，然后在正常模式下重新安装显卡驱动。当显卡的显存发生故障时也会出现屏幕上固定位置显示混乱，而其他地方却显示正常。也有个别的显卡损坏会造成花屏，但发生这种情况的概率很小。

4．排除花屏故障

（1）测量主板时钟输出是否正常。

（2）检查主板信号R\G\B由输入到主芯片部分线路有无虚焊、短路、电容、电阻有无错值。

（3）检查主板信号输出到屏的连接座部分线路有无虚焊、短路（IC脚、排阻及插座、双列插针，特别注意扁平插座）。

（4）必要时更换液晶显示器。

5．液晶显示器按键失灵

液晶显示器开关键正常，别的键失灵。

6．排除按键失灵故障

（1）测量各个按键的对地电压，若电压过低或为0，则检查按键板到CPU部分线路是否短路、断路，上拉电阻有无错值和虚焊，座和连接线是否接触不良。

（2）注意按键本身有无损坏。

7. 液晶显示器画面闪动

液晶显示器刷新频率设置得太低：当显示器的刷新频率设置低于 75 Hz 时，屏幕常会出现抖动、闪烁的现象，把刷新频率适当调高，如设置成高于 85 Hz，屏幕抖动的现象一般不会再出现。

电源变压器离液晶显示器和机箱太近：电源变压器工作时会造成较大的电磁干扰，从而造成屏幕抖动。所以，不要把电源变压器放在离机箱和显示器很近的地方。

显卡问题：显示器的显示与显卡息息相关，计算机屏幕出现故障可以考虑是不是显卡接触不良等。

8. 排除画面闪动故障

（1）自动调节或手动调节"相位"。

（2）检查主板各个工作点的电压（有可能是由于主芯片损坏）。

（3）检查锁相回路电容电阻有无错值。

（4）检查主板由行、场输入到反相器输出再到芯片部分线路有无虚焊、短路，电容电阻有无错值。

9. 液晶显示器白屏

液晶显示器开机正常，几分钟后就白屏。

10. 排除白屏故障

（1）出现白屏现象表示背光板能正常工作，首先判断主板能否正常工作，可按电源开关查看指示灯有无反应，如果指示灯可以变换颜色，就表明主板工作正常。

1）检查主板信号输出到屏的连接线是否接触不良（可以更换连接线或屏）。

2）检查屏的供电电压是否正常。

（2）若指示灯无反应或不亮，则表明主板工作不正常。

1）检查主板各工作点的电压，要注意 EPROM 的电压（4.8 V 左右）、复位电压（高电平或低电平，根据机型不同）、CPU 电压。如出现电源短路，要细心查找短路位置，注意 PCB 板铜箔可能出现短路。

2）查找 CPU 各脚与主板的接触是否良好。

3）检查主板芯片和 CPU 是否工作，可用示波器测量晶振是否起振。

4）必要时更换 CPU。

11. 液晶显示器黑屏

当打开计算机后，过了几分钟后液晶显示器没有图像出现，这时应该首先看看显示器面板上的电源指示灯是否亮。如果不亮，就要检查显示器的电源插头是否接好。如果显示器的电源指示灯亮，这时，就应该重新启动计算机，并注意主机的指示灯是否闪亮，主机是否发出"嘀"的一声，如果有，就说明计算机已经正常启动。这时应检查显示器与主机的信号线连接是否正常，和主机相连的 15 针 D 形插头是否松动，插头内的针是否有断、歪、短等情况。如果连接正常，就说明显示器内部有故障。

节能型的显示器会根据主机送来的行、场同步信号自动工作在相应的状态和模式，面板上的指示灯同时指示出相应的状态。通常橙色闪烁表示关机或睡眠，橙色表示挂起，黄色表示等待，绿色表示正常显示。

12. 排除黑屏故障

（1）首先要确定是主板问题还是背光板问题，可查看指示灯有无反应，如果连指示灯都不亮，就要查看主板电源部分。

1）用万用表电压挡测量各主要电源工作点电压，检查保险丝是否熔断。断开电源，用电阻挡测量各主要电源工作点有无短路，出现短路就要仔细检查线路板铜箔是否短路和各个相关元器件是否损坏。

2）如无短路现象，则可参照白屏现象维修，保证各工作点电压和信号的输入与输出处于正常工作状态。

（2）如果主板的工作状态都正常，就要检查背光板。

1）检查主板到背光板的连接有无接触不良。

2）用万用表测量背光的电压，要有 12 V 的供电电压，要有 3.3 ~ 5 V 的开关电压和 0 ~ 5 V 的背光调节电压，背光的开关电压最为重要，如果无电压或电压过低，就要检查 CPU 的输出电平和晶体管的工作状态是否正常，注意有无短路现象，必要时更换各元器件。

技能要求

排除人工售票机读卡器故障

操作准备

1. 人工售票机 1 台。

2. 读卡器 1 台。

3. 常用工具 1 套。

操作要求

1. 所有操作要求应符合规程，操作应采取正确的步骤、方法。

2. 严禁违规操作，防止造成设备、人员损伤。

3. 操作完毕后设备工具复位、清洁。

操作步骤

步骤 1：准备工作

在待登录界面上用考试码使用键盘输入操作员 ID 和密码登录系统，并进入维护诊断界面进行设备信息检测，在诊断模式中选择读卡器测试，显示读卡器测试失败。

步骤 2：读卡器检修

检查读卡器输入电源，重新连接电源线；检查 UPS 端读写器电源是否连接牢固；检查读写器串口线，确认连接牢固；检查读写器串口线连接在系统配置的串口上且牢固，默认串口为 COM2；通过上述检查寻找故障位置，如果上述外围检查确认全部正常，那么是读卡器故障，应更换读卡器。

步骤 3：设备恢复

确认读卡器连接正常，确认读卡器绿灯亮。在待登录界面上用考试码使用键盘输入操作员 ID 和密码登录系统，在诊断模式中选择读卡器测试，出售 5 张测试票。注销登录退出。

思 考 题

1. 怎样进行车票处理机构的维护和清洁？
2. 操作员显示器的主要指标有哪些？

第 5 章

车站计算机

学习目标

- ☑ 了解车站计算机的功能。
- ☑ 了解 SOC 的布局、签到、签退的使用。
- ☑ 了解 AFC 各种运营管理模式。
- ☑ 了解计算机硬件系统、软件系统。
- ☑ 了解车站计算机报警管理、故障管理功能。
- ☑ 了解紧急按钮功能。
- ☑ 了解时钟同步功能。
- ☑ 会排查常见的车站计算机层级的故障。

知识要求

车站计算机系统安装在车站 AFC 机房及车控室内，由车站管理人员及系统维修人员操作使用。车站计算机是用于管理、监控和控制 AFC 的终端设备，处理每个设备的信息和数据，这些设备包括检票机、自动售票机、人工售票机和加值验卡机。

5.1 车站计算机及外围设备

车站计算机系统由车站计算机、系统操作工作站、车站网络、软件、打印机、紧急按钮和 UPS 组成。

5.1.1 SOC 桌面显示

车站监控计算机 SOC（Station Operator Computer）的图形界面是呈现给用户最为直观的表达方式，在界面设计时充分考虑到了各种表达元素，使信息表达清晰直观。

图形界面的构成元素包括：

1. **车站布局图**

车站空间布局的图形界面，将整个车站 AFC 系统内的受控设备清晰、直观地呈现给用户，便于用户进行操作，包括检票机、人工售/补票机、自动售票机、加值机、验票机等。各种不同的图标包含了相对应设备的特征及相关的信息，隐藏各个设备控制信息的复杂性，使用户能够直接得到最为关心的信息。车站布局图如图 5—1 所示。

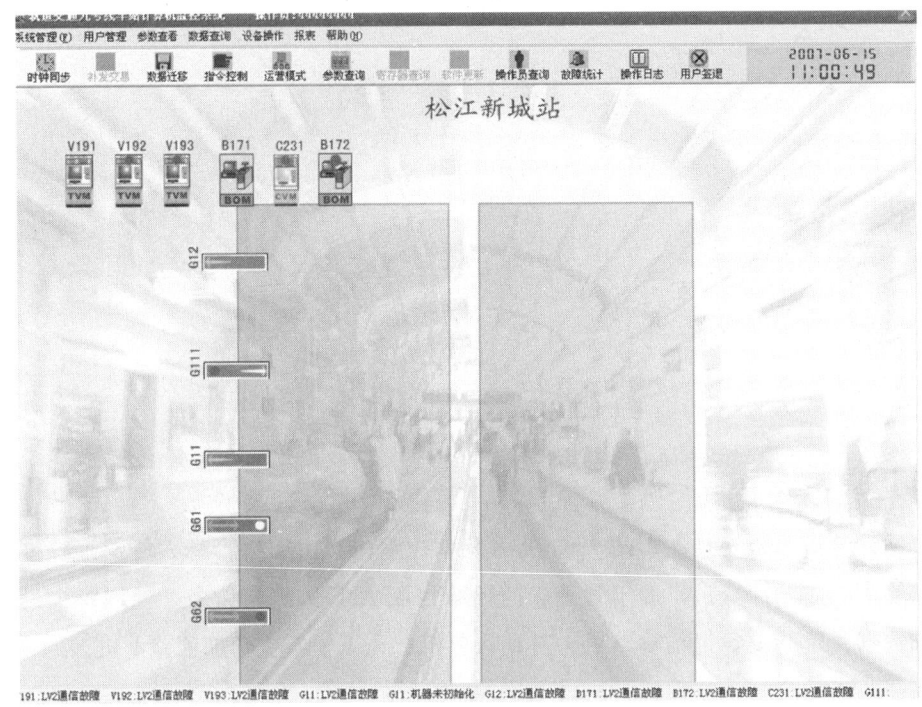

图 5—1 车站布局图

2．终端设备状态标色

通过终端设备上闪烁的颜色显示终端设备的当前工作状态。红色表示停止服务或设备无通信，绿色表示设备正常运营，浅蓝色表示非法入侵，白色表示由操作员关闭（检票机上箭头显示客流方向）。

3．标题栏说明

标题栏用于显示车站名称，SC 和 CC 的连接状态。

4．菜单栏说明

菜单栏是用户最基本的操作入口点，用户在这里可以进行操作员授权范围内的操作。SOC 菜单栏显示主要功能菜单。

5．状态栏说明

状态栏用文字或符号表达用户最为关心的系统运行信息。状态栏显示 SOC 工作状态、车站设备当前的故障信息及系统时间。

5.1.2 系统签到功能

为防止无权限的工作人员进入车站计算机系统，建立了用户和权限控制。这样能保证每次都是具有相关操作权限的人员在操作。

安装车站计算机的机箱加锁,在不打开机箱的情况下,无法操作计算机的开关、键盘、3.5寸盘、CD-RW等设备。具有一定权限的维护工作人员才能操作这些设备。

车站计算机的操作员都有自己唯一的编号及操作密码。操作员的编号、密码和使用权限由中央计算机统一设置,对于每个操作员能设置不同操作等级及权限,并能设置允许操作的终端设备类型、允许操作的功能等。

在进行操作前,操作员必须在登录车站计算机时输入操作员编号和密码。车站计算机对操作员进行身份验证,只有通过身份验证的操作员才能获得相应的授权使用车站计算机。

车站计算机系统按照参数的设定,限制登录尝试次数,防止恶意入侵。

如果操作人员登录后,一定时间(按照参数设置)内无操作将自动注销。所有操作员的登录及注销信息都被记入操作日志并向中央计算机发送相应的信息。

一定操作权限的操作员登录车站计算机系统后,只能访问授权范围之内的功能,而无法访问操作系统、权限范围外的文件系统及其他应用程序。

1. 进入 SOC 控制台登录界面

当车站计算机开机后,系统自动执行应用程序,进入操作员登录界面,如图5—2所示,要执行相应的操作,操作人员需先输入编号和密码进行登录。

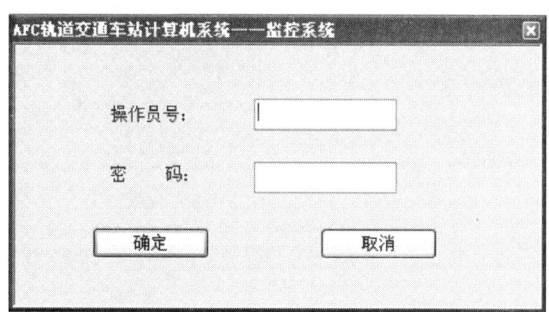

图5—2 操作员登录界面图

2. 登录 SOC 控制台

在登录界面上,操作员输入登录编号和密码后,点击确定按钮,登录 SOC 控制台。

发生下述5种错误信息提示,即数据库连接失败、不存在的操作员编号、密码错误、操作员过期、该操作员不可操作的设备类型,将不能登录 SOC 控制台。

3. 退出签到界面

选择"开始/登录"菜单,点击"退出",退出签到界面。

5.1.3 系统签退功能

1. 进入注销界面

操作员注销界面如图 5—3 所示。

2. 保留监控界面

操作员如果要注销，点击确定按钮，系统的菜单和快捷按钮栏将进入锁定状态，如图 5—4 所示。

图 5—3 操作员注销界面

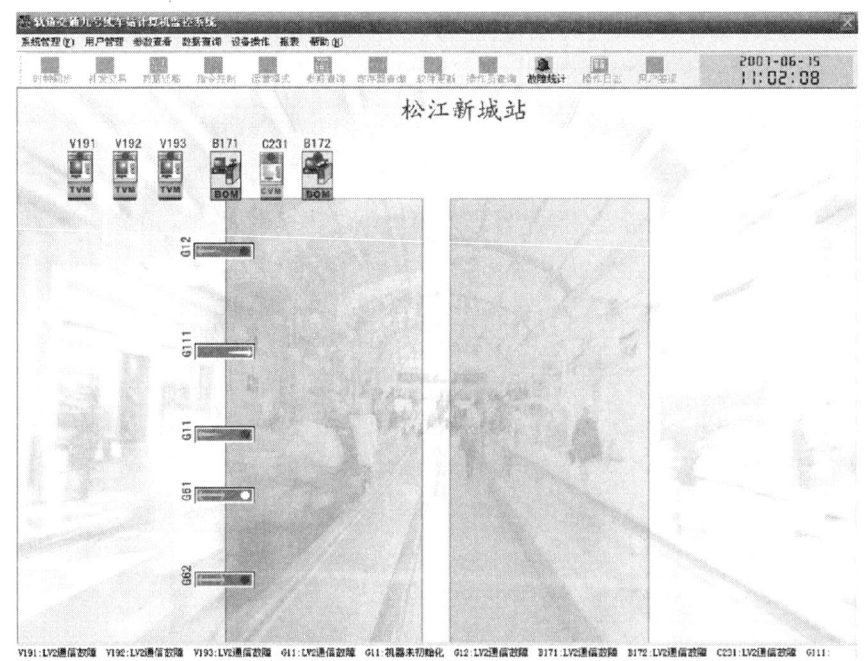

图 5—4 签退后的界面显示图

如果系统进入系统锁定状态，系统就只能监控和查询设备状态，如果恢复操作员的控制，就需要操作员重新登录。

提示：此时车站计算机仍然处于自动运行状态，只是禁止对其进行操作。

车站计算机将自动执行以下操作：自动监测设备的运行并提示相应的故障；定时收集设备的数据；能够通过紧急按钮触发车站级 AFC 系统的紧急状态；能够接收并执行中央的各项命令；能够将数据和状态定时发送到中央计算机。

3. 关闭计算机 SOC 和 SNC

通过 SOC 控制台关闭 SOC 或 SNC，关闭后用户需手动打开 SOC 或 SNC，如图 5—5 和图 5—6 所示。

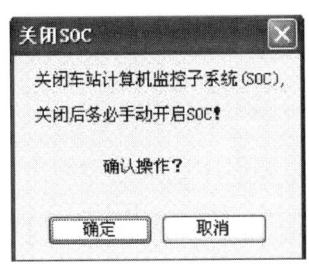

图 5—5　关闭 SOC

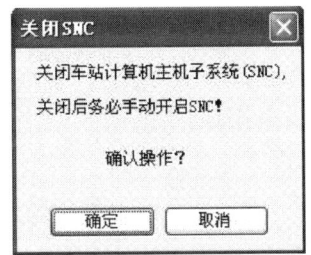

图 5—6　关闭 SNC

5.1.4　AFC 系统运营管理方式

1．审计报告

从数据采集的角度看，清分中心既有寄存器数据，也有交易明细数据，可以通过寄存器数据和交易明细数据的统计数据进行比对，达到对线路上传的交易明细数据的审计，从而避免线路中央计算机系统少上传清分中心交易明细数据。

寄存器数据比对是指寄存器数据和清分中心根据交易明细统计的数据的比对。

2．数据传送

数据采集系统通过车站和线路中央计算机系统上传至清分中心计算机系统，在数据传输过程中原始交易包文不进行任何形式的加工，并要求在所经过的计算机系统中保存其交易包文，以便于日后审计和数据包重发的需要，确保所有交易数据不遗失。

3．报表管理

车站计算机能实时生成车票处理、客流、现金处理、维修等各种运营报表，在运营结束后生成当日运营报表，操作员也可根据级别查询或打印 30 日内不同类型的报表。车站计算机具有离线数据打印功能。报表生成具备以下功能：

（1）可以图表方式提供所生成的报表。

（2）可按定时批量或最近运营日的要求生成报表。

（3）可将报表数据输出到通用文字及电子表格应用软件中，供分析和操作。

（4）可通过本地或远程授权工作站（终端）使用报表。

在车站终端设备上传的数据不足或部分数据损坏时，车站计算机在生成报表时能自动过滤各种无效的数据，生成最接近实际数据的统计数据。

车站计算机对采集到的数据作统计分析，统计的结果可打印成各种报表，以供需要时查阅。

5.1.5 车站计算机设备控制与监视

1. 设备控制

车站计算机能向单台、一组、一类或全部车站终端设备下达运营控制命令。操作员可选择不同的菜单项，进入相应操作界面来设置命令。

控制命令包括：

（1）各种系统运营模式。在轨道交通线运营过程中，遇到各种非正常情况时，自动售检票系统将采取相应的措施——降级运营模式。降级运营模式包括列车故障模式、进站忽略模式、时间忽略模式、日期忽略模式、超程忽略模式、紧急模式、系统预留降级运营模式等。模式转换的控制命令一般由中央下达，由车站转发给终端设备并作记录，同时，通过 SOC 监控程序也可以给终端设备下达运营模式控制命令。

（2）查询。可以查询交易数据、车站终端设备状态、车站终端设备报警信息、车站设备寄存器数据、软件参数文件版本、操作员、操作日志等。

（3）下载。可以下载软件、参数版本数据备份。

（4）其他。广播消息、设备的操作控制指令。

指令控制界面显示如图 5—7 所示。

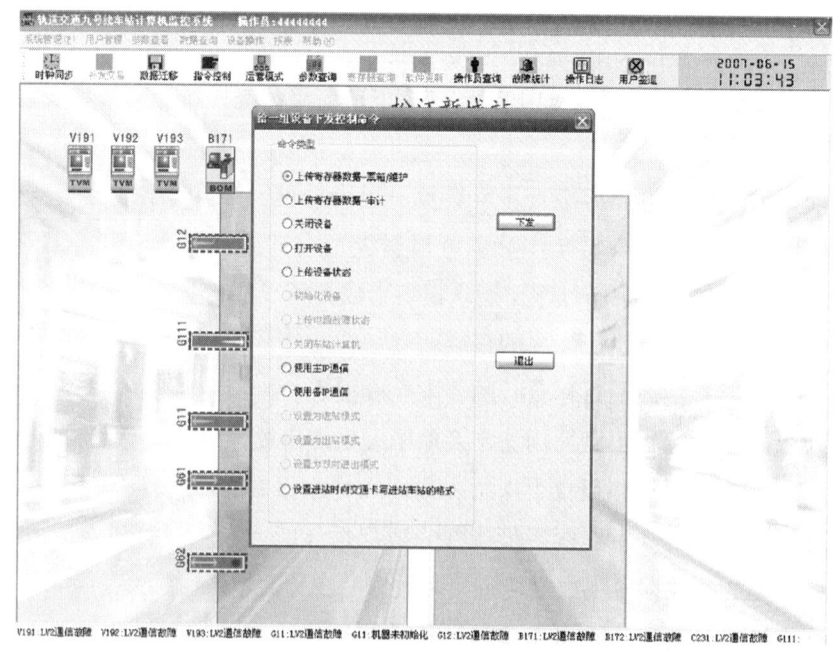

图 5—7　指令控制界面显示图

2. 设备监视

车站计算机系统能监控车站终端设备的运行状态，在车站终端设备状态变化时能自动接收其状态数据，以及按照系统参数设置的查询频率查询车站终端设备的状态数据。车站计算机系统能选择监控的范围和时间，范围包括整个车站、一类设备、一组设备、单台设备，时间是包括日期并以 min 为最小单位的一段时间。

AFC 监控记录的内容包括设备的运行状态、设备的交易情况、通信状态、报警信息、设备操作状态等。

监控功能对车站内所有 AFC 设备按照空间布局显示，不同的图标对应不同的设备，不同的图标色彩对应不同的设备状态。

表 5—1 定义了事件的类别并详述 SOC 图像显示效果。事件类别 2 和 3 被认为是一种报警。源于事件类别 2 的报警属于维护类，源于事件类别 3 的报警属于收益类。

表 5—1　　　　　　　　　　　事件类别定义

类别	描述	例子	SOC 图像显示效果
0	正常服务	正在服务	正常图像，不显示设备标识。闸机上有箭头显示客流方向
1	由操作员关闭	关闭	正常图像，加上白色的设备标识。闸机上无箭头
2	操作员注意（维护）	票少 票箱满	正常图像，加上白色闪烁的设备标识直到状态恢复到正常情况
3	安全类 1（收益）	门开 入侵报警	正常图像，加上黄色闪烁的设备标识。闸机上无箭头。发出报警声直到操作员响应
4	安全类 2	非法 ID 票 使用打折票	正常图像，加上黄色设备标识。发出报警声直到操作员响应或者下一张正常票被闸机处理
5	停止服务	编码机错误 无通信	正常图像，加上红色闪烁的设备标识。发出报警声直到状态恢复或操作员响应。闸机上无箭头

通过 SOC 监控程序可以手动设定报警等级阀值。事件类别 1 缺省的阀值为 1，事件类别 2 缺省的阀值为 2，事件类别 3 缺省的阀值为 3，事件类别 4 缺省的阀值为 4，事件类别 5 缺省的阀值为 5，如图 5—8 所示。

当在监控界面上双击设备图标时，弹出的对话框中详细显示设备当前运行的状态和未清除的故障信息，如图 5—9 所示。

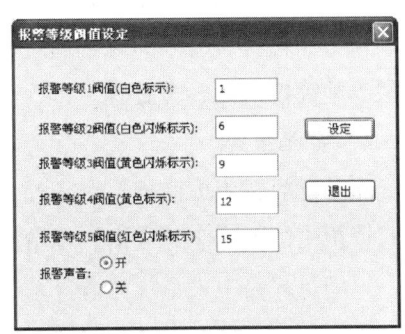

图 5—8　报警等级阀值手动设定图

图 5—9 设备状态显示图

5.1.6 车站计算机客流监视

1. 客流分布

车站计算机系统对车站客流进行监控,可通过数字及图形化界面直观地反映各时段客流分布情况,时段间隔可通过参数设置,可以是 10 s、1 min、3 min、1 h、早高峰时段、晚高峰时段、全日等。

2. 客流数据

车站计算机集中监控整个车站系统的客流及车票处理情况。操作员可查询或打印当日或历史的客流统计数据。车站计算机系统以小于 1 min 的间隔及时上传相关客流数据,以满足线路中央系统和清分系统对客流监控的要求,如图 5—10 所示。

查询条件

【运营日期】 2014-08-25 查询 打印 退出

1 of 1 100% Find | Next

每日车站进出站客流汇总

上海轨道交通9号线 松江南站 09/18/11

每日车站进出站客流汇总 2014/8/25 2014-08-25 15:10

设备号	单程票	成人卡	儿童卡	老人卡	公务票1	公务票2	纪念票	计次票	手机支付	总计
G051	126	248	0	0	0	8	0	1	0	384
G052	70	154	0	0	0	6	0	1	0	233
G053	62	118	0	0	0	3	0	2	0	185
G054	46	83	0	0	0	3	0	0	0	133
G055	68	68	0	0	0	1	0	1	0	139
G056	46	86	0	0	0	1	0	1	0	134
G057	75	105	0	0	0	2	0	0	0	182
G058	65	151	0	0	0	3	0	3	0	222
G101	0	0	0	0	0	0	0	0	0	0
G102	16	53	0	0	0	1	0	0	0	71
G103	0	0	0	0	0	0	0	0	0	0
G104	3	27	0	0	0	0	0	0	0	31
G106	56	88	0	0	0	1	0	0	0	145
总计	633	1181	0	0	0	29	0	9	0	1859

设备号	单程票	成人卡	儿童卡	老人卡	公务票1	公务票2	纪念票	计次票	手机支付	总计
G001	270	374	0	0	0	11	0	1	0	660
G002	195	195	0	0	0	12	0	2	0	404
G003	97	78	0	0	0	5	0	0	0	183
G004	50	76	0	0	0	2	0	1	0	129
G005	25	32	0	0	0	3	0	0	0	61
G006	22	32	0	0	0	0	0	0	0	54
G007	29	31	0	0	0	1	0	0	0	62
G008	89	135	0	0	0	0	0	1	0	229
G101	25	23	0	0	0	0	0	0	0	48
G102	0	0	0	0	0	0	0	0	0	0
G103	20	50	0	0	0	0	0	0	0	71
G104	0	0	0	0	0	0	0	0	0	0
G106	0	0	0	0	0	0	0	0	0	0
总计	822	1026	0	0	0	34	0	5	0	1901

图 5—10 每日车站进出站客流汇总报表

5.1.7 车站计算机运行模式

1. 自动运行模式

在出现故障、灾害时，线路中央计算机可下达降级运营模式指令，使其进入降级运营或紧急模式。紧急模式请见 5.2.3 节。

如果给车站所有设备下发运营模式或者中央下发了运营模式指令后，那么 SOC 界面上会显示相应的运营模式类型，如图 5—11 所示。

2. 手动运行模式

车站监控计算机通过手动方式可以给单台设备，一组设备或者车站所有设备下发运营模式控制，并且 SOC 会写入其相应的操作日志，内容包括操作员号、操作的设备号、操作时间等。

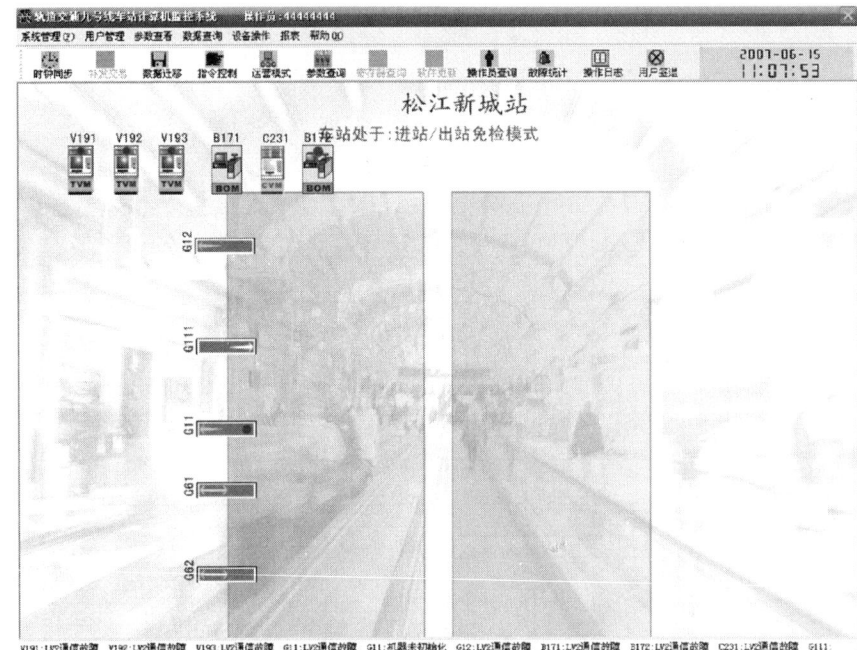

图5—11 SOC界面显示车站目前的运营模式

下发运营模式的相关界面如图5—12、图5—13、图5—14所示。

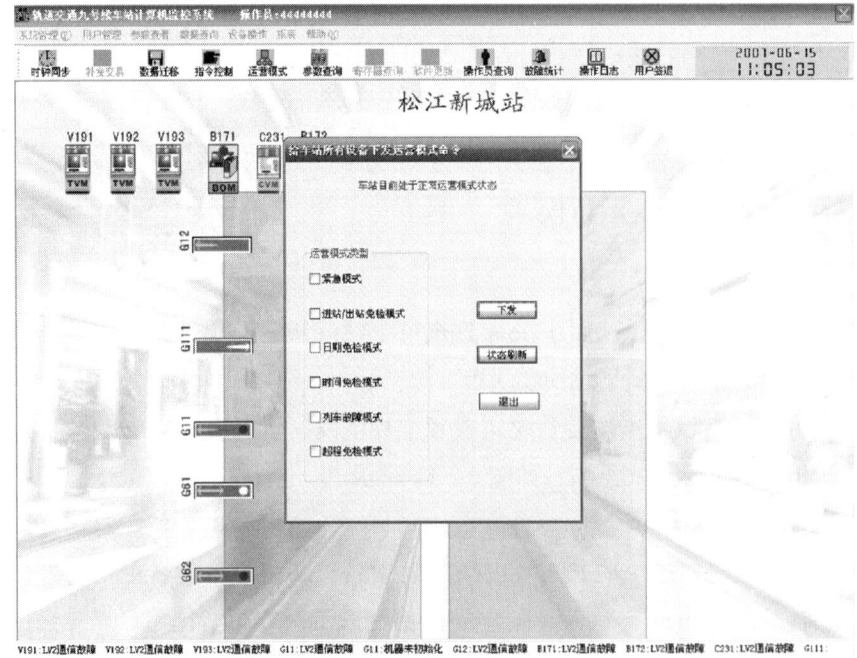

图5—12 给车站所有设备下发运营模式

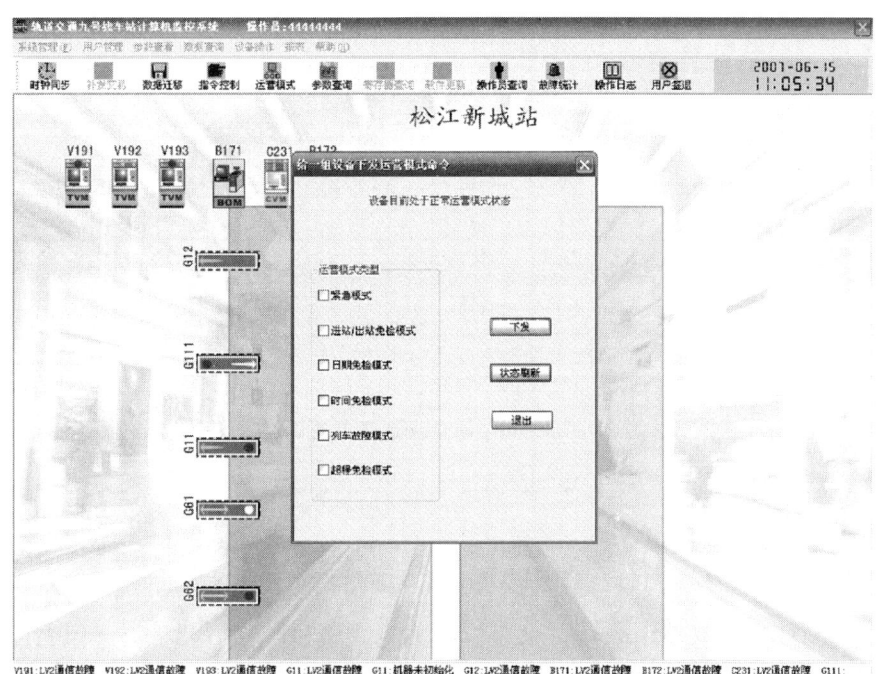

图 5—13　给单台（多台）设备下发运营模式

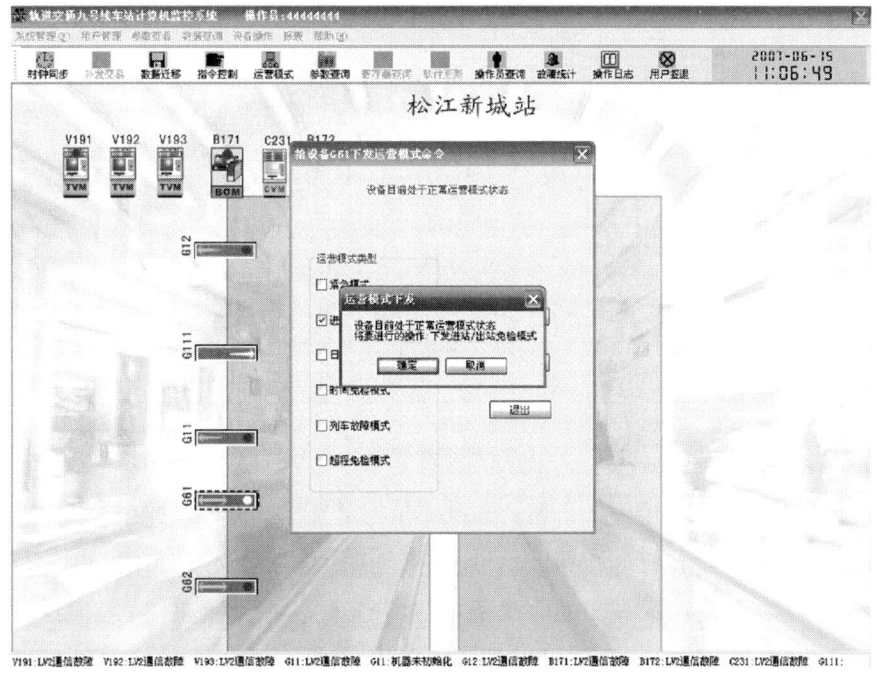

图 5—14　确认或者取消下发运营模式对话框

5.1.8　车站计算机收益管理

车站计算机可生成收益类报表，提供两种输出方式：打印或保存为 EXCEL 文件。

操作步骤如下：点击菜单“报表”，进入报表功能界面，如图 5—15 所示。

图 5—15　报表功能界面图

1. 收益报表

主要收益类报表介绍：

（1）人工售/补票机营收统计（操作员）。操作描述：点击菜单“营收类报表/人工售补票机营收统计（操作员）”，就可以进入人工售/补票机营收统计（操作员）界面，按操作员分类统计，如图 5—16 所示。

人工售/补票机营收统计(操作员)

运营日期：2007年11月28日　　打印日期：2007-12-08

操作员	设备名称	单程票					出站票数量		公交卡					现金收入
		发售数量	发售金额	超时金额	超程金额	进出站金额	付费	免费	发售数量	发售金额	充资金额	超时更新	进出站更新	合计
9999	B001	0	0.00	0.00	0.00	0.00	0	0	0	0.00	0.00	0.00	0.00	0.00
9999	B002	0	0.00	0.00	0.00	0.00	0	0	0	0.00	0.00	0.00	0.00	0.00
9999	B003	0	0.00	0.00	0.00	0.00	0	0	0	0.00	0.00	0.00	0.00	0.00
9999	B004	0	0.00	0.00	0.00	0.00	0	0	0	0.00	0.00	0.00	0.00	0.00
小计		0	0.00	0.00	0.00	0.00	0	0	0	0.00	0.00	0.00	0.00	0.00
1111	B001	9	37.00	6.00	0.00	2.00	1400	2	0	0.00	0.00	0.00	0.00	59.00
1111	B002	0	0.00	0.00	0.00	0.00	0	0	0	0.00	0.00	0.00	0.00	0.00
1111	B003	0	0.00	0.00	0.00	0.00	0	0	0	0.00	0.00	0.00	0.00	0.00
1111	B004	0	0.00	0.00	0.00	0.00	0	0	0	0.00	0.00	0.00	0.00	0.00
小计		9	37.00	6.00	0.00	2.00	1400	2	0	0.00	0.00	0.00	0.00	59.00
合计		9	37.00	6.00	0.00	2.00	1400	2	0	0.00	0.00	0.00	0.00	59.00

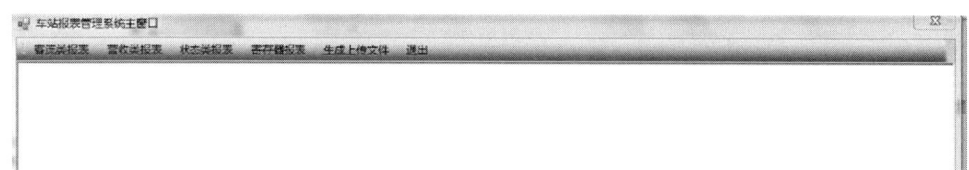

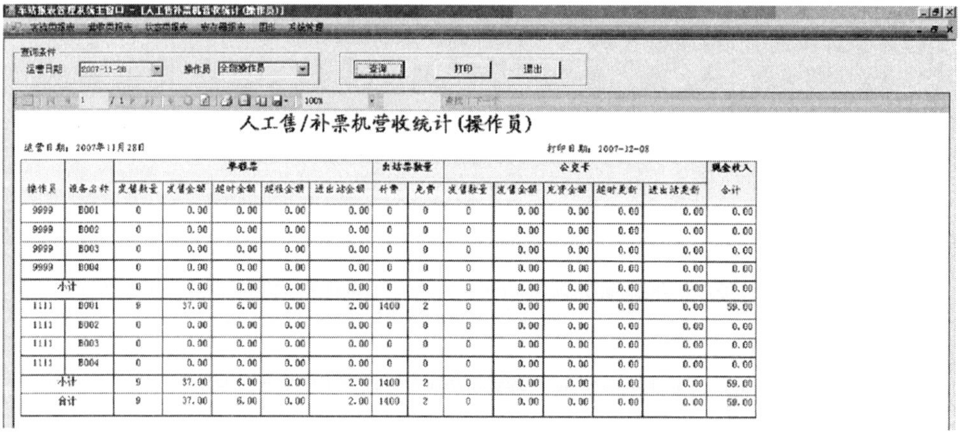

图 5—16　人工售/补票机营收统计（操作员）

用户可在运营日期栏中输入日期；在操作员栏里选择操作员（缺省为全部）；点击查询按钮进行查询；点击打印按钮进行报表的打印；点击退出按钮关闭当前窗体。

（2）人工售/补票机营收统计（设备）。操作描述：点击菜单“营收类报表/人工售补票机营收统计（设备）”，就可以进入人工售/补票机营收统计（设备）界面，按设备分类统计，如图 5—17 所示。

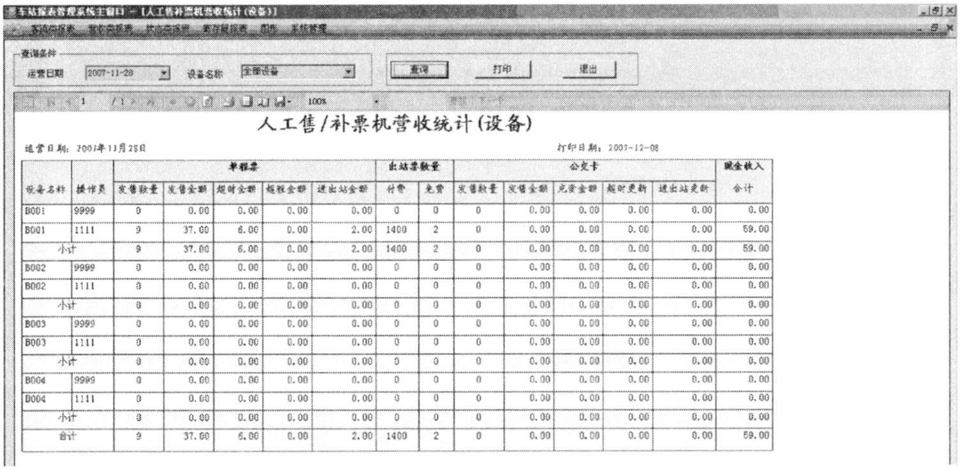

人工售/补票机营收统计(设备)

运营日期：2007年11月28日　　打印日期：2007-12-08

设备名称	操作员	单程票					出站票数量		公交卡					现金收入
		发售数量	发售金额	超时金额	超程金额	进出站金额	付费	免费	发售数量	发售金额	充资金额	超时更新	进出站更新	合计
B001	9999	0	0.00	0.00	0.00	0.00	0	0	0	0.00	0.00	0.00	0.00	0.00
B001	1111	9	37.00	6.00	0.00	2.00	1400	2	0	0.00	0.00	0.00	0.00	59.00
小计		9	37.00	6.00	0.00	2.00	1400	2	0	0.00	0.00	0.00	0.00	59.00
B002	9999	0	0.00	0.00	0.00	0.00	0	0	0	0.00	0.00	0.00	0.00	0.00
B002	1111	0	0.00	0.00	0.00	0.00	0	0	0	0.00	0.00	0.00	0.00	0.00
小计		0	0.00	0.00	0.00	0.00	0	0	0	0.00	0.00	0.00	0.00	0.00
B003	9999	0	0.00	0.00	0.00	0.00	0	0	0	0.00	0.00	0.00	0.00	0.00
B003	1111	0	0.00	0.00	0.00	0.00	0	0	0	0.00	0.00	0.00	0.00	0.00
小计		0	0.00	0.00	0.00	0.00	0	0	0	0.00	0.00	0.00	0.00	0.00
B004	9999	0	0.00	0.00	0.00	0.00	0	0	0	0.00	0.00	0.00	0.00	0.00
B004	1111	0	0.00	0.00	0.00	0.00	0	0	0	0.00	0.00	0.00	0.00	0.00
小计		0	0.00	0.00	0.00	0.00	0	0	0	0.00	0.00	0.00	0.00	0.00
合计		9	37.00	6.00	0.00	2.00	1400	2	0	0.00	0.00	0.00	0.00	59.00

图5—17　人工售/补票机营收统计（设备）

用户可在运营日期栏中输入日期；在设备名称栏里选择设备（缺省为全部）；点击查询按钮进行查询；点击打印按钮进行报表的打印；点击退出按钮关闭当前窗体。

（3）人工售/补票机每日售票营收统计（按票价）。操作描述：点击菜单“营收类报表/BOM每日售票营收统计（按票价）”，就可以进入人工售/补票机每日售票营收统计（按票价）界面，按设备、票价分类统计，如图5—18所示。

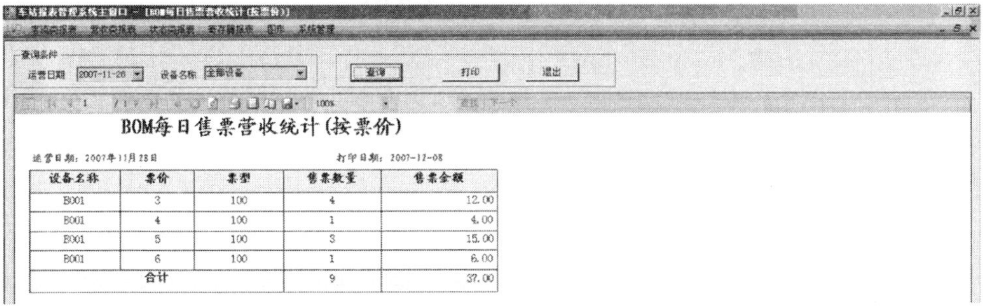

BOM每日售票营收统计(按票价)

运营日期：2007年11月28日　　打印日期：2007-12-08

设备名称	票价	票型	售票数量	售票金额
B001	3	100	4	12.00
B001	4	100	1	4.00
B001	5	100	3	15.00
B001	6	100	1	6.00
合计			9	37.00

图5—18　人工售/补票机每日售票营收统计（按票价）

用户可在运营日期栏中输入日期；在设备名称栏里选择设备（缺省为全部）；点击查询按钮进行查询；点击打印按钮进行报表的打印；点击退出按钮关闭当前窗体。

（4）TVM每日售票营收统计（按票价）。操作描述：点击菜单“营收类报表/TVM每日售票营收统计（按票价）”，就可以进入TVM每日售票营收统计（按票价）界面，按设备、票价分类统计，如图5—19所示。

用户可在运营日期栏中输入日期；在设备名称栏里选择设备（缺省为全部）；点击查询按钮进行查询；点击打印按钮进行报表的打印；点击退出按钮关闭当前窗体。

TVM每日售票营收统计(按票价)

运营日期：2007年11月28日　　打印日期：2007-12-08

设备名称	票价	票型	售票数量	售票金额
V001	3	单程票1	2	6.00
V001	4	单程票1	1	4.00
V001	5	单程票1	3	15.00
V001	6	单程票1	1	6.00
小计			7	31.00
合　计			7	31.00

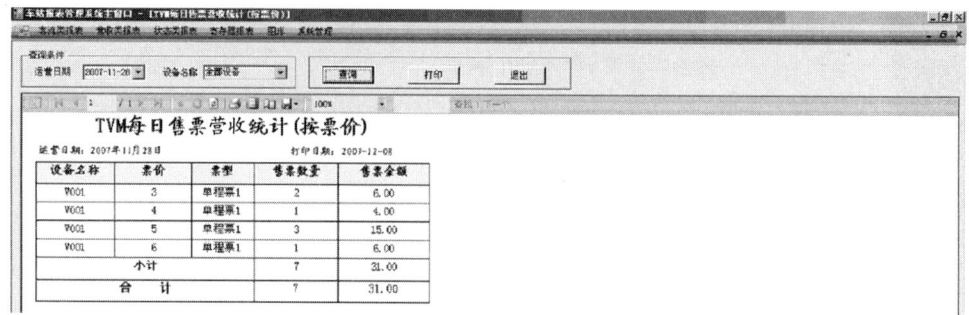

图 5—19　TVM 每日售票营收统计（按票价）

（5）TVM 操作员日操作查询。操作描述：点击菜单“营收类报表/ TVM 操作员日操作查询”，就可以进入 TVM 操作员日操作汇总统计界面，如图 5—20 所示。

TVM 操作员日操作汇总统计

运营日期：2007年11月28日　　打印日期：2007-12-08

操作员	设备	时间	操作	钱箱号	硬币回收箱1	硬币回收箱2	硬币找零箱1	硬币找零箱2	纸币回收箱	纸币找零	硬币暂存器	储值票购票
0	V002	2007-11-28 04:11:14	开始服务时	0	0	0	300	4800	0	0	0	0
0	V004	2007-11-28 04:11:15	开始服务时	0	0	0	500	3700	0	0	0	0
0	V001	2007-11-28 04:11:25	开始服务时	0	0	0	0	5400	0	0	0	0
0	V005	2007-11-28 04:11:29	开始服务时	0	0	900	0	0	0	0	0	0
0	V006	2007-11-28 04:11:29	开始服务时	0	0	0	100	5600	0	0	0	0
0	V003	2007-11-28 04:11:40	开始服务时	0	100	5700	0	0	0	0	0	0
0	V005	2007-11-28 10:11:52	门开时	0	0	900	0	0	0	0	0	0
0	V005	2007-11-28 10:11:52	停止服务时	0	0	900	0	0	0	0	0	0
0	V005	2007-11-28 11:11:04	门开时	0	0	900	0	0	0	0	0	0
0	V005	2007-11-28 11:11:09	停止服务时	0	0	900	0	0	0	0	0	0
0	V005	2007-11-28 11:11:11	门关时	0	0	900	0	0	0	0	0	0
0	V005	2007-11-28 11:11:12	签退时	0	0	900	0	0	0	0	0	0
0	V005	2007-11-28 11:11:12	开始服务时	0	0	900	0	0	0	0	0	0
0	V001	2007-11-28 11:11:23	门开时	0	0	0	0	5400	0	0	0	0
0	V001	2007-11-28 11:11:23	停止服务时	0	0	0	0	5400	0	0	0	0
0	V001	2007-11-28 11:11:35	签退时	0	0	0	0	5400	0	0	0	0
0	V001	2007-11-28 11:11:35	开始服务时	0	0	0	0	5400	0	0	0	0
0	V001	2007-11-28 11:11:43	门开时	0	0	0	0	5400	0	0	0	0
0	V001	2007-11-28 11:11:43	停止服务时	0	0	0	0	5400	0	0	0	0
0	V001	2007-11-28 11:11:46	门关时	0	0	0	0	5400	0	0	0	0
0	V001	2007-11-28 11:11:46	开始服务时	0	0	0	0	5400	0	0	0	0
0	V001	2007-11-28 11:11:49	门开时	0	0	0	0	5400	0	0	0	0
0	V001	2007-11-28 11:11:49	停止服务时	0	0	0	0	5400	0	0	0	0
0	V001	2007-11-28 11:11:08	门开时	0	0	0	0	6000	0	0	0	0

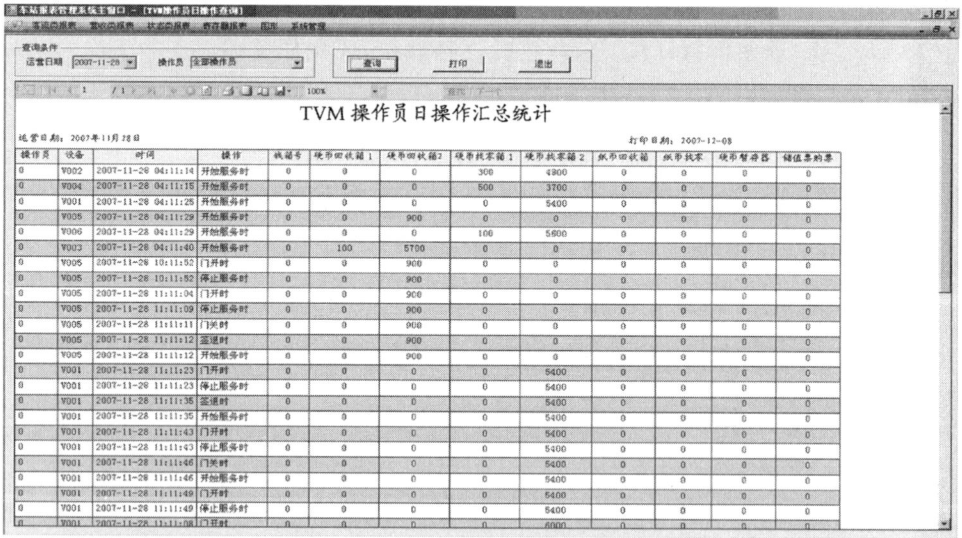

图 5—20　TVM 操作员日操作汇总统计

用户可在运营日期栏中输入日期；在操作员栏里选择操作员（缺省为全部）；点击查询按钮进行查询；点击打印按钮进行报表的打印；点击退出按钮关闭当前窗体。

（6）CVM 操作员日操作查询。操作描述：点击菜单“营收类报表/ CVM 操作员日操作查询”，就可以进入 CVM 操作员日操作汇总统计界面，如图 5—21 所示。

CVM 操作员日操作汇总统计

运营日期：2007年11月28日　　打印日期：2007-12-08

操作员	设备	时间	操作	钱箱号	加值次数	加值金额	纸币张数	纸币金额	接收张数	接收金额	1元	2元	5元	10元	20元	50元	100元
0	C001	2007-11-28 10:11:50	门关时	0	3	80.00	4	80.00	4	80.00	0	0	0	3	0	1	0
0	C001	2007-11-28 11:11:32	门关时	0	3	80.00	4	80.00	4	80.00	0	0	0	3	0	1	0
0	C001	2007-11-28 11:11:38	门关时	0	3	80.00	4	80.00	4	80.00	0	0	0	3	0	1	0
0	C001	2007-11-28 11:11:35	门开时	0	5	280.00	6	280.00	6	280.00	0	0	0	3	0	1	2
0	C001	2007-11-28 11:11:34	门关时	0	5	280.00	6	280.00	6	280.00	0	0	0	3	0	1	2
合计					19	800.00	24	800.00	24	800.00	0	0	0	15	0	5	4

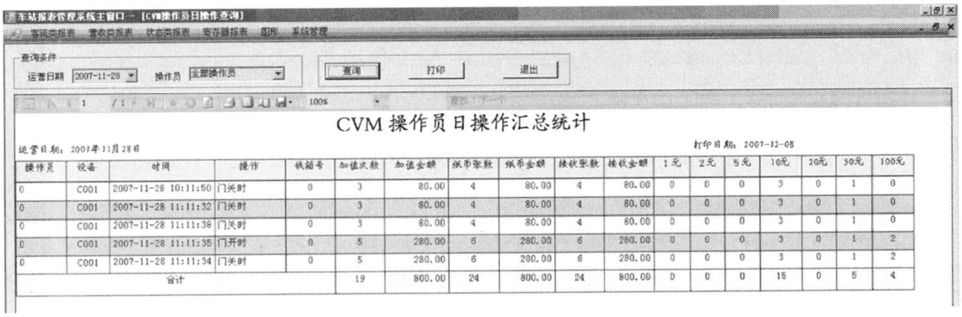

图 5—21　CVM 操作员日操作汇总统计

用户可在运营日期栏中输入日期；在操作员栏里选择操作员（缺省为全部）；点击查询按钮进行查询；点击打印按钮进行报表的打印；点击退出按钮关闭当前窗体。

（7）CVM 每日加值统计

操作描述：点击菜单“营收类报表/ CVM 每日加值统计”，就可以进入 CVM 每日加值统计界面，如图 5—22 所示。

CVM每日加值统计

运营日期：2007年11月28日　　打印日期：2007-12-08

设备名称	加值额分类	卡型	加值数量	加值金额
C001	100	老人卡(测试卡)	2	200.00
设备小计			2	200.00
合计			2	200.00

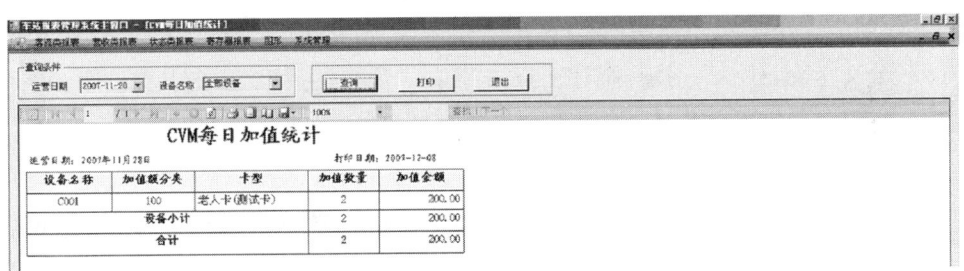

图 5—22　CVM 每日加值统计

用户可在运营日期栏中输入日期；在设备名称栏里选择设备（缺省为全部）；点击查询按钮进行查询；点击打印按钮进行报表的打印；点击退出按钮关闭当前窗体。

（8）单程票交易明细。操作描述：点击菜单“营收类报表/单程票交易明细”，就可以进入单程票交易明细界面，查询单程票交易的明细记录，如图 5—23 所示。

用户可在开始日期栏中输入运营开始日期；在结束日期栏中输入运营结束日期；在设备栏里选择设备（缺省为全部）；在交易类型栏里选择交易类型（缺省为全部）；在票号栏里输入单程票票号（缺省为全部）；点击打印按钮进行报表的打印；点击查询按钮进行查询；点击退出按钮关闭当前窗体。

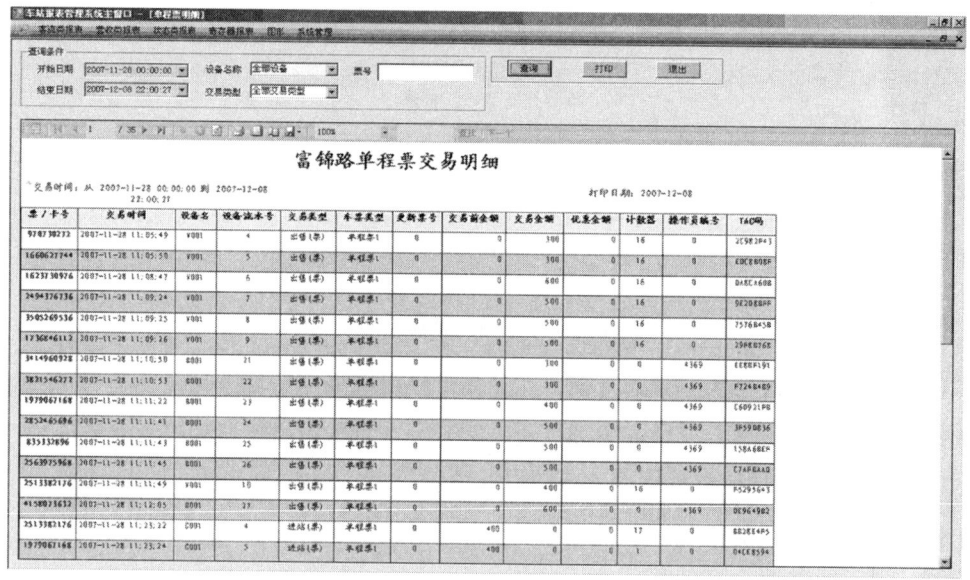

图 5—23 单程票交易明细查询

（9）公交卡交易明细。操作描述：点击菜单"营收类报表/公交卡交易明细"，就可以进入公交卡交易明细界面，查询公交卡的交易明细，如图 5—24 所示。

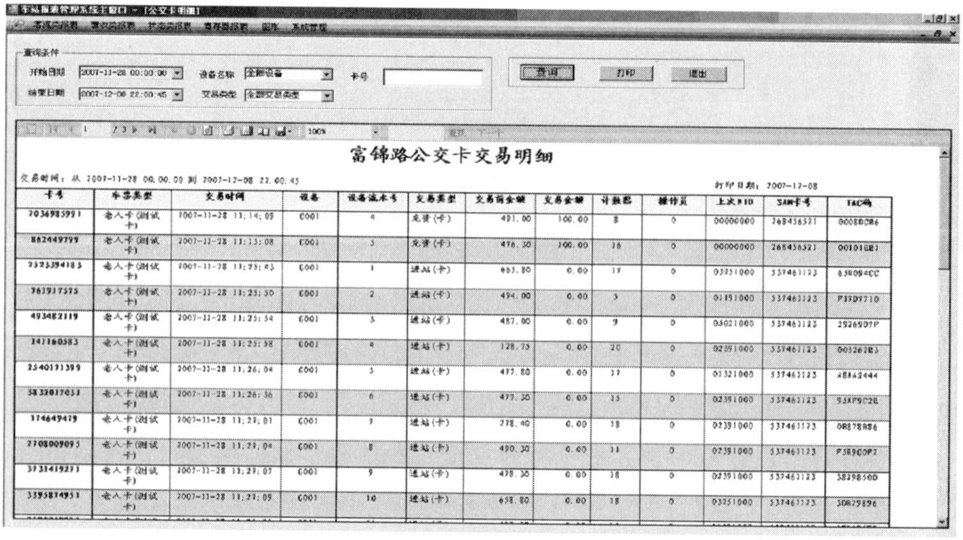

图 5—24 公交卡交易明细查询

用户可在开始日期栏中输入运营开始日期；在结束日期栏中输入运营结束日期；在设备栏里选择设备（缺省为全部）；在交易类型栏里选择交易类型（缺省为全部）；在卡号栏里输入交通卡卡号（缺省为全部）；点击打印按钮进行报表的打印；点击查询按钮进行查询；点击退出按钮关闭当前窗体。

2. 收益监控

车站监控计算机可以进行设备寄存器数据查询，可以查询单台设备的寄存器数据。

操作步骤如下：选中设备后，点击工具栏上的"寄存器查询"按钮或者点击菜单项"设备操作→寄存器查询"或者点击鼠标右键选择"寄存器查询"菜单项，即可进入"寄存器查询"界面，如图5—25所示。

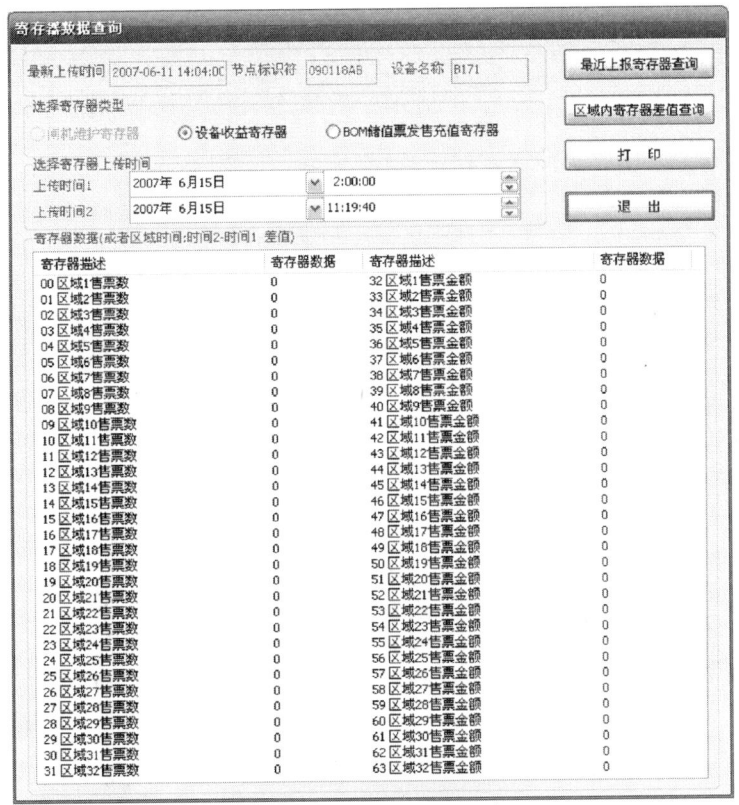

图5—25 设备寄存器数据查询

选择寄存器的类型，点击查询按钮可进行寄存器数据查询；点击退出或者用鼠标单击对话框右上角关闭按钮，退出寄存器查询界面。

"报表"功能只有具有站长权限的操作人员才可使用；"报表"查询或者打印结束后，要关闭"报表"主界面。

5.1.9 车站计算机设备维护管理

1. 设备状态查询

车站监控计算机可以查询设备的当前状态、历史状态等。

（1）设备当前状态查询。双击设备后，弹出对话框显示该设备最新上报的状态和未清除的故障列表，如图5—26所示。

图5—26　设备当前状态和未清除的故障列表

将鼠标移至设备内，等待1~2 s后，便可获得该设备的故障信息，如图5—27所示。

（2）设备历史状态查询。可查询一段时间内设备状态的历史事件，以下为操作步骤：

1）选中设备。

2）鼠标右键选择"状态查询"菜单项或者点击菜单项"设备操作→状态查询"，弹出历史状态查询界面，如图5—28所示。

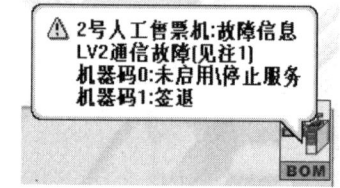

图5—27　设备当前故障信息显示图

图 5—28　设备历史状态查询界面

3）选择要查询的"开始日期"和"结束日期"。

4）点击"查询"按钮。

5）双击列表框中的"时间栏",弹出该状态的详细信息,如图 5—29 所示。

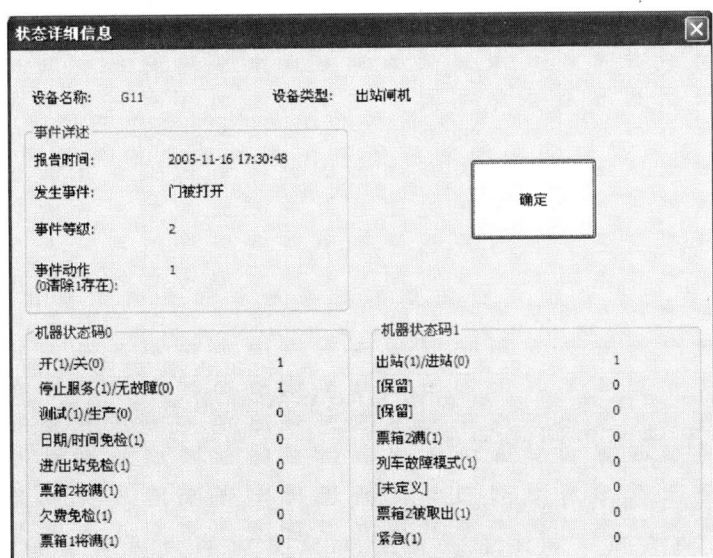

图 5—29　状态详细信息界面

6) 点击退出按钮或者用鼠标单击对话框右上角的关闭按钮,退出历史状态查询界面。

2. 设备运行报告

系统运行报告是记录系统软/硬件运作过程中产生的各种事件,包括系统运行事件、应用软件运行事件、安全事件、异常事件等。车站计算机有完善的日志记录系统,能够记录自身操作和车站终端设备上传的用户登录和操作信息等,如系统内设备的开关机、用户登录/注销、备份/恢复操作、参数改变和授权、下达系统模式、下达设备命令、设备的报警信息、操作员的查询操作、系统运行的故障等。

操作报告记录项包含操作发生的日期、时间、操作员编号、操作员类别、操作内容、处理的结果等。

(1) 设备日故障统计查询。车站监控计算机可以查询设备日故障统计信息。操作步骤如下:点击工具栏上的"故障统计"按钮或者选择菜单项"数据查询→设备日故障统计报表",弹出故障统计对话框,如图5—30所示。

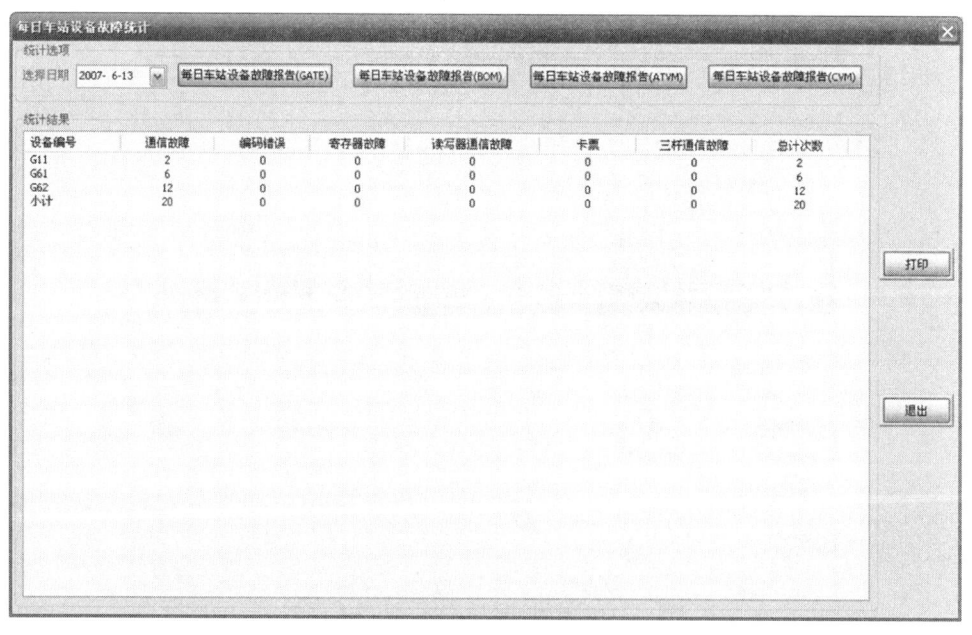

图5—30 设备日故障统计

(2) 操作日志查询。车站监控计算机记录了用户登录/注销、参数改变和授权、下达系统模式、下达设备命令、系统运行故障、软件更新等操作。操作步骤如下:

1) 点击工具栏按钮"操作日志"或者点击菜单项"系统管理→操作日志",即可进入"操作日志查询"界面,如图5—31所示。

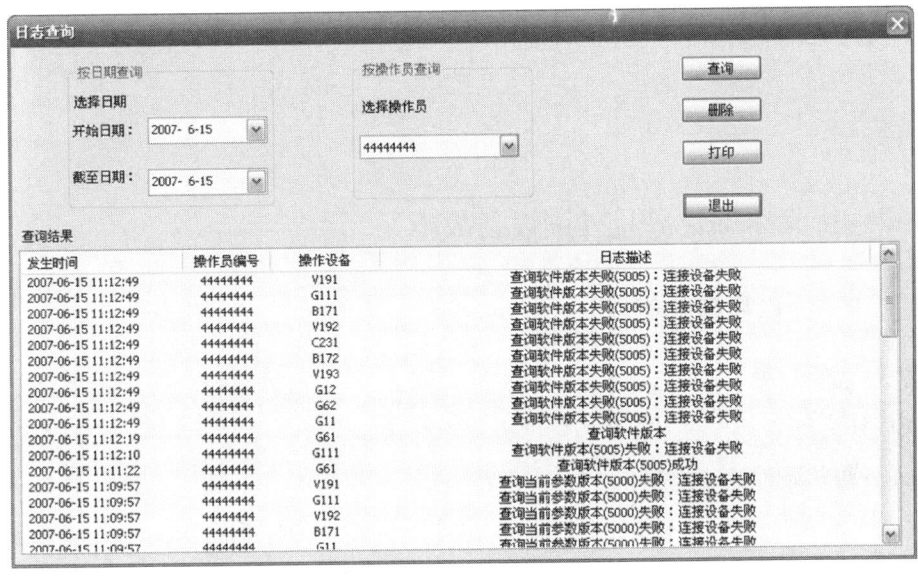

图 5—31 操作日志查询

2）选择要查询的日期。

3）选择要查询的操作员（或者所有操作员），点击查询按钮进行查询；点击退出按钮或者用鼠标单击对话框右上角的关闭按钮，退出"操作日志查询"界面。

提示：图 5—31 弹出时，显示该操作员当天所有的操作日志。

操作日志按时间降序排列；车站站长可以查询所有操作员的操作日志，其他操作员只可以查询相同类别操作员的操作日志。签退后，不能查询任何操作员的操作日志。

（3）操作员查询。操作步骤：点击工具栏按钮"操作员查询"或者点击菜单项"数据查询→操作员查询"，即可进入"操作员查询"界面，如图 5—32 所示。

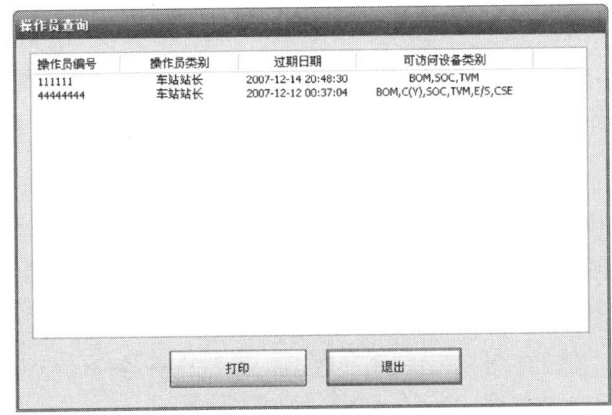

图 5—32 操作员查询

点击退出按钮或者用鼠标单击对话框右上角的关闭按钮，退出"操作员查询"界面。

5.2 排除车站计算机外围设备故障

5.2.1 计算机硬件系统

1. 计算机硬件

构成计算机的所有物理部件的总称为计算机硬件。

2. 计算机硬件系统组成

目前计算机硬件系统主要是依照冯·诺依曼所设计的体系结构，即由运算器、控制器、存储器、输入设备、输出设备、总线等部件组成，如图5—33所示。

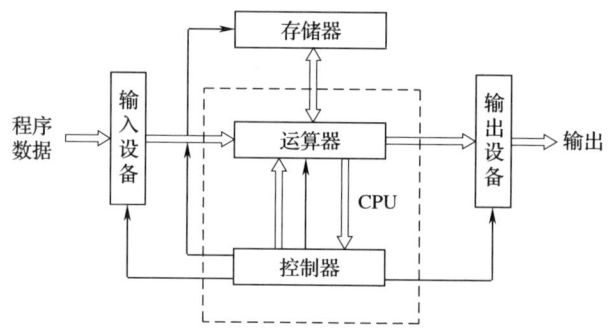

图5—33 计算机硬件系统构成

（1）控制器。控制器是计算机的控制中枢，负责依次访问程序指令，发布各种操作命令和控制信息，进行指令译码，控制各部件协调工作，通常由程序计数器（PC）、指令寄存器、指令译码器、状态/条件寄存器、时序发生器以及微操作信号发生器组成。

（2）运算器。运算器是对信息或数据进行处理和运算的部件，负责完成算术、逻辑运算功能，通常由ALU（算术/逻辑单元）、寄存器、多路转换器、数据总线和一些控制电路组成。

（3）存储器。存储器负责存储程序和数据，是计算机各种信息存储和交流的中心。存储器以存储单元为存储单位，每个存储单元有一个存储地址。

（4）输入设备。输入设备负责输入数据和程序，有键盘、鼠标、扫描仪、光电输入机等。

（5）输出设备。输出设备负责输出计算结果的各种信息，有显示器、打印机、绘图仪等。

（6）总线。总线是计算机内部各部件之间或计算机之间相互连接、实现信息传输的公共线路。计算机内部连接各部件的总线为系统总线，系统总线分为数据总线（DB）、地址总线（AB）和控制总线（CB）。

其中，运算器和控制器组成中央处理器（CPU）。

5.2.2 计算机软件系统

计算机软件系统是各类程序和文档资料的总称，包括系统软件和应用软件两类。

1. 计算机软件的概念

计算机软件是一系列按照特定顺序组织的计算机数据和指令的集合。一般来说软件被划分为编程语言、系统软件、应用软件。其中系统软件为计算机使用提供最基本的功能，但是并不针对某一特定应用领域。而应用软件则恰好相反，不同的应用软件根据用户和所服务的领域提供不同的功能。计算机软件总体分为系统软件和应用软件两大类。

2. 系统软件

系统软件是负责管理、调度、监控、维护计算机的软件，包括操作系统、语言处理程序、监控程序、调试程序、诊断程序等。

系统软件负责管理计算机系统中各种独立的硬件，使得它们可以协调工作。系统软件使得计算机使用者和其他软件将计算机当作一个整体而不需要顾及底层每个硬件是如何工作的。

一般来讲，系统软件包括操作系统和一系列基本的工具（如编译器、数据库管理、存储器格式化、文件系统管理、用户身份验证、驱动管理、网络连接等方面的工具）。

操作系统是系统软件的核心，其功能是管理计算机系统的硬件和软件资源，组织协调计算机的自动运行，提供人机接口，为用户使用计算机提供方便。

3. 应用软件

应用软件是为了某种特定的用途而开发的软件。它可以是一个特定的程序，比如一个图像浏览器；也可以是一组功能联系紧密、可以互相协作的程序的集合，比如微软的Office软件；也可以是一个由众多独立程序组成的庞大的软件系统，比如数据库管理系统。较常见的有文字处理软件、信息管理软件、辅助设计软件、实时控制软件、教育与娱乐软件等其他的行业应用软件。在地铁运营中我们最关注的就是 AFC 系统应用软件,相应的车站运营就最为关注车站 AFC 系统的应用。

车站 AFC 系统应用是指在 AFC 业务系统中车站计算机系统所承担的相关业务系统,其主要业务功能有:实时采集终端设备交易数据并且上传至上级节点;向设备发送命令达到控制设备的目的;统计车站的业务数据形成报表;针对突发型灾难第一时间下发紧急信号开启绿色通道。从而形成实时数据、终端控制、业务报表、灾难处理四大系统。

5.2.3 紧急按钮

1. 紧急模式

AFC 系统运作模式为客流控制及紧急模式时可实现对设备的统一控制组合,包括不同类型/组别的设备暂停服务及进出检票机转杆的控制。系统运作模式将减少车站人员在特定模式下对设备的控制操作,如开站、关站、客流控制等。

AFC 系统对可能出现的意外情况有预定方案。进入紧急状态模式的方式有:

(1) 车控室值班人员按下紧急按钮。

(2) 通过操作车站计算机控制车站工作于紧急模式。

(3) 中央计算机下达系统控制命令。

当车站系统进入紧急模式时,设备按照紧急状态的预定方案规则运行。

在紧急模式下,所有进、出站检票机扇形门打开、三杆垂直落下,乘客不需要使用车票就可以方便地快速离开车站。

在 AFC 系统设置为紧急模式时,该车站内的进站检票机都显示禁止进入标志,所有的自动售票机、加值验卡机等将自动退出服务,同时做报警记录。可按照系统参数设定,允许紧急模式下未被处理的车票在一段时间内可继续使用。

2. 紧急按钮的功能

紧急按钮设在车站控制室或客服中心的 IBP(Integrated Backup Panel)盘上。当按下紧急按钮后,通过 IBP 盘与每台终端设备(包括自动售票机、检票机、人工售/补票机)的电缆线连接,车站联网的终端设备能在 2 s 内全部进入紧急模式,检票机全部打开,其他设备退出服务。紧急按钮复位后,所有设备方可恢复正常模式。

紧急按钮的功能如下:

(1) 用于紧急模式的设置和取消。

（2）接受防灾报警系统或综合监控系统联动信号，并支持手动或自动方式。可为门禁系统等提供联动信号。

（3）紧急按钮按下后有锁紧装置并有声光报警。

5.2.4　系统时钟同步

车站计算机系统接收到线路中央计算机系统的时钟后，同步本机时钟，同时给车站所有终端设备（包括 SOC）发送时钟广播，同步设备（包括 SOC）时钟。车站计算机系统也能够定时发送时钟广播，同步间隔可由操作人员自行设定。也可以通过 SOC 界面，有权限的操作人员可以手动发送时钟广播，进行时钟同步。

在 AFC 系统中上下级节点的时钟是通时钟同步协议（Network Time Protcol）来进行的，此协议是分客户端和服务端的。如果某个节点出现时钟错误，就需要判断是客户端还是服务端的故障。对于车站，它既是服务端也是客户端，但是都是通过 NTP 服务的守护进程来实现主动同步上级节点时间和应答下级节点时间同步的请求。重新启动后需要确定主机时间的正常，使用 date 命令来查看时间，以及确保 NTP 服务的守护进程正常运行（service ntpd status）。如有时间更改需要使用 clock – w 将时间写入系统硬件中。

1. 时钟校正

当车站计算机和车站终端设备单机运行时，可以手动进行时钟校正。网络层面自动检测，设备层面手动检测。

2. 时钟同步

车站计算机在接受中央计算机系统同步的同时，应在规定时间间隔内与车站终端设备进行一次时钟同步，超过 1 min 的差异需记录在案，并上传至中央计算机系统。

5.2.5　车站计算机软件更新

车站计算机能接收中央计算机下载的更新软件，具备自我软件更新及通过车站网络对车站终端设备的软件更新功能。

1. 软件更新

软件更新可通过设置在设定日期内生效或设备重新启动后生效，旧版本软件能根据设置保留一定时间。

车站计算机能定期检查车站终端设备的软件版本，在版本不符时能向终端设备下达软件更新指令。

车站监控计算机可以对单台设备、一类设备进行软件更新，如图5—34所示。

图5—34　软件更新

2. 软件查询

车站监控计算机能对终端设备软件版本号的更新进行查询。车站监控计算机可以查询单台设备（包括车站计算机主机）目前正在使用软件的版本，如图5—35所示。

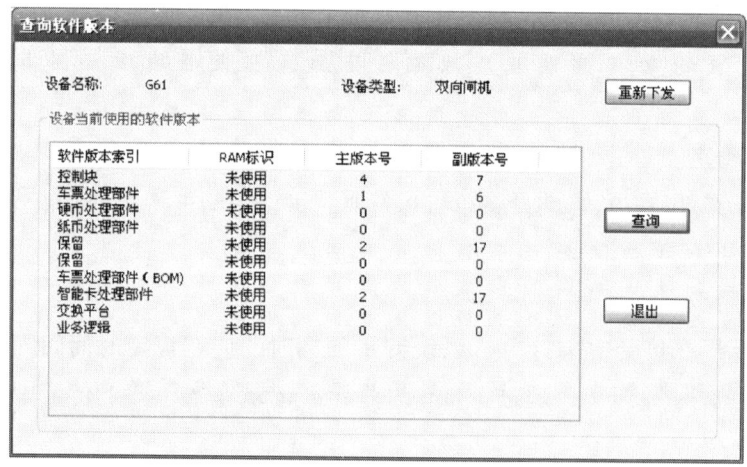

图5—35　查询设备软件版本

5.3　自动售检票系统术语和缩写

5.3.1　术语

自动售检票系统　automatic fare collection

基于计算机技术、网络技术、自动控制技术等技术，能够实现购票、检票、计费、收费、统计全过程的自动化系统。

车票（卡） ticket（card）

用于城市轨道交通系统乘行，并能实现不出站换乘的乘行凭证。

轨道交通专用票 special rail transit ticket

在限定时间内专门用于城市轨道交通的乘行凭证。专用票为非接触式集成电路（IC）卡，包括单程票和轨道交通运行中用于专门用途的其他票种。

储值票 storage value ticket

具有储值功能，可重复充值使用的车票。

票值指票卡内所含的资费。

车站终端设备 station level equipment

安装于轨道交通线路内各车站，并进行车票处理的终端设备，包括自动售票机、人工售/补票机、检票机、自动加值机等。

黑名单 black list

对挂失车票和异常车票/卡等进行特殊控制的票/卡信息表。

防冲突 anti-collision

多张车票同时处于检票机的操作区域内时，可对其中一张车票进行处理的功能。

平均故障间隔时间（MTBF） mean time between two failure

同一设备相邻两次故障发生的间隔时间。

故障完全修复时间（MTTR） mean time to repair

从故障报告到故障修复所经过的时间（维修工作已经全部完成）。

5.3.2 缩写

AFC——自动售检票 automatic fare collection

ATVM——自动售票机 automatic ticket vending machine

BOM——人工售/补票机 booking office machine

CC——中央计算机 central computer

CSC——非接触式IC卡 contactless smart card

CVM——自动加值机 card vending machine

LAN——局域网 local area network

LCD——液晶显示器 liquid crystal display

Mbps——兆比特/秒（速率）mega (million) bits per second

MHz——兆赫兹（频率）mega hertz

SAM——安全存取模块 secure access module

SC——车站计算机 station computer

SOC——车站操作员控制计算机 station operator computer

SNC——车站网络控制计算机 station network computer

UPS——不间断电源 uninterruptible power supply

技能要求

排除车站计算机中打印机故障

操作准备

1. 车站计算机 1 套。
2. 车站打印机 1 台。
3. 常用工具 1 套。

操作要求

1. 所有操作要求符合规程，操作应采取正确的步骤、方法。
2. 严禁违规操作，防止造成设备、人员损伤。
3. 操作完毕后设备工具复位、清洁。

操作步骤

步骤 1：准备工作

检查车站计算机，确认 SOC 工作正常，检查打印机电源供电正常。

步骤 2：排除故障

检查打印机与 SOC 之间的连线是否正确，检查打印机是否缺纸，重新拔插打印机与 SOC 之间的连接电缆。通过上述检查，寻找故障位置并排除。

步骤 3：设备恢复

确认打印机显示正常，在车站计算机 SOC 登录界面上使用键盘输入操作员号和密码登录车站计算机系统，并打印收益报表。

思 考 题

1. 哪些设备属于车站计算机及外围设备?
2. 怎样进行车站计算机设备维护管理?

理论知识考试模拟试卷及答案

城轨自动售检票检修工（四级）理论知识试卷

注 意 事 项

1. 考试时间：90 min。
2. 请首先按要求在试卷的标封处填写您的姓名、准考证号和所在单位的名称。
3. 请仔细阅读各种题目的回答要求，在规定的位置填写您的答案。
4. 不要在试卷上乱写乱画，不要在标封区填写无关的内容。

	一	二	总 分
得 分			

得 分	
评分人	

一、判断题（第 1~30 题。请将判断结果填在题后的括号中，正确的填 "√"，错误的填 "×"。每题 1 分，共 30 分）

1. AFC 供电系统电源输入电压为 220 VAC ±10% 单相。（   ）
2. 按车票的使用性质，票卡可分为单程票、储值票和纪念票三大类。（   ）
3. 检票机根据通道阻挡装置的类型可以分为三杆检票机和门式检票机两大类型。
（   ）
4. 对于无效的车票，检票机按照业务规则对车票进行相应的交易处理。（   ）
5. 检票机人机接口包括两类，一类是乘客显示器，另一类包括通道指示和声光提示。（   ）
6. 检票机正常运营时，设备正面乘客指示灯中的红色通行灯点亮。（   ）
7. 检票机传输机构转向器的作用是车票回收和将车票返回乘客。（   ）

8. 三杆机构三根不锈钢管臂分别成 180°。( )

9. 检票机故障修复后需在驱动接口板按下"S2"复位清零,否则检票机一直为故障状态。( )

10. TVM 钱箱的封门锁和箱盖开启锁采用互锁的方式进行保护。( )

11. 自动售票机所有的交易信息或设备状态信息在处理、存储和传输时,经过加密处理,未经过授权的操作人员或设备能访问和处理。( )

12. 自动售票机开机前,确认 380 V 电源连接正确。( )

13. 自动售票机检测到硬币找零箱内的硬币数量低于设定上限值时,则发送报警信号,通知工作人员补币。( )

14. 后开门式自动售票机一般采用双开门,展开角度大于 120°。( )

15. 自动售票机单程票读写器通信接口为 RS485。( )

16. 硬币处理器识别模块测试的主要作用为硬件性能与数据控制检测。( )

17. BOM 记录所有人员的登录及退出数据,包括登录人员名单、登录及退出时间、车票处理统计数据、现金处理统计数据等。( )

18. 黑名单车票指挂失的车票或在使用中车票内金额发生异常变化的车票。( )

19. 超过有效期的车票、卡,在出站时须进行票务处理,否则不能出站。( )

20. 操作员显示器可采用 CRT 显示器、LED 或 TFT – LCD 液晶显示器。( )

21. 车站票务人员需要时,都可以进入 BOM 的诊断界面,通过诊断程序对设备进行诊断。( )

22. 用测试功能对乘客显示器进行测试,发现缺笔画时,应当采取的措施是更换乘客显示器。( )

23. 车票处理机构的维修诊断程序,能对某些部件进行检测,方便故障的鉴别和诊断,但是乘客显示器部件无法检测。( )

24. 用户输入登录 ID 和 PIN,点击"确认"按钮,登录 SOC 控制台。( )

25. 在 SC 和 CC 上所产生的审计报告应与钱款收入一致。( )

26. 车站计算机系统对车站客流进行监控,通过数字及图形化界面直观地反映各时段客流分布情况。( )

27. 在运行结束时,车站计算机通过车站人员手动生成当天车站设备运行报告。( )

28. 构成计算机的所有部件的总称为计算机硬件。( )

29. 当按下紧急按钮后，车站终端设备在 2 s 内进入紧急模式，检票机通道全部打开，其他设备退出服务。（　　）

30. 车站计算机能接受中央计算机下载的设备更新软件，但不具备自我软件更新功能，需手动修改。（　　）

二、单项选择题（第 1～70 题。选择一个正确的答案，将相应的字母填入题内的括号中，每题 1 分，共 70 分）

1. 检票机进站与出站设备的最大区别在于是否具有（　　）。
   A. 阻挡装置　　　　　　　　B. 主控单元
   C. 车票读写处理模块　　　　D. 车票回收装置

2. 检票机对车票有效性检查的主要内容不包括（　　）。
   A. 票种合法性　B. 车票余值　C. 使用时间　D. 发售地点

3. 检票机车票审核寄存器"01"表示（　　）。
   A. 出站乘客总数　　　　　　B. 出口处拒绝数
   C. 同站出站数　　　　　　　D. 进站乘客总数

4. 检票机读卡器对车票进行处理时，会将相应的信息显示在乘客显示器上，其中不包括（　　）。
   A. 进（出）站信息　　　　　B. 票价金额
   C. 拒绝码　　　　　　　　　D. 车票类型

5. 检票机传输机构电动机的启动由（　　）来控制。
   A. 出票口传感器　　　　　　B. 进票口传感器
   C. 位置传感器　　　　　　　D. 回收箱传感器

6. 检票机（　　）有正常运营和降级运营两种模式。
   A. 维修保养　B. 故障诊断　C. 运营模式　D. 关闭服务

7. 当检票机显示故障码（　　）时，表示车票在传输机构阻塞。
   A. "02"　　　B. "04"　　　C. "07"　　　D. "12"

8. 传输机构转向器是由（　　）组成。
   A. 一个车票导向装置　　　　B. 一个电磁吸铁
   C. 一个电磁吸铁和一个车票导向装置　　D. 一个传输电动机

9. 出站检票机维护测试命令"12"表示（　　）运动。
   A. 升降机 1 向上　　　　　　B. 升降机 1 向下
   C. 升降机 2 向上　　　　　　D. 升降机 2 向下

10. 车票（　　）损坏，车票将停留在回收装置中，会发生"13"车票在回收装置中阻塞故障。

　　A. 传输机构转向器　　　　　　　　B. 传输机构传感器

　　C. 回收装置传感器　　　　　　　　D. 升降机构

11. 检票机完成对车票的业务处理后允许乘客通过检票机通道，（　　）收费区。

　　A. 禁止离开　　B. 跳入　　C. 逃跑　　D. 进入或离开

12. 检票机人机接口界面不包括（　　）部件。

　　A. 乘客显示器　　　　　　　　　　B. 通道导向指示灯

　　C. 触摸屏　　　　　　　　　　　　D. 声光报警装置

13. 检票机车票审核寄存器"00"表示（　　）。

　　A. 出站乘客总数　　　　　　　　　B. 出口处拒绝数

　　C. 同站出站数　　　　　　　　　　D. 进站乘客总数

14. 在诊断模式下输入"（　　）"设置"分钟"。

　　A. 43　　B. 44　　C. 45　　D. 46

15. 检票机（　　）控制信号由驱动接口板输出。

　　A. 出票口传感器　　　　　　　　　B. 进票口传感器

　　C. 传输机构转向器　　　　　　　　D. 回收机构转向器

16. 三杆机构三根不锈钢管臂分别成（　　）。

　　A. 30°　　B. 60°　　C. 90°　　D. 120°

17. 当检票机发生车票堵塞故障时，乘客显示器上将显示（　　）。

　　A. 请使用车票　　B. 请使用储值票　　C. 请插入车票　　D. 暂停服务

18. （　　）由扇形门、机械控制结构和电器控制板组成。

　　A. 控制板　　　　　　　　　　　　B. 扇形门装置

　　C. 三杆装置　　　　　　　　　　　D. 机械传送装置

19. AFC车站设备中液晶显示器属于（　　）。

　　A. 0类电器　　B. Ⅰ类电器　　C. Ⅱ类电器　　D. Ⅲ类电器

20. 非接触式智能卡内部分为（　　）、用户区两部分。

　　A. 功能区　　B. 系统区　　C. 客户区　　D. 操作区

21. 票卡的序列号是唯一的，（　　）在产品出厂前已将此序列号固化，不可再更改。

　　A. 销售商　　B. 运营商　　C. 制造厂家　　D. 票务中心

22. 当检票机显示车票拒绝码"14"时表示该车票（   ）。

A. 无效　　　　　　　　　　　　B. 读错误

C. 写/校验错误　　　　　　　　　D. 车票类型不合法

23. 车站 AFC 维修人员可登录自动售票机对设备进行（   ）操作。

A. 更换钱箱　　B. 加币　　　C. 打印账单　　　D. 部件测试

24. 自动售票机电气要求必须符合 GB 4943（   ）标准。

A. 消防安全　　B. 机械安全　　C. 电气安全　　　D. 触电安全

25. 自动售票机加票过程中下列描述正确的是（   ）。

A. 必须注意车票安装方向

B. 如果废票箱有车票可添加到发售票箱中进行再次发售

C. 必须注意车票类型是设备可发售的车票（单程票或测试票）

D. 双票箱必须都装满，以便保持设备的高运能

26. 自动售票机更换（   ）操作需进行钱箱登录。

A. 传输机构　　B. 三杆机构　　C. 升降机器　　　D. 纸币钱箱

27. 自动售票机的分票机构中的（   ）。

A. 一组滚轴作用是只分出一张车票　　B. 一组滚轴作用是只分出二张车票

C. 两组滚轴作用是只分出一张车票　　D. 两组滚轴作用是只分出二张车票

28. 维护人员通过（   ）操作来判断部件的运行状态和了解自动售票机各模块的运转性能。

A. 文件　　　　B. 菜单　　　C. 软件　　　　　D. 硬件

29. 自动售票机 G&D 纸币识别器维护中 CashRay90 是指（   ）。

A. 光栅　　　　B. 离合器　　C. 收集箱　　　　D. 激光识别器

30. 纸币找零器机械传动机构损坏会引起（   ）现象。

A. 卡币　　　　B. 识别错误　　C. 找错币　　　D. 通信故障

31. 工控机的（   ）在庞大数据交换过程中，积累了大量的数据碎片，造成磁盘逻辑坏道、读写错误，同时使得系统运行和启动变慢。

A. 鼠标　　　　B. 键盘　　　C. 磁盘　　　　　D. 电源

32. 当纸币接收器接收假币时，需重新设置（   ）。

A. 硬币找零器参数　　　　　　　B. 纸币找零器参数

C. 硬币接收器参数　　　　　　　D. 纸币接收器参数

33. 数据真实性是指数据（   ）正确，数据在采集、传输和处理过程中，数据

始终保持与生成状态一致。

  A．采集   B．传输

  C．处理   D．采集、传输和处理

34．自动售票机（　　），检查车票发售模块、钱币处理模块、工控机接口等组件是否安装到位，同时确认 220 V 电源连接正确。

  A．售票后   B．关闭前   C．开机前   D．运营结束

35．自动售票机单只票箱最多可以摆放 750 张（　　）。

  A．异型交通卡   B．手机卡   C．单程票   D．信用卡

36．后开门式自动售票机一般采用（　　），展开角度大于 120°。

  A．双开门   B．全幅打开   C．顶部打开   D．上部打开

37．自动售票机发售模块传输通道传感器损坏，就会引起（　　）。

  A．传输阻塞   B．供票阻塞

  C．读卡器故障   D．传输阻塞/供票阻塞

38．自动售票机读写器的工作（　　）为 13.56 MHz。

  A．电压   B．电流   C．电阻   D．频率

39．加值验票机通信故障时，可以退出应用程序，并启动"激活"操作来（　　）。

  A．暂停服务   B．恢复设备通信

  C．查询储值票   D．储值票加值

40．工控机在线工作长时间后会出现（　　），造成某一模块通信故障。

  A．串口故障   B．模块故障   C．磁盘故障   D．硬盘故障

41．系统的保密性主要取决于（　　）的安全性。

  A．车票   B．密钥   C．售票   D．钱款

42．EFO 有效车票分析指付费区内，根据（　　）情况显示相关车票信息。

  A．实际乘坐   B．虚拟乘坐   C．车票分析   D．绕圈

43．工控机外围设备不包括（　　）。

  A．开关电源   B．键盘   C．鼠标   D．打印机

44．乘客显示器可采用点阵式汉字和（　　）显示，也可采用 LCD 液晶屏彩色图形显示。

  A．日文   B．西文   C．法文   D．韩文

45．BOM 的诊断功能不包括（　　）项。

  A．单程票分析   B．寄存器查询   C．发售测试票   D．读写器测试

46. 对乘客显示器进行维护、清洁时，通常用（　　）轻轻擦拭其表面的灰尘。

A．酒精　　　　　　B．汽油　　　　　　C．干燥的软布　　　D．脏布

47. BOM（　　）与线路自动售检票系统一致。

A．维护面板　　　　B．时钟显示　　　　C．找零机构　　　　D．UPS

48. 液晶显示器缺色，可能的原因是（　　）。

A．显示屏到主板的连接线（如扁平电缆）之间接触不良

B．电源变换模块电压过高

C．通信电缆接触不良

D．显示器灯管坏

49. 液晶显示器花屏故障排除的方法中，（　　）是方法之一。

A．检查电源　　　　　　　　　　　　B．测量主板时钟输出是否正常

C．重装驱动程序软件　　　　　　　　D．检查按键

50. 液晶显示器"相位"未调好会出现（　　）。

A．白屏

B．黑屏

C．画面闪

D．检查按键板上的上拉电阻有无虚焊和损坏

51. （　　）的主要指标是：亮度、对比度、分辨率。

A．键盘　　　　　　B．鼠标　　　　　　C．操作员显示器　　D．读卡器

52. 对车票的有效性分析，包括（　　）。

A．补票分析　　　　　　　　　　　　B．使用地点分析

C．售票分析　　　　　　　　　　　　D．发售公共交通卡

53. （　　）指乘客在付费区内的时间超过系统允许的时间。

A．车票的进（出）次序　　　　　　　B．车票超程

C．车票超时　　　　　　　　　　　　D．更新信息

54. 车站维护人员可以进入BOM的诊断界面，通过（　　）对设备进行诊断。

A．售票程序　　　　B．诊断程序　　　　C．补票程序　　　　D．分析程序

55. 关于BOM（　　）是指BOM关机、断电后，寄存器的数据也可长期保存。

A．读卡器工作　　　　　　　　　　　B．乘客显示器乱码

C．寄存器数据的突变　　　　　　　　D．寄存器数值描述

56. BOM时钟与线路自动售检票系统时钟显示时间（　　）。

A．超前　　　　　B．滞后　　　　　C．一致　　　　　D．无可比性

57．乘客显示器测试通信正常，但显示屏无显示，可能原因是（　　）。

A．通信电缆没插好　　　　　　　　B．初始化不正常

C．通信口插错　　　　　　　　　　D．乘客显示器损坏

58．SOC 控制台主界面背景显示为车站布局图，以实现监控车站内所有（　　）。

A．售货机　　　　B．编码机　　　　C．点钞机　　　　D．终端设备

59．车站计算机系统对车站客流进行监控，通过数字及图形化界面直观地反映各时段（　　）情况。

A．设备控制　　　B．交易数据　　　C．客流分布　　　D．消费数据

60．车站计算机系统以小于（　　）的间隔及时上传相关客流数据，以满足线路中央系统和清分系统对客流监控的要求。

A．1 min　　　　B．3 min　　　　C．5 min　　　　D．10 min

61．SOC 菜单栏显示（　　）菜单。

A．故障功能　　　B．设备功能　　　C．主要功能　　　D．通信功能

62．点击"SOC 与 SC 关闭"按钮，用户退出使用 SOC 控制台，经过系统设置（一般 5 min，在 SNC 保存数据信息后）（　　）计算机 SOC 和 SNC。

A．开启　　　　　B．登录　　　　　C．关闭　　　　　D．注销

63．车站计算机系统能向车站终端设备下达运行控制命令。以下哪个选项不属于控制指令的内容（　　）。

A．车站设备状态及寄存器数据的查询

B．向车站设备下达一些功能开放的控制命令

C．向自动售票机下达更换钱箱及票箱命令

D．向检票机下发黑名单参数

64．车站计算机可向车站终端设备下达各种运行模式，具有自动与手动两种下达方式。自动方式受控于（　　）。

A．清分计算机系统　　　　　　　　B．中央计算机系统

C．车站计算机系统　　　　　　　　D．终端设备系统

65．车站计算机能查询单台、一组、一类和全部设备在（　　）所发生的状态及故障信息。

A．当日　　　　　　　　　　　　　B．当日或 3 日内

C．当日或 7 日内　　　　　　　　　D．当日或 14 日内

66. 计算机软件是各类程序和（　　）的总称，包括系统软件和应用软件两类。

A．系统软件　　　　B．编译软件　　　　C．文档资料　　　　D．管理软件

67. 在车站计算机启动，车站终端设备启动或在（　　），应进行系统时钟同步和校正。

A．运营开始和结束时　　　　　　B．每日零点

C．运营结束后　　　　　　　　　D．运营开始前

68. 车站计算机能对终端设备软件版本号的更新进行（　　）。

A．上传　　　　　B．清分　　　　　C．查询　　　　　D．维护

69. 黑名单车票是对（　　）和异常车票/卡等进行特殊控制的票/卡信息表。

A．挂失车票　　　B．老人票　　　　C．学生票　　　　D．计次票

70. 安全存取模块的英语表述是（　　）。

A．secure access module　　　　　B．subscriber identity module

C．secure identity module　　　　D．subscriber access module

城轨自动售检票检修工（四级）理论知识试卷答案

一、判断题（第 1~30 题。请将判断结果填在题后的括号中，正确的填"√"，错误的填"×"。每题 1 分，共 30 分）

1. √ 2. × 3. √ 4. × 5. √ 6. × 7. √ 8. ×
9. × 10. √ 11. × 12. × 13. × 14. √ 15. × 16. √
17. √ 18. √ 19. × 20. × 21. × 22. √ 23. √ 24. √
25. √ 26. √ 27. × 28. × 29. √ 30. ×

二、单项选择题（第 1~70 题。选择一个正确的答案，将相应的字母填入题内的括号中，每题 1 分，共 70 分）

1. D 2. D 3. A 4. D 5. B 6. C 7. D 8. C
9. B 10. C 11. D 12. C 13. D 14. C 15. D 16. D
17. B 18. B 19. C 20. B 21. C 22. C 23. D 24. C
25. C 26. D 27. C 28. B 29. D 30. A 31. C 32. D
33. D 34. C 35. C 36. A 37. D 38. C 39. B 40. A
41. B 42. C 43. A 44. B 45. A 46. C 47. B 48. A
49. B 50. C 51. C 52. B 53. C 54. B 55. D 56. C
57. D 58. D 59. C 60. A 61. C 62. C 63. D 64. B
65. C 66. C 67. A 68. C 69. A 70. A

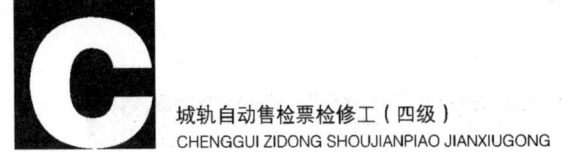

操作技能考核模拟试卷

注 意 事 项

1. 考生根据操作技能考核通知单所列的试题，做好考试准备。
2. 请考生仔细阅读试题单中具体考核内容和要求，并按要求完成操作。
3. 操作技能考核时要遵守考场纪律，服从考场管理人员指挥，以保证考核安全顺利进行。

注：操作技能鉴定试题评分表及答案是评考员对考生考核过程及考核结果的评分记录表，也是评分依据。

国家职业资格鉴定
城轨自动售检票检修工（四级）操作技能考核通知单

姓名：

准考证号：

考核日期：

试题1

试题代码：1.2.1。

试题名称：检票机传输机构拆装检修。

考核时间：20 min。

配分：25 分。

试题2

试题代码：2.1.3。

试题名称：自动售票机功能性检测。

考核时间：20 min。

配分：25 分。

试题 3

试题代码：3.1.2。

试题名称：人工售票机乘客显示器不显示。

考核时间：20 min。

配分：25 分。

试题 4

试题代码：4.2.3。

试题名称：排除 SC 操作员显示器黑屏故障。

考核时间：20 min。

配分：25 分。

城轨自动售检票检修工（四级）操作技能鉴定试题单

试题代码：1.2.1。

试题名称：检票机传输机构拆装检修。

考核时间：20 min。

1. 操作条件

（1）出站检票机 1 台。

（2）传输机构部件 1 套。

（3）检票机钥匙 1 套。

（4）常用工具 1 套。

2. 操作内容

（1）准备工作。

（2）部件安装。

（3）检测。

3. 操作要求

（1）所有操作要求符合规程，操作应采取正确的步骤、方法。

（2）严禁违规操作，防止造成设备、人员损伤。

（3）操作完毕后设备工具复位、清洁。

城轨自动售检票检修工（四级）操作技能鉴定试题评分表

考生姓名：　　　　　　　　　　准考证号：

试题代码及名称			1.2.1 检票机传输机构拆装检修		考核时间				20 min	
评价要素		配分	等级	评分细则	评定等级					得分
					A	B	C	D	E	
1	准备工作	5	A	正确						
			B	缺一项						
			C	缺两项						
			D	缺两项以上						
			E	未操作						
2	部件安装	15	A	正确						
			B	缺一项						
			C	缺两项						
			D	缺两项以上						
			E	未操作						
3	检测	5	A	正确						
			B	缺一项						
			C	缺两项						
			D	缺两项以上						
			E	未操作						
合计配分		25		合计得分						

考评员（签名）：

等级	A（优）	B（良）	C（及格）	D（较差）	E（未答题）
比值	1.0	0.8	0.6	0.2	0

"评价要素"得分 = 配分 × 等级比值

城轨自动售检票检修工（四级）操作技能鉴定试题单

试题代码：2.1.3。

试题名称：自动售票机功能性检测。

考核时间：20 min。

1. 操作条件

（1）自动售票机 1 台。

（2）万用表 1 台。

（3）自动售票机钥匙 1 套。

（4）常用工具 1 套。

2. 操作内容

（1）开机步骤。

（2）功能性检测。

（3）关机步骤。

3. 操作要求

（1）所有操作要求符合规程，操作应采取正确的步骤、方法。

（2）严禁违规操作，防止造成设备、人员损伤。

（3）操作完毕后设备工具复位、清洁。

城轨自动售检票检修工（四级）操作技能鉴定试题评分表

考生姓名：　　　　　　　　　　准考证号：

试题代码及名称			2.1.3 自动售票机功能性检测		考核时间			20 min	
评价要素		配分	等级	评分细则	评定等级				得分
					A	B	C	D	E
1	开机步骤	5	A	正确					
			B	缺一项					
			C	缺两项					
			D	缺两项以上					
			E	未操作					
2	功能性检测	15	A	正确					
			B	缺一项					
			C	缺两项					
			D	缺两项以上					
			E	未操作					
3	关机步骤	5	A	正确					
			B	缺一项					
			C	缺两项					
			D	缺两项以上					
			E	未操作					
合计配分		25		合计得分					

考评员（签名）：

等级	A（优）	B（良）	C（及格）	D（较差）	E（未答题）
比值	1.0	0.8	0.6	0.2	0

"评价要素"得分＝配分×等级比值

城轨自动售检票检修工（四级）操作技能鉴定试题单

试题代码：3.1.2。

试题名称：人工售票机乘客显示器不显示。

考核时间：20 min。

1. 操作条件

（1）人工售票机1台。

（2）乘客显示器1台。

（3）常用工具1套。

2. 操作内容

（1）准备工作。

（2）检测乘客显示器。

（3）更换乘客显示器。

（4）设备恢复。

3. 操作要求

（1）所有操作要求符合规程，操作应采取正确的步骤、方法。

（2）严禁违规操作，防止造成设备、人员损伤。

（3）操作完毕后设备工具复位、清洁。

城轨自动售检票检修工（四级）操作技能鉴定试题评分表

考生姓名：　　　　　　　　准考证号：

试题代码及名称			3.1.2 人工售票机乘客显示器不显示		考核时间				20 min	
评价要素		配分	等级	评分细则	评定等级					得分
					A	B	C	D	E	
1	准备工作	5	A	正确						
			B	缺一项						
			C	缺两项						
			D	缺两项以上						
			E	未操作						
2	检测乘客显示器	10	A	正确						
			B	缺一项						
			C	缺两项						
			D	缺两项以上						
			E	未操作						
3	更换乘客显示器	5	A	正确						
			B	缺一项						
			C	缺两项						
			D	缺两项以上						
			E	未操作						
4	设备恢复	5	A	正确						
			B	缺一项						
			C	缺二项						
			D	缺二项以上						
			E	未操作						
合计配分		25		合计得分						

考评员（签名）：

等级	A（优）	B（良）	C（及格）	D（较差）	E（未答题）
比值	1.0	0.8	0.6	0.2	0

"评价要素"得分＝配分×等级比值

城轨自动售检票检修工（四级）操作技能鉴定试题单

试题代码：4.2.3。

试题名称：排除 SC 操作员显示器黑屏故障。

考核时间：20 min。

1. 操作条件

(1) 车站计算机 2 套。

(2) 显示器 1 台。

(3) 常用工具 1 套。

2. 操作内容

(1) 准备工作。

(2) 排除故障。

(3) 设备恢复。

3. 操作要求

(1) 所有操作要求符合规程，操作应采取正确的步骤、方法。

(2) 严禁违规操作，防止造成设备、人员损伤。

(3) 操作完毕后设备工具复位、清洁。

城轨自动售检票检修工（四级）操作技能鉴定试题评分表

考生姓名：　　　　　　　　准考证号：

试题代码及名称			4.2.3　排除 SC 操作员显示器黑屏故障						考核时间	20 min
评价要素	配分	等级	评分细则	评定等级					得分	
				A	B	C	D	E		
1	准备工作	5	A	正确						
			B	缺一项						
			C	缺两项						
			D	缺两项以上						
			E	未操作						
2	排除故障	15	A	正确						
			B	缺一项						
			C	缺两项						
			D	缺两项以上						
			E	未操作						
3	设备恢复	5	A	正确						
			B	缺一项						
			C	缺两项						
			D	缺两项以上						
			E	未操作						
合计配分		25		合计得分						

考评员（签名）：

等级	A（优）	B（良）	C（及格）	D（较差）	E（未答题）
比值	1.0	0.8	0.6	0.2	0

"评价要素"得分 = 配分 × 等级比值